新时代新理念职业教育教材 · 高速铁路系列
行业紧缺人才、关键岗位从业人员培训教材

高速铁路概论

（第 2 次修订本）

主　编　兰云飞　仝泽柳　石　瑛
副主编　何　萍　张万强　宋婷婷

北京交通大学出版社
· 北京 ·

内 容 简 介

本书紧密结合高速铁路新技术，对高速铁路进行了全方位的介绍。全书共分十一个项目，分别为认识高速铁路、高速铁路线路与基础设施、高速铁路车站、高速铁路动车组列车、高速铁路的牵引供电系统、高速铁路的信号与控制系统、高速铁路通信系统、高速铁路客流组织、高速铁路的运输组织工作、高速铁路运营安全保障体系、高速铁路的发展展望。

本书可作为应用型本科院校、高职高专院校的教材，也可作为铁路部门的职工培训教材。

图书在版编目（CIP）数据

高速铁路概论 / 兰云飞，仝泽柳，石瑛主编. —北京：北京交通大学出版社，2016.8（2022.7 重印）

ISBN 978 - 7 - 5121 - 3023 - 4

Ⅰ. ①高… Ⅱ. ①兰… ②仝… ③石… Ⅲ. 高速铁路 - 概论 Ⅳ. ①U238

中国版本图书馆 CIP 数据核字（2016）第 215217 号

高速铁路概论

GAOSU TIELU GAILUN

策划编辑：陈跃琴

责任编辑：刘　辉

出版发行：北京交通大学出版社　　电话：010 - 51686414　　http：//www. bjtup. com. cn

地　　址：北京市海淀区高梁桥斜街 44 号　　邮编：100044

印 刷 者：北京时代华都印刷有限公司

经　　销：全国新华书店

开　　本：185 mm×260 mm　　印张：17. 25　　字数：424 千字

版　　次：2022 年 7 月第 1 版第 2 次修订　2022 年 7 月第 13 次印刷

书　　号：ISBN 978 - 7 - 5121 - 3023 - 4　/U · 240

定　　价：43. 00 元

本书如有质量问题，请向北京交通大学出版社质监组反映。对您的意见和批评，我们表示欢迎和感谢。

投诉电话：010 - 51686043，51686008；传真：010 - 62225406；E-mail：press@ bjtu. edu. cn。

前　　言

随着我国高速铁路建设步伐不断加快，截至2015年年底中国高速铁路运营线路共计71条（段），设计时速200公里（含200公里）及以上时速等级的铁路运营总里程达2.36万公里，不含设计时速200公里的线路，中国高速铁路运营总里程为1.9万公里。为适应我国高速铁路事业发展对高端技能型人才的需求，我们开发了这本应用型项目化教材。

本书由高校教师与铁路行业的专家联合编写，理论联系实际，图文并茂，融合了高速铁路的最新技术，是一本全面、系统介绍高速铁路基本知识的图书。

本书紧密结合高速铁路新技术，对高速铁路进行了全方位的介绍。全书共分十一个项目，分别为认识高速铁路、高速铁路线路与基础设施、高速铁路车站、高速铁路动车组列车、高速铁路的牵引供电系统、高速铁路的信号与控制系统、高速铁路通信系统、高速铁路客流组织、高速铁路的运输组织工作、高速铁路运营安全保障体系、高速铁路的发展展望。

本书由兰云飞、仝泽柳、石瑛担任主编；何萍、张万强、宋婷婷担任副主编，全书由兰云飞进行总体设计并统稿。具体编写分工如下：兰云飞编写项目一、项目二、项目四、项目五、项目七；仝泽柳编写项目八；何萍编写项目十；石瑛编写项目九、项目十一；宋婷婷编写项目三；张万强编写项目六。

本书可作为应用型本科院校、高职高专院校的教材，也可作为铁路企业的职工培训教材。

本书2017年重印时，增加《中长期铁路网规划》（2016年版）和中国标准动车组（CR系列动车组）的相关内容。

本书2018年重印时，增加广深港高速铁路的相关内容。

本书2022年修订时，对我国高速铁路动车组的型号及特点等相关内容进行了修订，对铁路电子客票的特点及推广进行了补充。

索取本书相关教学资源，请与出版社编辑刘辉联系（cbslh@jg.bjtu.edu.cn，QQ39116920）。

编　者

2022年7月

目　　录

项目一

认识高速铁路

任务一　高速铁路的发展历史

【技能目标】

了解国外高速铁路发展历程，掌握不同国家高速铁路的特点；

了解国内高速铁路的发展历程。

【知识点】

国外高速铁路的发展历程；

国内高速铁路的发展历程。

【任务的提出】

了解高速铁路发展的历史，是深入学习高速铁路的基础。

【相关知识】

自 1825 年英国修建了世界上第一条铁路以来，凭借在运输速度和运输能力上的优点，铁路在很长的历史时期内成为各国交通运输的主要方式。从铁路在 19 世纪初期出现，直至 20 世纪初人类发明汽车，铁路一直是陆上运输的绝对主力。第二次世界大战以后，汽车技术得到改进，高速公路也大量建成，加上民用航空运输的普及，使铁路运输的重要性慢慢下降。特别是在美国，政府的投资主要放在公路的建设上，不少城市的铁路运输设备曾一度被遗弃。

从20世纪50年代开始，公路和航空运输迅速发展，使铁路运输在发展上居于劣势，长途客运受航空运输“挤压”，短途客运被汽车运输“取代”，铁路运输成为“夕阳产业”。然而进入20世纪70年代，由于能源危机、环境恶化、交通安全等问题的困扰，人们开始重新审视铁路的价值。特别是高速铁路以其速度快、运能大、能耗低、污染轻等一系列的技术优势，适应了现代社会经济发展的新需求。世界高速铁路的发展历程可以划分为三个阶段，并形成了三次建设高潮。

第一次高速铁路建设高潮是在20世纪60年代至80年代末，这一时期是世界高速铁路发展的初始阶段，主要由日本、法国、意大利和德国等发达国家推动了这一次的建设高潮。在这期间建设并投入运营的高速铁路有：日本的东海道、山阳、东北和上越新干线；法国的东南TGV线、大西洋TGV线；意大利的罗马至佛罗伦萨线，以及德国的汉诺威至维尔茨堡高速新线，高速铁路总里程达3 198 km。这期间，日本建成了遍布全国的新干线运输网络的主体结构，在技术、商业、财政及政治上都取得了巨大的成功。

第二次高速铁路建设高潮是在20世纪80年代末至90年代中期。由于日本等国高速铁路建设取得了巨大成就，世界各国对高速铁路投入了极大的关注并陆续付诸实践。欧洲的法国、德国、意大利、西班牙、比利时、荷兰、瑞典和英国等国在这一次建设高潮中表现最为突出，1991年瑞典开通了X2000摆式列车；1992年西班牙引进法、德两国的技术建成了471 km长的马德里至塞维利亚高速铁路；1994年英吉利海峡隧道把法国与英国连接在一起，开创了第一条高速铁路国际连接线；1997年，从巴黎开出的“欧洲之星”列车又将法国、比利时、荷兰和德国连接在一起。在这期间，日本、法国、德国及意大利对发展和完善高速铁路网也进行了周密和详尽的规划，对原有高速铁路网进行了大规模扩建。

第三次高速铁路建设高潮是在20世纪90年代中期至今，这次建设高潮涉及亚洲、北美、大洋洲及整个欧洲，形成了世界交通运输业的一场革命性的转型升级。俄罗斯、韩国、澳大利亚、英国、荷兰及中国台湾等国家和地区都先后开始了高速铁路的建设。为了配合欧洲高速铁路网的建设，欧洲东部和中部的捷克、匈牙利、波兰、奥地利、希腊及罗马尼亚等国家正在进行干线铁路改造，全面提速。对高速铁路开展前期研究和初步实践的国家还有土耳其、美国、加拿大和印度等。

高速铁路的定义是一个产生、发展、形成的过程。1970年5月，日本在第71号法律《全国新干线铁路整备法》中规定：列车在主要区间能以200 km/h以上速度运行的干线铁道称为高速铁路。这是世界上第一个以国家法律条文的形式给高速铁路下的定义。1985年5月，联合国欧洲经济委员会将高速铁路的列车运行速度规定为：客运专线运行速度达到300 km/h以上，客货混线运行速度达到250 km/h以上。国际铁路联盟（UIC）规定：新建线路在250 km/h以上，既有线改造最高运行速度至少应达到200 km/h的线路可以称之为高速铁路线路。目前国际上普遍认为列车最高运行速度达到200 km/h及其以上的铁路为高速铁路。随着未来科学技术的发展和客观条件的变化，有关高速铁路的定义将会不断更新，因此高速铁路是一个既具有专业性又具有国际性和时代性的概念。

当今世界，铁路列车运行速度的一般划分为：时速 100 ~ 120 km 称为常速，时速 120 ~ 160 km 称为中速，时速 160 ~ 200 km 称为准高速或快速，时速 200 ~ 400 km 称为高速，时速 400 km 以上称为超高速，高速的认定标准，随着科学技术的进步也将不断提高。

一、国外高速铁路发展历程

（一）日本高速铁路（日本新干线）

1. 日本高速铁路基本概况

第二次世界大战后的二十年间，日本经济迅速恢复，发展速度明显加快，而工商和流通业尤其发达的京滨、阪神地区成了带动整个日本经济发展的火车头。连接这些地区的东海道铁路线虽只占日本铁路总长的 3%，却承担全国客运总量的 24% 和货运总量的 23%，且运输量的年增长率超过全国平均水平，运输能力已达到极限。当时，日本经济已开始从战后复兴向高速增长过渡，为促进经济发展，实现富国目标，全面改进连接这三大工商业地带及周围地区的东海道铁路已成迫切需要。1959 年 4 月 5 日，世界上第一条真正意义上的高速铁路——东海道新干线在日本破土动工，经过 5 年建设，于 1964 年 3 月全线完成铺轨，同年 7 月竣工，1964 年 10 月 1 日正式通车。修建世界上第一条时速 200 km 的高速铁路“新干线”的计划终于落实了。东海道新干线从东京起始，途经名古屋，京都等地终至（新）大阪，全长 515.4 km，运营速度高达 210 km/h，它的建成通车标志着世界高速铁路新纪元的到来。

2. 日本高速铁路运营的基本情况

新干线列车采用动力分散的运行方式，所谓动力分散，就是每节车厢的车轮都安装了驱动装置——电动机，将列车的动力分散到各节车厢。传统的机车牵引方式需要依靠机车的动力，是以较少的驱动轮对带动整列列车行走，为了有效利用牵引功率和防止空转，就需要在机车上增加很大重量，从而加大了对轨面的压力，增加了建设和维修成本。新干线采用动力分散方式，以每节车厢的车轴作为驱动，不需要沉重的机车，车厢的轴重便可大大减轻，不仅易于加、减速和在大坡度线路上的平稳行驶，也降低了噪声和振动，大大提高了旅行舒适性，同时，由于降低了对轨面的压力，既降低了建设成本，又提高了经济效益。随着半导体技术的迅速发展和应用，新干线列车的制动系统由原来的空气制动改为电—空联合制动与再生制动，使用再生制动的列车在制动时会将电机的接线反接，这时电动机就变成了发电机，将列车运行时的动能转化为电能，发出的电能通过转换以后可回馈牵引电网，进行重新利用，从而节省能源。

新干线的建设不仅带动了日本土木建筑、原材料、机械制造等相关产业的发展，更重要的是促进了人员流动，加速和扩大了信息、知识和技术的传播，从而带动了地方经济的发展，缩小了城乡差别。东海道新干线和山阳新干线，每年运输乘客约 2 亿人次，仅此而产生的食宿、旅游等的消费支出约为5万亿日元，增加就业50万人。1975年新干线从大阪进一步延伸到九州后，冈山、广岛、大分乃至福冈、熊本等沿线地带的工业布局迅速发生变化，汽车、机电、家用电器等加工产业和集成电路等尖端产业逐步取代了传统的钢铁、石化等产业，促进了日本产业结构的调整。通向仙台、岩手的东北新干线1982年开始运行后，沿线城市的人口和企业分别增加30%和45%，地方财政收入明显增加。随着新干线交通网的形成，人们的活动范围扩大了，文化交流也更加活跃起来，生活质量也明显提高。比如，住在静冈等地的人要想观看传统艺术“歌舞伎”或“文乐”，须到东京或大阪，过去需要用两天时间，现在当天就可以来回。新潟县浦佐町是个典型的山村小镇，只有2万多人，但吸纳来自世界各地学生的国际大学就设在这里。由于北陆新干线在浦佐町设置了车站，国际大学的教员不论是到新潟还是东京，最多只需1 h，知识的交流和更新不受影响，而这里的自然环境在城市是享受不到的，所以大家都乐意到那里教学，国际大学聚集了一大批高水平的人才。

日本交通省的研究结果认为，高速铁路有效竞争半径为旅行时间5 h以内，单程旅行时间超过5 h，高速铁路的快捷程度相对于航空将毫无优势。所以，在可预见的将来，为了缩短旅行时间，以求在更大范围内与航空业竞争客流，更新、更快速的列车必定会投入新干线的运营。

（二）法国高速铁路

1. 法国高速铁路基本概况

法国高速铁路称为TGV（法文 trainà grande vitesse 的缩写），是由阿尔斯通公司和法国国家铁路公司设计建造并由后者负责运营的高速铁路系统。作为当今世界上高速铁路技术发展水平最高的国家之一，法国频繁刷新铁路运行速度最高纪录。

建造TGV的设想始于20世纪60年代，之前日本新干线已于1959年动工。当时法国政府热衷于采用气垫列车或磁悬浮列车，而法铁则开始研究基于传统轨道的高速列车。在最初的计划中，TGV将由燃气涡轮发动机或电力机车牵引。但最终燃气涡轮发动机因体积小、单位功率高且能长时间提供高功率牵引力而被采用。但随着1973年能源危机爆发，石油价格高涨，燃气涡轮发动机因此被弃用。TGV转而使用电力机车，电能通过架空线从法国新建的核电站输送而来。TGV列车改用电力牵引后，原先的设计也随之进行了巨大的调整。第一款电力牵引原型机车于1974年完成，被称为“泽比灵斯”。“泽比灵斯”进行了受电弓、悬挂和刹车等测试。

1981年，TGV在巴黎与里昂之间开通，它那橘红色的外形引人注目。当时商业运营时速为270 km，此后不到几个月，TGV就打败法国航空，拥有了这条线路的最大客源。TGV的成功促进了铁路网络的扩张，随后多条新线路在法国南部、西部和东北部建成。如今法国已形成了以巴黎为中心、辐射法国各城市及周边国家的铁路网络。TGV普通列车的商业运行时速达到320 km，经过特殊改造的列车在测试中，时速更是高达574. 8 km。

阿尔斯通公司在2008年推出的最新一代超高速列车AGV，其运营时速达到350 km，与同类高速列车相比，AGV 的能耗节省 15%。法国将利用 AGV 进军巴西、印度等新兴经济体。

2. 法国高速铁路运营的基本情况

法国 TGV 列车与其他国家的高速列车在结构上有显著的区别，列车转向架采用铰接式动力集中配置方式，列车编组始终保持两端为动力车，拖车之间铰接式连接，整个动车组不可分解独立运行。法国铁路认为这种结构方式具有一系列优点。

（1）动力学性能好，利于安全运行。这种列车具有优良的整体性，对列车蛇形运动加强了约束，有利于列车安全运行。最明显的一个例子是：1993 年 12 月 21 日，一列 TGV－R 动车组以 300 km/h 的速度高速运行时，由于暴雨造成 7 km 长的路基塌陷，引起尾部车辆脱轨，列车向前冲了 2 km 才停下来，令人惊奇的是，列车竟没有一辆倾覆，仅有 3 名旅客轻伤。

（2）转向架数量少，空气阻力小。由于两个车辆共用一个转向架，因此转向架数量少，又由于车辆之间没有车钩，铰接式联接，则使车辆之间纵向间隙小，可平滑过渡，空气阻力小。

（3）振动小、噪声低。由于铰接式转向架二系悬挂支点高，车辆重心低，从而改善了侧滚振动；同时转向架位于两辆拖车之间，使得旅客座位处振动小、噪声低，提高了旅客乘坐的舒适性。

（4）转向架轴距大，高速稳定性好。铰接式转向架便于加大轴距，可以提高转向架高速时的运行稳定性。

（5）提高了双层客车的载客量。由于采用铰接式转向架，可以将双层客车的通道设在上层，从而减少了楼梯占用面积，增加了座席面积，为列车增加载客量提供了最佳结构。

TGV 列车均为无烟列车，内部设有宽敞座席，座椅靠垫更加宽敞舒适，设有头枕和足枕，个人阅读灯的灯光柔和自然，宽敞的行李架也在乘客的视线之内。如图 1－1 所示，TGV 列车一等座豪华舒适，在设置单独座位的同时，还设有相邻座位或俱乐部空间，可允许两位或 4 位旅客集体工作。一等座设有手提电脑或手机电源插座，座席更加宽敞，且为可电控斜倚，旅客可预订轮椅旅客的专用座位。如图 1－2 所示，TGV 列车二等座舒适便利，可提供酒吧服务，方形区可供 4 名旅客一起工作，小型会议区（16 个座位）可供小型团体旅客一起工作。在 1 号车厢，设有可接待 6 人的面对面空间，与车厢其他空间完全隔离开来。车上配备婴儿护理设施：婴儿尿布换用桌和奶瓶加热器（一等车厢和二等车厢均有）。车上设置了酒吧和食物售卖柜台，提供各种食品与饮料。TGV 列车一等车厢和二等车厢均设有残障旅客轮椅电梯和轮椅专区，高速铁路车站内也设有相关便利设施。TGV 列车不同等级车厢的服务项目如表 1－1 所示。

表 1－1 TGV 列车不同车厢等级的服务项目表

服务项目	TGV 商务车厢	一等车厢	二等车厢
可使用酒吧餐车	√	√	√
家庭专区	√	√	√
无线网络	√	√	√
舒适座席	√	√	√
斜倚座位	√	√	
电源插座	√	√	
车站商务等级休息室	√		
预订出租车便利设施	√		
餐饮到座服务	√		
旅行洗漱包	√		

图 1－1 TGV 列车一等座

图 1－2 TGV 列车二等座

（三）德国高速铁路

1. 德国高速铁路基本概况

德国高速铁路是指 ICE（inter city express），即城际快车。其由西门子公司为首进行设计制造，德国联邦铁路公司营运。德国 ICE 高铁是连接城市，解决人员、货物运输的交通工具，它将德国国内 130 多个大小城市连为一体，对人员和信息的往来与交流，以及经济建设发挥了极其重要的作用。

高速铁路有磁悬浮技术和传统的轮轨技术两个主要分枝。以前德国政府一直比较重视相对先进的磁悬浮技术，但由于磁悬浮铁路造价昂贵，并与现有铁路无法接轨，因此德国政府一直没把采用磁悬浮技术的高速铁路投入到商业运营中。使用传统轮轨技术的 ICE－V 列车也一直处于试验阶段，直到 1981 年法国的 TGV 列车用事实证明了高速铁路在商业上的成功，德国才开始准备把这种列车投入到商业运营中。

1991 年，从下萨克森州的首府汉诺威直达巴伐利亚州重镇维尔茨堡的高速铁路线路开通了，全长 327 km。此后，德国高速铁路迅速发展，分别在 1998 年、2002 年、2006 年和 2007 年开通了 4 条高速铁路线路。德国新建和改建的高速铁路线路总长至少已达 1 560 km。

虽然德国在全面掌握高速铁路技术方面比日、法两国要晚，但是其独特的技术已经能与日、法两国相媲美。作为一向注重节能环保的国家，德国的高铁 ICE 也承继了这一理念。在德国，高速公路和民用航空高度发达，政府还是斥巨资兴建高铁。这样做的目的主要是从整个国家的能源战略高度考虑，德国第三代高速列车比汽车和飞机更节能。据德国联邦铁路公司计算，ICE3 系列列车在载客率为 50% 的情况下，每人每百公里消耗的能源折算为不到 2 L 汽油。以汉堡到柏林为例，乘火车需要 1. 5 h，比汽车快 1 倍。火车在半满员的情况下，每位乘客整个旅程消耗的能源折算为不到 8 L 汽油，而汽车需消耗 27 L 以上的汽油。

在最初的计划阶段，德国 ICE1 型系列高速城际特快列车被设计成由 12 辆具有动力车辆组成的全动车组编组列车，其编组长度达到 358 m。在德国高速铁路系统运营的第一阶段，共有 60 列以 0. 5 h 为发车间隔单位的 ICE1 列车运行在汉堡—巴塞尔、汉堡—慕尼黑间的铁路线上。

德国高速铁路新线上的运营组织模式最初制定为客货共线的方式，运行速度最快的货物列车实际上为货物行包车，这样的列车最初被命名为 PIC（parcel inter city），后来改名为城际特快货物列车 ICGE（inter cargo express）。运营之初，有部分的 ICGE 列车被安排在白天运行，但后来考虑到效率和安全的问题，特别是考虑到双向长隧道的列车交会安全问题，现在已经将所有的货物列车安排在夜间运行。2001 年，德国铁路在汉诺城—维尔茨堡的高速铁路线上，白天运行的 ICE 列车达到 49 列，而夜间运行的货物列车则为 37 列。

2. 德国高速铁路运营的基本情况

1982 年 5 月 13 日，德国铁路成立董事会，决定修建高速铁路，并于 1982 年 7 月动工。1982 年 8 月，德国铁路投资 1 200 万马克，试制 ICE 试验型城际快车。1985 年，2 动 3 拖的 ICE－V 型试验高速动车组试制成功，同年，其最高试验速度达到 317 km/h。1988 年 5 月，ICE－V 型试验列车在汉诺威—维尔茨堡间创造了 406. 9 km/h 的高速动车组速度记录。在 ICE－V 型试验列车的基础上，1985 年 12 月德国铁路确定了 ICE 设计任务书，1986 年开始试制 ICE1 型高速动车组，1990 年 7 月试制完成，并于 1991 年 6 月 2 日以 280 km/h 的速度正式投入运行。

德国铁路于 1995 年开始动工修建科隆—法兰克福的高速铁路，由于该线路最高运行速度提高到 300 km/h，线路最大坡度达到 40‰，既有的 ICE1、ICE2 型列车已经不能满足运行需要。为此，德国铁路于 1994 年向工业界订购了 50 列 ICE3 型动力分散型动车组。1997 年，ICE3 型电动车组投入运行。随着柏林至汉诺威间 254 km 的高速铁路新线的开通与运营，高速列车的整个旅行时间比原先的时间缩短了一半（只需 1 h 35 min）。在这条线路上共运行了 44 列 205 m 长的第二代高速列车 ICE2，它是由一辆动车车辆和 7 辆非动车车辆组成（牵引功率为 4 800 kW）。2000 年，ICE2 列车改为由长 200 m 的电动复合单元（electrical multiple unit sets，EMU）车辆进行编组。2002 年，在科隆至法兰克福新线上运行的高速列车为第三代城际特快列车 ICE3（牵引功率达 8 000 kW），它也是由 EMU 车辆编组的列车。ICE3 型列车如图 1－3 所示。此外德国高速铁路列车产品还有满足多曲线地段运行的摆式特快列车 ICE－T（有 7 辆和 5 辆两种编组形式，其长度分别为185 m 和 133 m，最高时速可达 230 km），以及满足非电化线路高速运行的内燃摆式特快列车 ICE－TD（为 4 辆编组，长度 107 m，最高速度达 200 km/h）。

图 1－3　ICE3 型列车

经过 30 多年的发展，目前德国已建成柏林—汉诺威—维尔茨堡、科隆—法兰克福、曼海姆—斯图加特等多条高速铁路，路网规模达到 917 km，并有多条高速铁路正在建设。

（四）西班牙高速铁路

1. 西班牙高速铁路基本概况

20 世纪 80 年代末，西班牙政府构思新建一条铁路线，将西班牙中部（卡斯蒂亚）与南部（安达鲁西亚）连接。考虑多个方案后，西班牙政府认为应建造一条标准轨铁路，成为首条高速铁路。马德里—塞维利亚的高速铁路全长 471 km，于 1992 年 4 月 16 日启用，同日正值塞维利亚世界博览会开幕。1995 年西班牙又开工建设第 2 条高速铁路马德里—巴塞罗那高速铁路。该线全长 650 km，采用加拿大庞巴迪公司与西班牙 Talgol公司联合研制的高速列车，以及从德国西门子引进的高速列车。1998 年 3 月西班牙国营铁路公司与法国阿尔斯通公司签订了购买 24 列 AVE－S100 高速列车的合同，后来又购买了 AVE－S102 型车和 AVE－S103 型车。2007 年，来往马德里至马拉加的高速铁路最后一段完成，并于 12 月 24 日投入服务。

2004 年 12 月开始，来往塞维利亚及科尔多瓦的全新中距离高速列车服务投入运作，将来往两地时间缩短至 40 min。西班牙国家铁路于 2005 年 11 月开始，新设来往马德里及托莱多的中途高速服务，来往两地只需 30 min。马德里至巴塞罗那线于 2008 年 2 月 20 日投入服务，每天早上六时至晚上九时，有 17 对高速列车来往两地。此线路为世界上最快的商业铁路之一，全段 621 km，不停站单程只需 2 h 38 min。马德里—塞哥维亚—巴利亚多利德线于2007年12月22日启用。

2. 西班牙高速铁路运营的基本情况

西班牙多山，线路多弯道。列车在弯道上行驶产生离心力，会使旅客感到不舒服，并带来列车脱轨的危险，因此列车经常不得不在过弯道时减速。为此，西班牙专门开发了“倾摆列车”技术。西班牙的轨距为1 668 mm，而欧洲其他国家的轨距为1 435 mm，相差233 mm。刚开始，所有开往法国的列车都必须在边境停车，全部重新变换轮距。为此，又专门研发、制造了轨距自动转换装置（见图1－4）。

图1－4　轨距自动转换装置

马德里至巴塞罗那之间的高速铁路系统的控制中心将信号技术、无线传输器、计算机系统融为一体，收集关于列车与轨道系统的一切信息。西班牙采用先进的ERTMS系统。西班牙高速铁路使用90 m长钢轨，大大超过普通钢轨的长度，减少了焊接点，提高了钢轨的安全性，同时降低了成本。

（五）其他国家高速铁路基本概况

1. 意大利

1970年，意大利在罗马—佛罗伦萨间修建了第一条高速铁路，该线路走向大体与既有线平行，并合理利用了部分原有车站和其他技术设施，全长238 km，设计时速250 km，桥隧总长约105 km，占线路全长的44.5%。按客、货混运组织运营，这条高速铁路在多处与既有站接轨，修建与既有线相连接的联络线，将高速线与既有线连接为一个整体，提高了既有线的运输能力。

意大利制定了全国高速铁路网技术标准。意大利在修建新线的同时，对罗马—佛罗伦萨的既有路段进行了适应高速标准的技术改造：加大曲线半径，最小曲线半径由3 000 m调整为5 450 m；加大线间距，由4 m调整为5 m；隧道净空由54 m^2增至82 m^2；信号设备采用ERTMS二级系统；无线通信采用GSM－R系统等。

意大利的高速铁路按照先进的技术标准，在保证安全性、高速度的前提下进行建设。其技术特点适合客、货混运，并且在几何参数、轴重、限界等方面与既有线的客、货列车及欧洲高速铁路网的列车兼容。罗马—那不勒斯高速铁路轨道采用有砟轨道、混凝土轨枕。意大利高速铁路采用有砟轨道主要基于经济上合理、技术上可行、维修上方便的原因。由于机车车辆车底的有关设备在安装时进行封闭，保证车底面比较平顺，运行时不会造成道砟飞溅而破坏车底设备和道旁设施。路基表面平坦、密实，电缆槽一般与路基面持平，也有直接放在路基上的。路基边坡防护多采用钢丝网碎石防护、植被防护等方式。

意大利高速铁路线路隧道一般采用双线隧道，轨面以上净空不小于 82 m^2。意大利高速铁路建设公司计划对较长的隧道采用双单线断面，以降低发生事故的可能性和便于采取紧急救援措施；同时在整个隧道内铺设 1.5 m 宽的人行道，两隧道每隔 250 m 修建连接通道，并安装双门和超压系统，防止火灾扩散到另一隧道内，保证旅客能在紧急情况下撤离隧道。明洞内每隔 250 m 修建侧面步行通道，并采取了洞内消防用水系统、烟雾控制通风系统、横通道空气交换系统等应急系统。

意大利是欧洲第一个在新建高速线路上采用 ERTMS 系统的国家。ERTMS 是新的欧洲铁路网控制和列车间隔系统，用于保证欧洲各国的国家铁路系统的相容性，实现统一制式、统一标准和欧洲铁路网的互通。

意大利所建高速铁路装备 ERTMS 二级系统。该系统利用 GSM－R 系统把信号从地面的车站传输到列车上，车载设备接收到信号并转换成操纵的指令。ERTMS 二级系统通过无线闭塞中心向线路上的所有列车连续发送有关速度控制的信息，每趟列车也利用同样的系统把位置信息发送给无线闭塞中心。实现动态的列车间隔距离，这是世界高速铁路的发展趋势。

意大利高速铁路列车运营中，一等座赠送甜品小食或冷热饮，直接由列车员送到座位上，早晨出发的列车还为旅客提供报纸，车厢内设有残障旅客座席和卫生间。博洛尼亚、佛罗伦萨、米兰、那不勒斯、帕多瓦、雷焦卡拉布利亚、罗马、都灵和威尼斯设有欧洲之星俱乐部小型休息室。

意大利高速铁路在某些路线上还提供全套餐饮到座服务。菜单根据季节时常变化。在送餐之前，列车员会到车厢咨询。意大利境内铁路列车可提前 60 天预订车票，乘坐意大利境内列车无须办理登车手续，车票和护照在车上检查。

2. 英国

英国的铁路网早在 100 多年前就已经较为完善。英国铁路在 2009 年左右对重要既有线进行了升级改造，包括东海岸、西海岸干线的升级改造工程。东海岸干线连接伦敦和爱丁堡，长 632 km，其改造工程还涉及邻近的米德兰干线和国王十字车站。西海岸干线是英国重要的铁路线路，全长 880 km，连接伦敦与伯明翰、曼彻斯特、利物浦、格拉斯哥等人口密集城市，承担了 40% 以上的全国铁路货运量。西海岸干线改造工程对整个线路进行了彻底改造，包括线路、桥梁、牵引供电系统、信号设备等各方面。工程完工后可运行最高速度 200～250 km/h 的摆式列车。工程分为两个阶段，第一阶段于 2004 年 9 月完成并通车，第二阶段于 2008 年年底完成，2009 年 1 月投入使用。

海峡隧道铁路连接线（CTRL）是英国近一个世纪以来修建的一条重要的新线，也是英国第一条高速铁路。它从伦敦中部通向英吉利海峡隧道，将英国铁路直接与欧洲高速铁路网相连，全长 109 km，最高运营时速 300 km，23% 的线路在隧道内，沿线设 4

个新站。

2009 年，英国开始规划建设高速铁路 2 线，并于 2009 年 1 月成立了有限公司，该公司由运输部直接领导，负责对 2 线进行可行性研究。规划的 2 线从伦敦到伯明翰，然后分别通往曼彻斯特和利兹，形成“Y 形”高速铁路网，全长约 540 km，计划总投资 327 亿英镑，分两阶段开展建设。第一阶段线路从伦敦到伯明翰，全长约 190 km，第二阶段线路从伯明翰向北继续延伸到曼彻斯特和利兹。2012 年，英国政府批准修建高速铁路 2 线第一阶段线路，该线路预计 2017 年开工建设，2026 年开通运营。

目前，英国国内铁路客运市场由 24 家客运公司分享。各公司通过招标获取线路的特许经营权，部分线路由两家以上的客运公司运营，即只要经过铁路监管办公室和路网公司同意，客运公司可以在其他运输公司特许经营的线路上运营。近 10 年来，受原油价格上涨、国家对生态环境保护要求更加严格及其他许多因素影响，公路运输快速增长的势头有所缓解。多家英国铁路公司正在实施新的战略规划，力图在激烈的市场竞争中继续保持和扩大自己的竞争优势。

3. 瑞典

1986 年，瑞典国家铁路公司开始对斯德哥尔摩到哥德堡的西部干线实行改造，揭开了瑞典铁路在既有干线上通过适量改造，采用摆式列车新技术来实现 200 km/h 以上高速运行的序幕。

瑞典国营铁路划分为干线网及地方铁路两种。地方铁路通常承担地区性运输任务，地区的公共运输管理部门有权经营地方铁路的客运服务，并得到该地方政府的财政补贴。瑞典高速铁路是利用既有线加以适当的改造（包括信号系统、平交道口、接触网及站场），并采用 X2000 型高速摆式列车在曲线区段将列车通过速度提高 30% ~40%，最高速度达到 200 km/h，而又不超过最大的允许轨道作用力；同时由于车体倾摆抵消了旅客所感受到的全部离心力的 70%，使旅客感到较舒适，而整个旅行时间可以大大缩短。这是用机车车辆的高性能来适应线路的要求，从而达到高速运行的一种模式。由于在既有线上运营 X2000 型高速摆式列车，必然与普通客车及货物列车共线运行，因此，实现这种模式的首要条件是线路上运量不大，运输能力比较充裕，不至于因为开行了高速列车而增加了扣除系数，影响到其他旅客列车及货物列车的开行。另外线路必须具备较好的条件，轨道结构比较坚固，更重要的是曲线区段的缓和曲线长度必须足够，否则将因过短的缓和曲线长度，造成摆式车体倾摆时过渡时间太短，摆动角度无法到位，达不到抵消旅客感受到的离心力的目的。

（六）国外高速铁路发展经验

1. 交通方式的转变

高速铁路具有比传统铁路更加巨大的运送能力，能极大地满足现有的和潜在的出行需求。第一条东京到大阪的新干线从 1965 年开通到 1989 年的 25 年间，旅客年运送量从 3 100 万人次增长到 2. 36 亿人次。现如今，单个方向每不到 6 min 就有一辆高速列车从东京站开出，仅一条线路单位时间进出站客运量就可达到 27 300 人/h。这一线路就大约相当于 9 ~10 车道的高速公路或 3 条 3 000 m 跑道的机场的客运量。

旅客的出行通常是根据不同的出行距离选择不同的交通方式，短距离使用小型汽车

（未包含城市轨道交通），长距离使用飞机，中远距离使用火车。高速铁路由于相对于小汽车更加快速和安全，而相对于飞机则更加准时和便捷。

2. 人口及城市空间结构的调整

一项日本新干线沿线城市1975年到1988年人口变动的深入研究具有较大的参考价值。该研究将6个有新干线的城市、4个没有新干线的城市的人口增长率与全国平均水平作比较，发现虽然6个有新干线的城市中只有3个的人口增长率高于全国平均水平，但没有新干线的城市人口增长率都低于全国平均水平。这表明在城市化的过程中新干线不但对外部区域的人口产生了吸力，同时也推进了沿线城市区域之间的人口重组，使得人口重心向新干线沿线城市中更具有比较优势的城市聚集。

3. 对产业结构的影响

由于高速铁路大大缩短了城市与城市之间的旅行时间，为大量当天往返的活动（如商务活动、通勤、文化休闲等）提供了条件，因此高速铁路的建设将有可能催化相应的商务办公、商业服务、休闲娱乐及房地产等产业的增长。例如，里昂到巴黎的高速铁路建成后，里昂的商务功能得到了大大的提升（在高铁开通前很多人曾经担心巴黎的服务部门会因为高铁的开通而取代当地的公司，从而削弱里昂的商务功能，而事实正好相反，高铁开通后里昂及周边地区的公司，尤其是中型公司，开始进入巴黎的市场）。从1983年到1990年，里昂车站周边地区的办公面积从17.5万m^2增长到25.1万m^2。

二、国内高速铁路发展历程

（一）研究论证阶段

在中国，铁路是国家重要的基础设施、国民经济的大动脉和大众化的交通工具，在综合交通运输体系中处于骨干地位。新中国成立以来，尤其是改革开放以来，中国铁路取得了长足进步，为经济建设做出了重要贡献。但与其他行业相比，铁路发展相对滞后，运输能力严重不足，“一票难求、一车难求”的现象曾经十分突出，铁路成为制约经济社会发展的“瓶颈”。

从世界范围看，速度作为交通运输现代化的重要标志之一，往往在很大程度上影响着某种运输方式及某种交通工具的兴衰。铁路自诞生以来，正是由于它在运输速度和运输能力上的巨大优势，才在很长的历史时期内成为世界各国交通运输的骨干，极大地推动着社会进步和历史进程。曾几何时，由于忽视了行车速度的提高，铁路在速度方面的优势迅速缩小，甚至消失。速度慢成了阻碍铁路发展的重要因素之一。

事实上，早在1992年，中国交通运输协会就曾经给当时分管交通的国务院副总理邹家华提交了一份“修建京沪高铁”的建议书。这份建议书做过统计：从北京到上海，连接了三个直辖市四个省，人口占全国的1/3，GDP占全国的40%。京沪铁路的长度仅占全国铁路的2.8%，却负载了14.3%的旅客周转量和8.8%的货物周转量。1992年，京沪铁路双向客运密度已达3 171万人，南下货运密度达到7 584万t，分别是全国铁路平均水平的5.4倍和3.7倍。北京到天津、徐州到蚌埠两个最繁忙路段，在那个时候就已经达到了客货混运双线铁路运输能力的极限。

原铁道部想再修建一条北京到上海的铁路，以此来缓解巨大的运输压力，但这个想法被专家否决了，他们一致认为，如果要再修一条线路，那就不如客货分开，修建一条高速铁路。当时的国家经委也向中央提出建议，修建一条京沪高速铁路。拿到建议书后，国务院副总理邹家华组织了当时的国家科委、国家计委、国家经贸委、国家体改委和铁道部等部门成立了一个研究小组，旨在研究京沪铁路前期重大的技术经济问题，前往德国、法国、日本等国，考察他们的高速铁路，同时在京沪高铁沿线地区进行了调研，结论是京沪线客货运量非常大，应该修建高速铁路，并且京沪高铁设计的时速须达到 300 km，最后形成了《京沪高速铁路重大技术经济问题前期研究总报告》。该报告不仅包括了到底该不该修京沪高速铁路、线路如何走、经过哪些城市、技术标准是什么、如何建设和管理等很多问题，还涉及线路具体的建设投资方案，究竟是采用 BOT 模式，还是全部国家来投资，亦或是合资建设等。这份报告提交至中央后获得了肯定，原铁道部很快就为京沪高铁设计了一个具体的建设方案，等专家评审论证全部签字通过后，就等国务院批准，准备开工建设了。

当时有人提出，京沪高铁能否修成磁悬浮铁路。于是关于是修磁悬浮还是轮轨式又进行了论证和比较，也引起了各方争议。当时大部分参加京沪高铁项目论证的专家和院士，不同意修磁悬浮的方案，“修建磁悬浮造价太高，而且和现有的铁路无法衔接。”尽管最后修建磁悬浮方案没有获得通过，但京沪高铁的修建也被耽误了一段时间。

历史的车轮依然前行，铁路运输的滞后开始影响中国经济的快速发展，客运的一票难求和货运的一车难发的情况使人民群众对于铁路运输企业越来越不满意。与此同时，公路与高速公路虽然前期快速发展，但是遇到了全世界都面临的问题——交通拥堵的状况越来越严重。2003 年，中国政府从落实科学发展观、实现国民经济又好又快发展的战略全局出发，做出了加快发展铁路的重要决策，中国铁路进入加快推进现代化的历史阶段。2004 年 1 月国务院常务会议讨论并原则通过了《中长期铁路网规划》。《中长期铁路网规划》提出，到 2020 年，全国铁路营业里程达到 10 万 km，主要繁忙干线实现客货分线，建设高速铁路 1.2 万 km 以上。2008 年，中国政府根据我国综合交通体系建设的需要，对《中长期铁路网规划》进行了调整，确定到 2020 年，全国铁路营业里程达到 12 万 km 以上，建设高速铁路 1.6 万 km 以上。根据《中长期铁路网规划》，中国高速铁路发展以“四纵四横”为重点，构建快速客运网的主要骨架，形成快速、便捷、大能力的铁路客运通道，逐步实现客货分线运输。

（二）初期试验阶段

1998 年 7 月，经国务院批准，秦沈客运专线开工，该工程被列为国家重点建设工程。秦沈客运专线于 1999 年 8 月 16 日全面开工建设，总投资约 150 亿元人民币，2003 年 10 月 12 日正式开通运营。秦沈客运专线是当时中国国内技术最先进的铁路，全线设计时速达到 200 km，并预留 250 km/h 的提速条件。其中山海关站至锦州南站一段（166 km）限速 200 km/h，锦州南站至沈阳北站一段（225 km）限速 160 km/h，而山海关站至绥中北站之间的线路条件则有能力进行 300 km/h 的试验。

另外，为了适应高速列车的运行，秦沈客运专线采用了长站距的设计，全线只设有 10 个车站，平均约 40 km 设一个车站，葫芦岛北站至绥中北站之间的距离长达60 km。中国自行研制的动车组“先锋号”及“中华之星”曾于 2002 年在该线路上进行高速测试，试验最高时速分别达 292 km 及 321.5 km。可以说，秦沈客运专线的修建，开创了中国高速铁路建设和运营的先河，秦沈客运专线是中国铁路步入高速化的起点，通过秦沈客运专线的设计、施工、运营，能够为建设京沪高速铁路提供大量的数据及资料。秦沈客运专线在中国铁路建设中具有里程碑意义。它是中国自己研究、设计、施工的时速 200 km 的第一条快速铁路客运专线。它的建设和投入运营，带动了中国铁路综合技术水平的大幅度提升。

中国高速铁路发展的真正起点是 2004 年，以国务院召开的两次关于铁路的重要会议并通过《中长期铁路网规划》与《研究铁路机车车辆有关问题的会议纲要》为标志。2004 年，中国在广深铁路首次开行时速达 160 km 的国产快速旅客列车。广深铁路被誉为中国高速铁路成长、成熟的“试验田”。同年，国务院召开专题会议，研究铁路机车车辆装备问题，形成了《研究铁路机车车辆有关问题的会议纪要》，提出加快我国铁路机车车辆装备现代化的总体要求——“引进先进技术、联合设计生产、打造中国品牌”，其中引进时速 200 km 以上高速动车组技术是其中的主要内容。中国发展高速铁路的帷幕就此拉开。

（三）中国高速铁路高速发展阶段

从 2005 年开始，中国高速铁路迎来了快速发展阶段。2005 年铁路基本建设投资达到 880.18 亿元。2006 年铁路基本建设投资突破 1 500 亿元，全年投资完成 1 552.75 亿元，比 2005 年多 672.57 亿元，增长 76.4%，比“七五”和“八五”十年完成投资的总和还多 21.26 亿元。2007 年铁路基本建设投资 2 520 亿元，2008 年铁路基本建设投资 4 168 亿元，2009 年铁路基本建设投资 7 013 亿元，2010 年则创下了铁路基本建设投资 8 426 亿元的“历史纪录”。

《中长期铁路网规划》（2004 年版）的重要内容是建立省会城市及大中城市间的快速客运通道，规划“四纵四横”（见图 1-5）铁路快速客运通道及三个城际快速客运系统。建设客运专线 1.2 万 km 以上，客车速度目标值达到每小时 200 km 及以上。

“四纵”：一是北京—上海高速铁路，全长 1 318 km，贯通环渤海和长三角东部沿海经济发达地区；二是北京—武汉—广州—深圳（香港）高速铁路，全长 2 350 km，连接华北、华中和华南地区；三是北京—沈阳—哈尔滨（大连）高速铁路，全长 1 612 km，连接东北和关内地区；四是上海—杭州—宁波—福州—深圳高速铁路，全长 1 650 km，连接长三角、东南沿海、珠三角地区。

“四横”：一是青岛—石家庄—太原高速铁路，全长 906 km，连接华北和华东地区；二是徐州—郑州—兰州高速铁路，全长 1 346 km，连接西北和华东地区；三是上海—南京—武汉—重庆—成都高速铁路，全长 1 922 km，连接西南和华东地区；四是上海—杭州—南昌—长沙—昆明高速铁路，全长 2 264 km，连接华中、华东和西南地区。同时，以环渤海地区、长三角地区、珠三角地区及辽中南、山东半岛、中原地区、江汉平原、湘东地区、关中地区、成渝地区、海峡西岸等经济发达和人口稠密地区为重点，建设城际高速铁路，覆盖区域内的主要城镇。

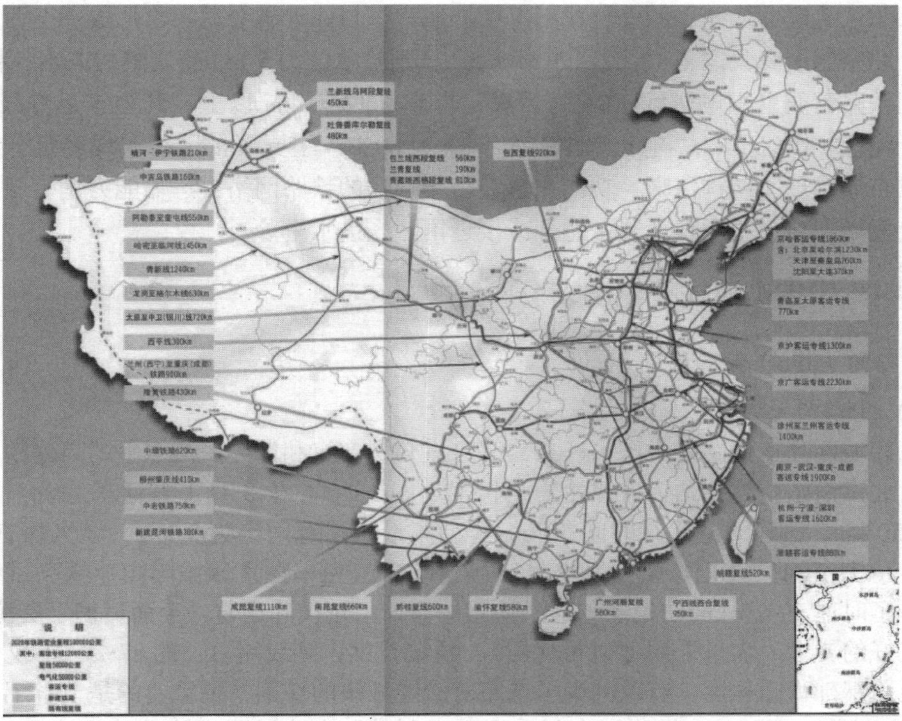

图 1－5　2004 年中长期铁路网规划示意图

如图 1－6 所示，由于我国经济发展迅速，在 2008 年又对《中长期铁路网规划方案》进行了调整。《中长期铁路网调整规划方案》提出快速客运网络建成后，北京、上

图 1－6　2008 年中长期铁路网调整规划示意图

海、郑州、武汉、广州、西安、成都等中心城市，与邻近省会城市将形成一至两小时交通圈；北京到上海只需 4 h，到广州为 6.5 h，到哈尔滨为 5 h。新调整的方案，将 2020 年全国铁路营业里程规划目标由 10 万 km 调整为 12 万 km 以上，其中客运专线由 1.2 万 km 调整为 1.6 万 km，电化率由 50% 调整为 60%，主要繁忙干线实现客货分线，基本形成布局合理、结构清晰、功能完善、衔接顺畅的铁路网络，运输能力满足国民经济和社会发展需要，主要技术装备达到或接近国际先进水平。

（四）中国高速铁路建设成果

1. 300～350 km/h 线路

1）北京至天津城际高速铁路

京津城际高速铁路是中国第一条具有自主知识产权和世界一流水平的高速铁路，起点站为北京南站，终到站为天津站，全长 120 km。2008 年 8 月 1 日通车运营，运营时速达 350 km，列车直达运行时间 30 min，列车最小追踪间隔为 3 min。令人振奋的是，2008 年 6 月 24 日，CRH_3 型“和谐号”高速动车组列车在京津城际高速铁路试验运行中创造了时速 394.3 km 的纪录。这条铁路的设计、建设和运营，全面贯彻了资源节约、环境友好的要求。大量采用“以桥代路”，桥梁长度占到线路总长的 87%，不仅大大提高了线路基础稳固程度，有效减少了铁路对沿线城镇的切割，更重要的是节省了大量土地。“和谐号”高速动车组列车全部采用再生制动。京津城际高速铁路的建设和运营，取得了一系列技术创新成果，为形成中国高速铁路技术标准体系奠定了基础，是中国铁路建设史上的一座里程碑。京津城际高速铁路开通之后，两地“同城化”效应明显，有力地拉动了区域经济的发展，改变了人们的生活观念和生活方式。

2）武汉至广州高速铁路

武广高速铁路起点站为武汉站，终到站为广州南站，全长 1 068.6 km。2009 年 12 月 26 日通车运营，运营时速 350 km，列车直达运行时间 3 h 8 min。全线共设 18 座车站，正线中大中桥梁 691 座、隧道 226 座，桥隧比例达 66.7%。在武广高速铁路试运行的时候，两列重联的“和谐号”高速动车组列车创造了时速 394.3 km 的世界铁路运营速度新纪录。

3）郑州至西安高速铁路

郑西高速铁路起点站为郑州站，终到站为西安站，全长 505 km。2010 年 2 月 6 日通车运营，运营时速达 350 km，列车直达运行时间 1 h 48 min。郑州至西安高速铁路是我国第一条建设于湿陷性黄土地域的高速铁路。

4）上海至南京城际高速铁路

沪宁高速铁路起点站为上海虹桥站，终到站为南京站，全长 301 km。2010 年 7 月 1 日通车运营，运营时速达 350 km，列车直达运行时间 1 h 13 min。上海至南京高速铁路是目前中国开通运营的站点最密集、站间距最小、行车密度最高的高速铁路。

5）上海至杭州高速铁路

沪杭高速铁路起点站为上海虹桥站，终到站为杭州东站，全长 202 km。这条高速铁路全线共设 9 个车站，2010 年 10 月 26 日通车运营，运营时速达 350 km，列车直达运行时间 45 min。

6）北京至上海高速铁路

京沪高速铁路起点站为北京南站，终到站为上海虹桥站，全长 1 318 km，共设 24 个车站，贯穿北京、天津、河北、山东、安徽、江苏、上海 7 省市，连接环渤海和长江三角洲两大经济区，沿线 7 省市人口占全国的 1/4，经济总量占全国的 40%。2008 年 4 月 18 日开工建设，设计列车最高运营时速将达到 380 km，全程直达运行时间 4 h。这条铁路跨越海河、黄河、淮河、长江四大水系，工程地质复杂，全线桥梁 244 座、隧道 21 座，桥隧长度占全线正线长度的 81%，无砟轨道线路约 1 298 km。京沪高速铁路是世界上一次建成线路最长、标准最高、速度最快的高速铁路之一。这条铁路的重点控制性工程之一——南京大胜关长江大桥，全长 9. 273 km，是中国首座按六线轨道设计的铁路大桥，也是世界上设计荷载最大的高速铁路桥。大桥能够确保万吨级船舶顺利通航。丹阳至昆山特大桥全长 164 km，是世界铁路最长的桥梁，所经地区软土分布广泛，除少数特殊跨度外，大量采用 32 m 箱梁结构。

2. 200～250 km/h 线路

1）合肥至南京高速铁路

合宁高速铁路是中国第一条新建时速 250 km 具有完全知识产权的有砟轨道高速铁路，起点站为合肥站，终到站为南京站，全长 123 km。2008 年 4 月 18 日建成，2008 年 8 月 1 日开行“和谐号”高速动车组列车，列车直达运行时间 54 min。

2）青岛至济南高速铁路

济青高速铁路起点站为青岛站，终到站为济南站，全长 362 km。2008 年 12 月 20 日通车运营，运营时速达 250 km，列车直达运行时间 2 h 50 min。

3）合肥至武汉高速铁路

合武高速铁路起点站为合肥站，终到站为汉口站，全长 333 km。2009 年 4 月 1 日通车运营，“和谐号”动车组列车运营时速 250 km，列车直达运行时间 1 h 55 min。

4）石家庄至太原高速铁路

石太高速铁路起点站为石家庄北站，终到站为太原站，全长 231 km。2009 年 4 月 1 日通车运营，运营时速 250 km，列车直达运行时间 59 min。其中，全长 27. 8 km 的太行山隧道为中国最长的铁路山岭隧道。

5）宁波至温州高速铁路

甬温高速铁路北起宁波站，南经温州市瓯海站与温福铁路相连，全长 282 km，列车直达运行时间 1 h 12 min；2009 年 9 月 28 日通车运营，运营时速达 250 km。

6）温州至福州高速铁路

温福高速铁路起点站为温州南站，终到站为福州站，全长 298 km，列车直达运营时间 1 h 15 min。2009 年 9 月 28 日通车运营，运营时速 250 km。

甬温和温福高速铁路是中国东南沿海地区最早建成、同期建设标准最高的有砟轨道高速铁路。

7）福州至厦门高速铁路

福厦高速铁路起点站为福州南站，终到站是厦门站，全长 274. 9 km。2010 年 4 月 26 日通车运营，运行时速 250 km。福州至厦门高速铁路北接长三角经济板块，南接珠三角经济板块，使长三角、珠三角与海峡西岸经济区三大经济带有机地结合起来，从根本上解决了中国东南沿海地区铁路“瓶颈”问题。

8）南昌至九江高速铁路

昌九高速铁路起点站为九江站，终到站为南昌站，全长 132 km，2010 年 9 月 20 日通车运营，运营时速 250 km，列车直达运行时间 45 min。

9）成都至都江堰高速铁路

成都至都江堰高速铁路起点站为成都站，终到站为青城山站，全长 65 km。2010 年 5 月 12 日通车运营，最高时速为 220 km，共设 15 个车站，线路与地铁同站台换乘，是中国第一条市域高速铁路。

3. 中国高速铁路运营线路的未来规划

2016 年，我国发布了新制定的《中长期铁路网规划》，本次规划期限为 2016—2025 年，远期展望到 2030 年，规划目标如下：

（1）到 2020 年，一批重大标志性项目建成投产，铁路网规模达到 15 万公里，其中高速铁路 3 万公里，覆盖 80% 以上的大城市，为完成“十三五”规划任务、实现全面建成小康社会目标提供有力支撑。

（2）到 2025 年，铁路网规模达到 17.5 万公里左右，其中高速铁路 3.8 万公里左右，网络覆盖进一步扩大，路网结构更加优化，骨干作用更加显著，更好发挥铁路对经济社会发展的保障作用。

（3）到 2030 年，基本实现内外互联互通、区际多路畅通、省会高铁连通、地市快速通达、县域基本覆盖。

《中长期铁路网规划》具体方案如下。

1）构建“八纵八横”高速铁路主通道

（1）“八纵”通道。

① 沿海通道。大连（丹东）—秦皇岛—天津—东营—潍坊—青岛（烟台）—连云港—盐城—南通—上海—宁波—福州—厦门—深圳—湛江—北海（防城港）高速铁路（其中青岛至盐城段利用青连、连盐铁路，南通至上海段利用沪通铁路），连接东部沿海地区，贯通京津冀、辽中南、山东半岛、东陇海、长三角、海峡西岸、珠三角、北部湾等城市群。

② 京沪通道。北京—天津—济南—南京—上海（杭州）高速铁路，包括南京—杭州、蚌埠—合肥—杭州高速铁路，同时通过北京—天津—东营—潍坊—临沂—淮安—扬州—南通—上海高速铁路，连接华北、华东地区，贯通京津冀、长三角等城市群。

③ 京港（台）通道。北京—衡水—菏泽—商丘—阜阳—合肥（黄冈）—九江—南昌—赣州—深圳—香港（九龙）高速铁路；另一支线为合肥—福州—台北高速铁路，包括南昌—福州（莆田）铁路。连接华北、华中、华东、华南地区，贯通京津冀、长江中游、海峡西岸、珠三角等城市群。

④ 京哈—京港澳通道。哈尔滨—长春—沈阳—北京—石家庄—郑州—武汉—长沙—广州—深圳—香港高速铁路，包括广州—珠海—澳门高速铁路。连接东北、华北、华中、华南、港澳地区，贯通哈长、辽中南、京津冀、中原、长江中游、珠三角等城市群。

⑤ 呼南通道。呼和浩特—大同—太原—郑州—襄阳—常德—益阳—邵阳—永州—桂林—南宁高速铁路。连接华北、中原、华中、华南地区，贯通呼包鄂榆、山西中部、中原、长江中游、北部湾等城市群。

⑥ 京昆通道。北京—石家庄—太原—西安—成都（重庆）—昆明高速铁路，包括北京—张家口—大同—太原高速铁路。连接华北、西北、西南地区，贯通京津冀、太原、关中平原、成渝、滇中等城市群。

⑦ 包（银）海通道。包头—延安—西安—重庆—贵阳—南宁—湛江—海口（三亚）高速铁路，包括银川—西安以及海南环岛高速铁路。连接西北、西南、华南地区，贯通呼包鄂、宁夏沿黄、关中平原、成渝、黔中、北部湾等城市群。

⑧ 兰（西）广通道。兰州（西宁）—成都（重庆）—贵阳—广州高速铁路。连接西北、西南、华南地区，贯通兰西、成渝、黔中、珠三角等城市群。

（2）“八横”通道。

① 绥满通道。绥芬河—牡丹江—哈尔滨—齐齐哈尔—海拉尔—满洲里高速铁路。连接黑龙江及蒙东地区。

② 京兰通道。北京—呼和浩特—银川—兰州高速铁路。连接华北、西北地区，贯通京津冀、呼包鄂、宁夏沿黄、兰西等城市群。

③ 青银通道。青岛—济南—石家庄—太原—银川高速铁路（其中绥德至银川段利用太中银铁路）。连接华东、华北、西北地区，贯通山东半岛、京津冀、太原、宁夏沿黄等城市群。

④ 陆桥通道。连云港—徐州—郑州—西安—兰州—西宁—乌鲁木齐高速铁路。连接华东、华中、西北地区，贯通东陇海、中原、关中平原、兰西、天山北坡等城市群。

⑤ 沿江通道。上海—南京—合肥—武汉—重庆—成都高速铁路，包括南京—安庆—九江—武汉—宜昌—重庆—达州—遂宁—成都高速铁路（其中遂宁至成都段利用达成铁路），连接华东、华中、西南地区，贯通长三角、长江中游、成渝等城市群。

⑥ 沪昆通道。上海—杭州—南昌—长沙—贵阳—昆明高速铁路。连接华东、华中、西南地区，贯通长三角、长江中游、黔中、滇中等城市群。

⑦ 厦渝通道。厦门—龙岩—赣州—长沙—常德—张家界—黔江—重庆高速铁路（其中厦门至赣州段利用龙厦铁路、赣龙铁路，常德至黔江段利用黔张常铁路）。连接海峡西岸、中南、西南地区，贯通海峡西岸、长江中游、成渝等城市群。

⑧ 广昆通道。广州—南宁—昆明高速铁路。连接华南、西南地区，贯通珠三角、北部湾、滇中等城市群。

2）拓展区域铁路连接线

在“八纵八横”主通道的基础上，规划布局高速铁路区域连接线，目的是进一步完善路网，扩大高速铁路覆盖。

3）发展城际客运铁路

在优先利用高速铁路、普速铁路开行城际列车服务城际功能的同时，规划建设支撑和引领新型城镇化发展、有效连接大中城市与中心城镇、服务通勤功能的城市群城际客运铁路。

4. 广深港高速铁路建成通车

广深港高速铁路，简称广深港高铁，是连接广州市、东莞市、深圳市和香港特别行政区之间的高速铁路，线路呈西北至东南走向；为中国“八纵八横”高速铁路网京哈～京港澳通道的南端部分，是京广高速铁路的延伸线。

广深港高速铁路广深段于2005年12月18日动工建设，2011年12月26日通车运营；香港段于2010年1月27日动工建设，2018年9月23日通车运营。广深港高速铁路北起广州南站、南至西九龙站，线路全长146千米；广深段设计速度为350千米/小时，香港段设计速度为200千米/小时，广深段运营速度300千米/小时。

2018年9月4日香港特区政府宣布，《广深港高铁（一地两检）条例》正式实施，高铁西九龙站内的内地口岸区也同时启用，以配合广深港高铁香港段于2018年9月23日开通。广深港高速铁路香港段车票于2018年9月10日起开售，广深港高铁香港段开通运营后，香港连接至不断扩大的国家高铁网络，可通达北京、上海、石家庄、郑州、武汉、长沙、杭州、南昌、福州、厦门、汕头、贵阳、桂林、昆明等内地40多个城市。

任务二　高速铁路的主要技术特点

【技能目标】

了解高速铁路的基础设施；
掌握高速铁路列车的结构特点；
掌握高速铁路牵引供电系统的组成与功能；
掌握高速列车运行控制系统的基本作用；
掌握高速铁路调度指挥系统的基本作用；
了解我国高速铁路建设与运营中遇到的问题与解决的措施；
掌握我国高速铁路建设的经济特点。

【知识点】

高速铁路基础设施；
高速铁路列车；
高速铁路牵引供电系统；
高速列车运行控制系统；
高速铁路调度指挥系统；
我国高速铁路主要技术特点；
我国高速铁路建设的经济特点。

【任务的提出】

学习高速铁路知识，必须了解高速铁路的基本组成，并对我国高速铁路的主要技术特点有一个初步的了解。

【相关知识】

高速铁路是继航天工业之后，世界上最庞大、最复杂的现代系统工程。它涉及的学科之多、专业之广充分反映了其系统的综合性和复杂性。计算机技术的迅速发展，微电子技术的不断进步，电力电子器件的实用化、微型化，遥控、自控技术的成熟，新材料、复合材料等高新技术的推广运用为高速铁路的蓬勃发展奠定了基础。

铁路运输是包括线路桥隧、机车车辆、通信信号、牵引供电、运输组织及安全保障等系统组成的综合体。只有将这些系统有机地组织在一起，相互配合，相互协调，且技术上相互匹配，才能使铁路运输行为顺利进行。因此，人们常说，铁路是一个集中统一指挥下的大系统，而高速铁路正是在这样一个传统的轮轨交通工具的基础上，广泛运用现代高新技术发展起来的产物。

高速铁路系统示意图如图 1－7 所示。

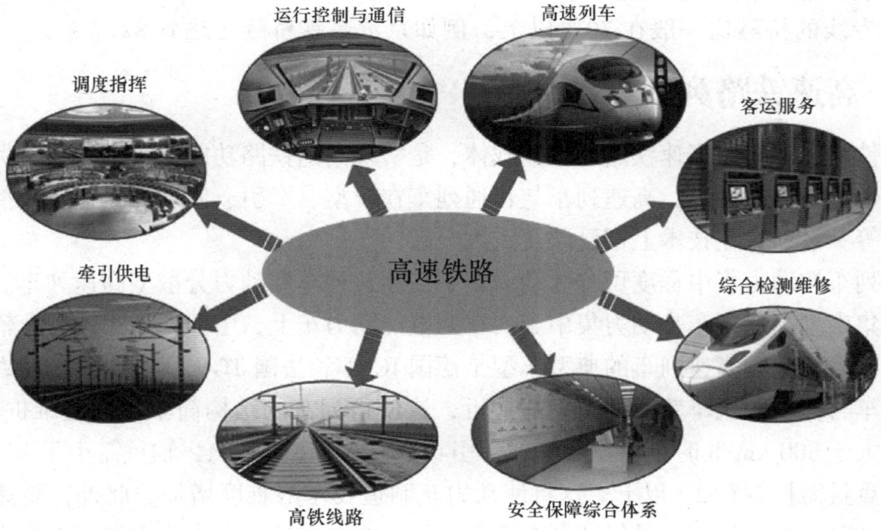

图 1－7　高速铁路系统示意图

高速铁路技术除了具备一般铁路的基本特征外，还体现在其是广泛吸收、应用当今机械、化工、材料、工艺、电子、信息、控制、环境保护等领域高新技术的一项多学科、多专业的综合技术。集中体现了铁路的运输组织、机车车辆、牵引供电、工务工程、通信信号等专业的巨大技术进步。高速铁路综合利用电子计算机、信息传输、机械制造、电力电子元件等多种新材料、新工艺、新产品等，它全面突破普通铁路的理论、概念、技术及控制手段和方式。例如，高速铁路突破了前人关于轮轨极限速度理论的设想，通过交—直—交电传动方式的技术突破，解决了大功率牵引电机在有限空间和重量下运行的技术难题；通过采用新结构和新材料，实现了流线型的高速车体外形、动力性能优良的高速转向架的制造和有效减轻列车重量；列车高速运行轮轨黏着、弓网规律探索研究的提升，为研制牵引和制动功率大、运行阻力小、环境噪声低的高速动车组提供了条件；融现代计算机技术、通信技术、信号技术和遥感技术于一体的高速铁路列车运行自动控制系统和行车调度指挥系统的变革，以及轨道线路、桥隧工程技术的发展和进步等为高速列车的安全、舒适运营创造了前提条件。

一、高速铁路基础设施

高速铁路的基础设施是确保高速行车的基础。高速铁路与普通铁路相比最大的区别之一在于线路的高平顺度。无论轨道是在路基上或在桥梁上，也无论是何种类型的轨道，都要求它不仅在空间上要具有平缓的线型、高精度的允差、高光洁度的轨面，而且在时间上还必须具有稳固的高保持性。由此决定了高速铁路基础设施的主要组成部分——路基、桥梁、隧道等的主要技术参数与技术规定，必须互相协调，使之整体上满足高速行车在动力学、空气动力学及运输质量等方面的各项技术指标。所有基础设施在运营管理方面还必须具备高可靠度与可维修、少维修的条件，以利降低成本及提高效能。我国高速铁路为保障以上技术要求，线路主要以桥梁和隧道为主，一条客运专线的桥隧比一般在70%以上，例如京沪高铁桥隧比达到82.7%。

二、高速铁路列车

高速铁路的列车是高速铁路的运输载体，是实现高速铁路功能的关键。为确保高速行车主要功能指标的落实，高速列车与普通列车在车型、牵引、制动、减振、列控、检测、供电等一系列专业技术上都已取得重大突破。

高速列车按动力集中程度可分为动力集中型高速列车和动力分散型高速列车。

动力集中型高速列车是动力集中于列车两端的动力车上，中间均为无动力车辆的高速列车。动力集中型高速列车的典型车型是德国ICE1和法国TGV高速列车。动力集中型高速列车与传统的机车牵引列车模式接近，这使得列车的结构简单，制造维护容易。但当速度大于300 km/h时，单位质量的牵引功率需大于18 kW/t，轴重需小于17 t，一系弹簧下重量需控制在2 t以下。这将使动力车制造技术的难度增加。此外，高速列车在高速运动时，有效地制动是保证列车安全运行的重要保证。动力集中型列车的中间车辆不能采用动力制动，这将对车辆的基础制动提出更高的技术要求。若采取磁轨或线性涡流制动将增加重量和制造难度。

动力分散型高速列车是动力分布于列车的多节车辆上的高速列车，典型车型如日本300X、意大利ETR450和德国的ICE3高速列车。由于列车的多节车厢均配备动力，因此可提供足够的驱动功率，满足大编组列车高速运行的需要，全列车可使用电制动，提高列车制动功率，可充分利用列车黏着重量，并可使列车具有较高的加减速功率。动力分散型高速列车可根据不同的需要进行长短编组。动力分散型高速列车牵引电机较动力集中型高速列车动力车的牵引电机功率更小，质量更轻，结构更紧凑，因此可有效地降低轴重，减小一系弹簧下重量并可缩短轴距，提高通过曲线的能力。小功率驱动电机使得驱动装置结构趋于简单，易于维护。动力分散型高速列车的缺点是动力分散于各节车厢对乘坐舒适度有一定的影响。此外，动力分散型高速列车在制造和维护上较动力集中型高速列车更复杂。

高速列车按列车通过曲线时车体倾摆的形式可分为普通高速列车（非摆式）和摆式高速列车。摆式高速列车又可分为源摆式高速列车和无源摆式高速列车。

建立在轮轨制基础上的各型高速列车吸取了当代多种相关高新技术，为满足更高的目标需求，仍在不断地更新换代中，其技术发展永无止境。

三、高速铁路牵引供电系统

高速铁路牵引供电系统主要为列车提供稳定的电能。牵引供电系统主要包括供电系统、变电系统、接触网系统等。

牵引变电所的主要任务是完成变电和提供电能。牵引变电所将电力系统输送来的110 kV 三相交流电变换为27.5（或55）kV 单相电，然后以单相供电方式经馈电线送至接触网上，电压变化由牵引变压器完成。电力系统的三相交流电改变为单相，是通过牵引变压器的电气接线来实现的。牵引变电所通常设置两台变压器，采用双电源供电。以提高供电的可靠性。变压器的接线方式目前采用的有三相 YN，d11 接线，单相 V，v 接线，单相接线及三相—两相斯科特变压器。牵引变电所还设置有串联和并联的电容补偿装置，用以改善供电系统的电能质量，减少牵引负荷对电力系统和通信线路的影响。

接触网系统主要是接受电能，并传递到线路上的每一个列车。接触网主要由接触悬挂及其支柱组成，常用的有简单弹性悬挂和单链形悬挂。简单弹性悬挂只有一根接触导线，用弹性吊弦挂在支柱上。弹性吊弦可以缓和受电弓对悬挂点的冲击，这种悬挂可适应70～90 km/h 运行速度。为了使接触导线有必要的张力，接触网每隔一定长度设置一个锚段，将接触导线一端下锚，另一端吊挂一个载重体，称为补偿器。补偿器在季节变化引起接触导线热胀冷缩时自动上下移动，使接触导线张力保持不变。

单链形悬挂将接触导线用吊弦均匀地吊挂在承力索上。对承力索采取补偿措施的又称为全补偿单链形悬挂。单链形悬挂的优点是接触导线平直，接触悬挂弹性均匀，因此受电弓和导线有较好的接触，受流较好，适用于运行频繁、运行速度较高的线路。直流制电气化铁道接触网普遍采用两根接触导线和单链形悬挂。

四、高速列车运行控制系统

高速铁路运行控制、行车指挥及运营管理各系统是确保高速铁路列车运行安全有序，发挥效率与效益的核心体系。虽然高速铁路与普速铁路相似，其主要软硬技术都由区间轨道电路、自动闭塞、车站计算机联锁等构成的调度系统支持，但由于运行速度大幅度提高，列车密度增加，行车组织节奏明显增快，高速铁路的运行控制及调度系统应更加完备。

中国铁路列车运行控制系统（chinese train control system，CTCS），划分为5个应用等级，即0～4级，具体情况在本书项目六中介绍。

五、高速铁路调度指挥系统

铁路列车调度指挥系统（train operation dispatching command system，TDCS）原名为

铁路运输调度指挥管理信息系统（dispatching management information system，DMIS）。TDCS 系统是铁路运输调度指挥的基础设施，是铁路各级列车调度实现透明指挥、实时调整、集中控制的现代化信息系统，是保证行车安全、提高运输效率、改善行车指挥人员工作条件的重要行车指挥设备。

分散自律调度集中系统，也称列车集中控制（centralied traffic control，CTC），是控制中心（调度员）对某一调度区段的信号设备进行集中控制，对列车运行进行直接指挥、管理的技术系统。

CTC 系统是在列车调度指挥系统基础上构建的，由铁路局 CTC 中心、车站子系统两级构成。分散自律调度集中除能实现列车调度指挥系统的全部功能外，还实现列车编组信息管理、调车作业管理、综合维修管理、列/调车进路人工和计划自动选排、分散自律控制等功能。

我国利用分散自律调度集中系统来解决行车和调车相互干扰的问题，实现在不影响列车运行的原则下，允许控制中心和车站通过调度集中系统自主进行调车的功能。在车站设立自律机，完成按照列车调整计划和《车站行车工作细则》（简称《站细》）正常接发列车及协调列车运行、调车作业冲突的功能，实现列车和调车的统一控制，这一原则叫作“分散自律”控制原则。

分散是相对于控制中心集中控制而言，将过去由控制中心集中控制所有车站的列车作业的方式改为由各个车站设备独立地控制各自的列车运行和调车作业。自律是依据各站的特点，系统按照《铁路技术管理规程》（简称《技规》）、《铁路运输调度规则》（简称《调规》）、《铁路行车组织规则》（简称《行规》）和《站细》等规则自动协调列车运行和调车作业的矛盾，自动控制列车进路和调车进路。其实质是比照铁路运输指挥的模式，将列车调度员指挥列车运行的过程和车站值班员指挥控制本站列车运行及调车作业的过程以形式化的描述纳入计算机处理。系统遵守的基本原则是列车运行优于调车作业，调车作业不得干扰列车运行。系统自动评判冲突并及时给予报警。

六、我国高速铁路主要技术特点

由于各国发展高速铁路的国情、路情不同，运输模式也不同，故采用的技术和装备也不同，运营管理和养护维修方式也不同。我国具有国土辽阔、人口众多、铁路客货运输繁忙等不同于国外的特点，因此在充分借鉴国外高速铁路先进技术的基础上，结合我国的实际，逐步形成了具有中国特色的高速铁路技术体系。其特点是：满足高速度、高密度、大运量、长距离、高舒适性及多种运输组织形式需求；兼容不同速度等级的列车，配备多种编组形式的动力分散型动车组；采用高平顺性、高稳定性、高耐久性且少维修的基础设施；建立智能化的调度指挥系统、列车自动控制系统及信息化的运营管理系统；高度重视环境保护，追求高安全性、高可靠性及低运营成本。

2008 年以来，我国先后建成了京津、京沪、哈大等一批设计时速 350 km 的高速铁路线路，每小时 350 km 的速度，是世界上高铁的最高运营速度，这种运行速度需要靠多项先进技术和装备给予支撑。

21 世纪初，我国自主研制了“中华之星”“先锋”等动车组，为高速动车组的发展奠定了坚实的基础。2004 年以来，根据国务院“引进先进技术、联合设计生产、打造中国品牌”的指导方针，大力推进创新、引进消化吸收再创新和集成创新，攻克了高速转向架等九大核心技术、受电弓等十大配套技术难题，成功研制了时速 350 km 和 250 km 两种速度等级的高速动车组，创造了时速 486.1 km 的运营列车试验的最高速度。

高速铁路线路主要包括轨道及空间线路，路基、桥梁、隧道等。轨道方面，我国研发了无砟轨道成套技术和三网合一的检测网，研发了高速钢轨、扣件、道岔等轨道设备，满足了线路高平顺、高稳定的要求。空间线形方面，我国研究确定了不同速度等级高铁线间距、最小曲线半径、竖曲线半径取值范围、限制坡度、最小隧道断面等关键技术参数，满足了不同速度和不同线路类型的建设运营要求。高速铁路将路基工程由传统的“土石方”理念转变为“结构物”进行设计，形成了地基处理、路基填筑设计施工技术标准，确保高速铁路路基长期稳定和平顺。高速铁路桥梁方面，我国进行了高铁桥梁结构设计、结构选型、材料等方面的技术攻关，确保高速列车通过时，桥梁有足够的强度和稳定性。在高速铁路隧道方面，我国采用特殊洞口，增加隧道断面，优化断面形式，有效降低列车进入隧道和在隧道内会车时的压力波，满足旅客舒适度的要求。

再次是高速铁路列控系统，列车高速运行，必须要靠设备自动控制来实现，我国分别研发了满足时速 250 km 和 350 km 的二级和三级列控系统，最小间隔时间是 3 min；在牵引供电方面，我国研发 25 kN 以上大张力接触网系统，还研发了特种接线 AT 牵引变压器和远程控制系统等先进设备，满足动车组可靠受流和实时监控的需要。

七、我国高铁建设的经济特点

1. 建设工期合理

我国高铁建设创新了施工组织管理模式，以工厂化、机械化、专业化、信息化为支撑，实现施工方案、资源配置与控制目标的最佳匹配，大大提高了施工效率，确保了合理工期和工程质量。我们的工期相对外国是短的，但是，我们不是抢工期，是通过科学测算、合理确定了工期。例如京沪高铁我们用了 3 年半时间，而京广高铁我们大体上用了 5 年，这是根据不同情况、不同类别，科学论证来确定的。根据世界银行 2014 年 7 月的研究报告，中国高铁每公里建设成本约为发达国家的 2/3。

2. 节能环保

中国高速铁路建设体现了节约能源、节约土地的理念。中国高速动车组人均百公里耗电不到 8 度，高铁车站采用太阳能光伏发电、地缘热泵等新能源技术。大量采用以桥代路方式，与路基相比，桥梁每公里节约土地 3/5。中国高速铁路建设还体现了保护环境的理念，施工时采取路基边坡植物防护、覆土复耕复植等水土保持措施，通过设置声屏障和减振措施，有效降低高铁噪声对环境的影响。

3. 经济社会效益显著

中国高速铁路加快了城镇化进程，促进了旅游业发展，推动了产业升级，提高了企业经营效益。例如京沪高铁开通运营 3 年半以后，已经实现了盈利，而且盈利了 20 多亿。当然，西部的一些高铁，盈利的时间会长一些。近期，国家还给予了铁路土地开发等新政策，相信通过积极努力，必将推动高速铁路盈利水平不断提高。

任务三　我国高速铁路未来发展

【技能目标】

掌握快速铁路客运网络中高速铁路与既有线的不同作用；
掌握中国标准动车组的基本技术特点；
了解未来真空管道中的高速交通；
了解铁路电子客票的发展趋势。

【知识点】

铁路客运专线与既有干线形成快速铁路客运网络；
中国标准动车组的设计、制造和使用；
真空管道模式下的高速交通；
铁路电子客票的特点。

【任务的提出】

了解高速铁路的未来发展方向，是高速铁路行业的从业人员必须了解的。

【相关知识】

一、铁路客运专线与既有干线形成快速铁路客运网络

当今世界铁路发展的方向是建设客运专线，实行客货分线运输。在繁忙干线建设客运专线并形成快速客运路网，是我国铁路适应经济和社会发展需要，加快实现现代化，保障国民经济快速发展的一种必然选择。

铁路作为现代运输的先驱，为世界经济发展和人类社会文明进步做出了巨大贡献。当代铁路以其自身具有的节能、环保、安全等诸多优势，越来越受到世界各国政府的高度重视。在幅员辽阔的我国，客运专线与既有干线形成快速铁路客运网络，大规模增加二线城市人流、物流的空间位移数量和频次，促进各城市间的合理分工和配合，从而显著提高经济效益。一、二线城市，作为一定区域的经济中心，在获得高速铁路的强大支撑后，增强了对各种生产要素的聚集扩散作用，显著地促进了区域经济的发展。旅客和货物周转量大规模增加的同时，在途时间显著缩短，这既节约了时间成本，也减少了在途成本。以贵阳至北京为例，普通列车需运行 40 h 以上，而高速铁路列车只需要运行 8 h。

客运专线列车最小行车间隔可达 3 min，列车密度可达每小时 20 列，列车定员可达 1 600 ~ 1 800 人/列，能够实现大量、快速和高密度运输。

二、中国标准动车组的设计、制造和使用

2015 年 7 月，具有完全自主知识产权时速 350 km 的中国标准动车组，在中国铁道科学研究院环形试验基地正式展开试验工作，这标志着中国标准动车组研制工作取得重要阶段性成果。

目前，我国铁路投入运营的动车组已有 1 900 余组，居世界首位，累计运行里程超过 27.7 亿 km，但是由于 CRH_1、CRH_2、CRH_3、CRH_5、CRH_6、CRH380 系列的动车组均是在与国外企业合作，引进吸收消化的基础上生产的，各个型号之间技术、设备和运营管理有较大的差异，导致运营成本高。

为了适应中国高速铁路运营环境和条件更为复杂多样，长距离、长时间连续高速运行等需求，打造适合中国国情、路情的高速动车组设计制造平台，实现高速动车组技术全面自主化，自 2012 年开始，在中国铁路总公司的主导下，集合国内有关企业、高校、科研单位，产、学、研紧密结合、协同创新，开展了中国标准动车组的研制工作。2013 年 12 月完成总体技术条件制定，2014 年 9 月完成方案设计，2015 年 6 月中国标准动车组下线。

此次中国标准动车组的设计研制，遵循了安全可靠、系列化、经济性、节能环保等原则，在方便运用、环保、节能、降低全寿命周期成本、进一步提高安全冗余等方面加大了创新力度，具有创新性、安全性、智能化、人性化、经济性等特点。根据中国标准动车组研制工作总体安排，2015 年 7 月—2017 年 7 月中国标准动车组将在大西客运专线原平至太原高速综合试验段进行 60 万 km 试验，验证和优化完善。

标准动车组的设计参考了现有的动车组并结合中国的高速铁路运营环境和条件，对车体、电气性、动力及网络等 13 个大方面进行了“本土化”改进。标准动车组设计运行时速 350 km，列车内部覆盖了 Wi－Fi 无线网络，同时二等座的前后座椅间距从现在的 1 020 mm 扩大至 1 160 mm，更加舒适。

中国标准动车组主要参数如下。运行速度：350 km/h。编组形式：8 辆编组（4 动 4 拖）。定员：556 人（商务座 10 席，一等座 28 席，二等座 518 席）。列车长度：约 209 m。车体宽度：3 360 mm。车顶高度：4 050 mm。轴重 <17 t。

中国标准动车组的下线和试验验证工作，将为我国动车组实现全面自主化、标准化打下坚实基础。中国标准动车组通过创新设计，实现了互联互通（统一车钩机械连接接口，实现物理互联；统一电气接口，实现逻辑互联）、互操作（统一司机操作界面及动车组的工作模式，实现互操作）；实现了不同厂家生产的相同速度等级动车组能够重联运行、不同速度等级的动车组能够相互救援，使运营组织更加灵活，提升动车组的利用效率，降低运用成本。中国标准动车组通过零部件统型设计，实现零部件通用互换，打破动车组零部件的供应垄断，减少备品备件数量，降低动车组购置及检修运用成本。

中国标准动车组采用的标准涵盖了动车组基础通用、车体、走行装置、司机室布置及设备、牵引电气、制动及供风、列车网络标准、运用维修等全部 13 个大的领域。其中大量采用了中国国家标准、行业标准及专门为中国标准动车组制定的一批技术标准，与此同时为了与国际接轨，促进中国装备走出去，也积极采用了一些国际标准及国外先

进标准。

中国标准动车组智能化程度高，建立了大量的传感系统，全列检测点达 2 500 余项，采集各种车辆状态信息 1 500 余项，对列车进行全面监测。同时，建立感知系统的传输通道和智能判识的网络，采用双重冗余设计的网络控制系统，可实现收集各监测点信息，并根据预先设定的数据实时诊断故障。此外，还采用 4G 通信技术实现远程数据传输，可在地面实时获知车辆状态，提升地面同步监测能力和远程维护能力。

中国标准动车组的列车智能系统实现了在列车运行时实时感知列车的状态，包括安全性能、环境信息（如温度）等，并对列车各部件的运用工况进行记录，为列车系统和部件的健康管理和全方位、多维度的故障诊断及维修提供支持。

中国标准动车组增设地震预警系统，当接收到地震报警时，列车自动施加紧急制动。中国标准动车组加装列车跟踪预警装置，可获取本车与前车间隔距离，当距离接近时，实施预警提示，同时将本车车次、速度、位置信息实时无线传输给地面预警服务器，以供后车预警。中国标准动车组设置脱线安全防护装置，提高动车组被动防护能力，构建高速铁路三级脱线安全防护体系，最大限度地降低异常灾害下的人员和财产损失。中国标准动车组设置碰撞吸能装置，提高了安全性。

中国标准动车组采用轻量化、低阻力设计，采用高效的牵引/制动系统，合理的修程修制体系，全寿命周期成本低。中国标准动车组优化设计结构，同时采用先进的轻量化材料，降低整车自重。中国标准动车组采用具有中国元素的全新型低阻力流线形车头设计，平顺化车体外轮廓设计，降低动车组运行阻力和噪声。中国标准动车组采用列车制动力管理模式、优先采用再生制动，实现制动能量的回馈和再利用。中国标准动车组整车寿命 30 年，合理地规定了修程修制，采用了最小维护单元、通用性强的模块化定制技术，以及完善的配套产品供应链，降低了运用检修寿命周期成本。

三、真空管道中的高速交通

随着社会经济的快速发展，人们渴望更高的速度。超高速将是 21 世纪地面高速交通的需求，而石油资源的短缺和环保的要求将使航空和公路运输在未来有可能成为一般人难以享用的奢侈品。目前稠密大气层中无法超越 400 km/h 的速度警戒线，唯一的途径是改变运输工具所处的介质条件，例如在地面用真空管道创造高空才有的低气压。列车在真空管道中的速度可望达到 400 ~ 1 000 km/h。图 1-8 所示为真空管道交通。

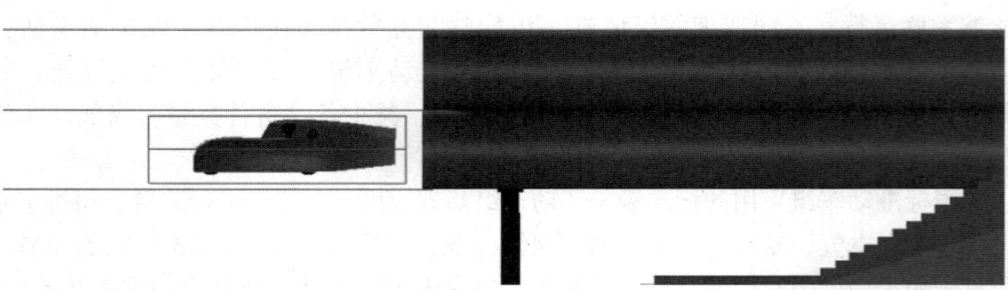

图 1-8 真空管道交通

（一）低真空管道交通

0.2～0.05 atm（1 atm=101 325 Pa）——相当于10 000～20 000 m高空的气压。地面真空管道中如能保持0.2～0.05 atm的低真空，这就使列车在真空管道中运行就如同飞机在万米高空飞行一样。管道截面按遮挡系数为0.4～0.45计算，可采用普通铁路的30 m^2。在此低真空管道中，先采用轮轨技术，将和谐号动车组提速到400～600 km/h，下一步再采用磁悬浮技术，将速度提高到600～1 000 km/h。

低真空管道交通在技术上可行，经济上与现有高速铁路相比，成本增加不多，能实现400～600 km/h的超高速运营，接近于航空速度，还能与既有线联网，融入全国高速铁路网之中，今后只要解决好进出真空管道的问题，即能实现商用。

（二）高真空管道交通

相对0.2～0.05 atm而言，0.01～0.001 atm可谓高真空，但实际上仍属低真空范围。在这个范围中，采用高温超导磁悬浮，可望达到1 500～2 000 km时速。真正的高真空指：10^{-5}～10^{-6}atm。

高真空管道交通，可实现几乎无阻力运行，加速之能量可在制动时回收，实现“宇宙航船贴地飞”，但是获取高真空和保持高真空度比较困难，不容易工程化。

在稠密大气层中运行高速列车，最高运营时速不宜超过400 km。未来20年到30年，更高速度的地面轨道交通必将占领运输市场。未来通过真空管道技术可使技术已经成熟的和谐号高速列车时速达到600 km，而采用我国研制成功的高温超导磁悬浮车，真空度下限延伸到0.05 atm以下，列车时速可达1 000 km。

四、铁路电子客票

随着技术的进步，铁路部门将全面取消纸质车票。今后，无论旅客是在12306网站上、“铁路12306”APP上，还是在售票窗口、自动售票机上买票，铁路部门都不再出具纸质车票。

纸质车票将以二维码的形式出现在旅客的手机上，从手机上调出车票二维码后，只要在车站的验票闸机轻轻扫一下，就能直接乘车，持二代身份证、外国人永久居留证、港澳台居民居住证、港澳居民来往内地通行证、台湾居民来往大陆通行证、电子护照这几种可机器识读证件的旅客，可直接使用证件自助核验及检票乘车。今后不仅要全面取消纸质火车票，在绝大多数一、二线城市，将同时开通“刷脸进站”，即使没有带身份证，只要进站前，在“刷脸快速通道”，对着“人脸识别”机器，就可以直接进站乘车。旅客如需报销凭证，可在乘车后30天内，在售票窗口、自助售票机打印注明“仅供报销使用”字样的乘车凭证。

2018年11月22日起，铁路部门在海南环岛高铁实行电子客票服务试点。

2019年7月27日起，铁路部门进一步扩大铁路电子客票应用试点范围，在海南环岛高铁试行电子客票的基础上，陆续增加上海至南京、成都至重庆、广州至珠海（湛江西）、昆明至大理至丽江4条高速铁路、城际铁路开展电子客票应用试点。

未来铁路部门将根据试点情况，进一步完善电子客票服务方案，逐步在全路高铁及动车停靠的车站、普速列车停靠站推广。

项目二

高速铁路线路与基础设施

任务一　认识高速铁路线路概况

【技能目标】

了解高速铁路线路规划的基本要求；
掌握高速铁路线路设计理念；
了解高速铁路线路建设的基本要求；
能识别高速铁路线路及基础设施的组成；
能识别高速铁路线路的结构。

【知识点】

高速铁路线路规划的基本要求；
高速铁路线路设计理念；
高速铁路线路建设的基本要求；
高速铁路线路及基础设施的组成；
高速铁路线路结构。

【任务的提出】

高速铁路线路是高速铁路的基础设施之一，它承载着高速铁路的设施、设备，因此掌握高速铁路线路与基础设施，是认识高速铁路的基础。

【相关知识】

一、高速铁路线路规划的基本要求

高速铁路主要以城市间旅客运输为服务对象，在进行线路规划时首先要考虑到线路所经过城市的经济发展情况，同时规划设计应以快速、方便、安全、舒适及减少环境干扰为主要思路，兼有为既有线分流客运、扩大货运能力的功能，又具有牵引功率大、列车质量小、地形高程障碍一般不突出、线路较顺直等特点。

高速铁路规划和建设时要符合环境保护、水土保持、土地节约及文物保护的要求。绕避各类不良地质体，无法绕避时应在详细地质勘察的基础上结合特殊岩土、不良地质的特性，做好工程整治措施，保证运营安全。高速铁路规划和建设时要结合地形地质条件，优化线路平、纵断面，减少拆迁工程量，合理确定工程类型，统筹考虑边坡及排水工程，做好工程方案比较。高速铁路规划和建设时要考虑既有交通走廊、高压电力线、重要地下管线、军用设施及易燃、易爆或者放射性物品等危险物品的影响。

除此之外高速铁路在建设之前要还要做好线路的总体规划，考虑与其他线路的衔接和配合。高速铁路线路的规划要符合铁路网总体规划，与城市总体规划及其他交通方式、农田水利和其他工程建设相协调，做到布局合理。

高速铁路客运站设计的总体要求：铁路枢纽应与城市总体规划及铁路枢纽总体规划相协调；枢纽内客运站的数量应根据枢纽客运布局、枢纽客运量、引入线路数量、客车开行方案及既有设备配置等因素综合确定；枢纽内有两个及以上客运站时，客运站的分工应根据客车径路顺畅、点线能力协调、旅客乘降方便等原则，按引入方向、客车类别、客车开行方案等方式确定；客运站选址应满足运输需求并与城市规划相协调，考虑地形地质条件、既有建筑物拆迁、土地资源开发和城市发展等因素，经综合比较后确定；客运站应考虑与城市交通系统相协调，方便旅客换乘。

高速铁路定线设计的自然条件与工程条件总体要求：线路空间曲线按列车运行速度及速差设计；车站分布应根据城市分布、客运量、运输组织、设计输送能力及养护维修、救援等技术作业要求，结合工程条件等因素综合研究确定，站间距离宜为 30 ~ 60 km；逐步形成“客货分线、客内货外”的总格局；综合研究确定客运站数量，客运站站址选择结合城市总体规划和引入方向，形成综合交通枢纽；路基、桥涵及隧道等工程类型选择应进行技术经济分析后确定；路基与桥梁的分界高度应根据地质条件及地基处理措施、填料性质及运输距离、当地土地资源、建筑物拆迁、城镇交通要求等情况进行技术经济分析后确定；选线、桥梁、轨道设计应统筹考虑，减少钢轨伸缩调节器的设置；平面曲线和竖曲线地段应避免设置钢轨伸缩调节器；引入枢纽引起的既有线改建应符合相应技术标准的规定。

高速铁路与其他铁路、公（道）路以桥梁方式交叉跨越的总体要求：宜采用高速铁路上跨的方式；困难条件下经技术经济分析后采用高速铁路下穿方式时，应按有关规定采取可靠的安全防护措施。

二、高速铁路线路设计理念

高速铁路设计、建设要贯彻“以人为本、服务运输、强本简末、系统优化、着眼发展”的建设理念；采用先进、成熟、经济、实用、可靠的技术；体现高速度、高密度、高安全、高舒适的要求；符合数字化铁路的需求。

高速铁路线路设计速度应按高速车、跨线车匹配原则进行选择，并应考虑不同速度共线运行的兼容性。高速铁路设计年度宜分近、远两期。近期为交付运营后十年；远期为交付运营后二十年。对铁路基础设施及不易改、扩建的建筑物和设备，应按远期运量和运输性质设计，并考虑长远发展的要求。易改、扩建的建筑物和设备，可按近期运量和运输性质设计，并预留远期发展条件。随运输需求变化而增减的运营设备，可按交付运营后第五年运量进行设计。

高速铁路设计应重视保护生态环境、自然景观和人文景观；重视水土保持、生态环境敏感区、湿地的保护和防灾减灾及污染防治工作。加强轮轨系统噪声、弓网系统噪声、机电系统噪声、空气动力学噪声等的减震降噪设计，并采取适宜的工程措施；投资控制应从技术标准、方案和工程措施选择等多角度比选，贯彻科学定标、适度从紧、强本简末、节省投资的原则。

高速铁路线路应按全封闭、全立交设计。高速铁路设计应执行国家节约能源、节约用水、节约材料、节省用地、保护环境等有关法律、法规。高速铁路结构物的抗震设计应符合《铁路工程抗震设计规范》（GB 50111—2006）及国家现行有关规定。高速铁路线路应符合以下主要技术标准。

设计速度：设计速度应根据项目在铁路快速客运网中的作用、运输需求、工程条件，进行综合技术经济分析后确定，应满足旅行时间目标值的要求。高速铁路应按一次建成双线电气化铁路设计，正线应按双方向行车设计。

正线线间距、最小平面曲线半径、最大坡度：应根据设计行车速度、运输组织模式、安全和舒适度要求等因素确定。

到发线有效长度：到发线有效长度应采用650 m。

最小行车间隔按照运输需求研究确定，宜采用3 ~4 min。设计速度、线间距、线路平面和线路纵断面等标准应系统设计、协调匹配。

高速铁路线路应注重土建工程之间的协调。路基、桥涵及隧道等各类结构物的设计应注意各结构物间变形协调，尽量避免不同结构物间的频繁过渡，应重视轨道刚度均匀性和不同轨道结构间的刚度过渡。注重土建工程与其他专业之间设计的协调。路基、桥涵和隧道附属工程设计应满足电缆槽、接触网、声屏障、综合接地线、线路标志、站区过轨管线，以及牵引变电、电力、通信、信号电缆过轨等设备设置的要求。

高速铁路应加强安全性设计，应将安全设计、安全评估贯穿于设计全过程。高速铁路特殊结构设计应进行车、线、桥（或路基、隧道）动力仿真计算，使车、线、桥（或路基、隧道）耦合动力响应符合行车安全性和乘坐舒适度要求。路基、桥涵及隧道等主体结构设计使用年限应为100 年，无砟轨道主体结构设计使用年限不应小于60 年。高速铁路勘察设计应加强地质测绘和勘探、试验工作，地质勘察工作应满足路基、桥梁、隧道、建筑等主体结构沉降计算要求，必要时开展区域地面沉降对高速铁路工程影响及对策的研究。

三、高速铁路线路建设的基本要求

高速铁路路基工程应避免高填、深挖和长路堑，特殊岩土、不良地质区段应严格控制路基填挖高度。高速铁路在复杂地形地貌、地质不良条件下的深切冲沟地段，线路平、纵断面应满足桥梁或涵洞的设置要求。高速铁路还要满足环境保护、水土保持、土地节约及文物保护的要求。

高速铁路线路工程施工须按照批准的设计文件的要求进行，严格执行工程建设项目招投标和监理制度。建设单位应会同相关铁路运输企业和工程设计、施工单位制定安全施工方案，按照方案进行施工，加强环境保护，确保工程质量。施工完毕应及时清理现场，不得影响铁路运营安全。涉及营业线施工时，须按铁路总公司规定程序审批，且必须保证行车安全，减少对运输的影响。

铁路基本建设项目中的环境保护、节能、水土保持、劳动安全、职业卫生、消防、安全防护、公共安全等设施，必须和主体工程同时设计、同时施工、同时投产。铁路线路、桥隧、房建等技术设备，均须有完整和正确反映其技术状态的文件及技术履历等有关资料。上述技术资料由有关部门或单位妥善保管，并根据变化情况及时记载修订。时速 200 km 及以上铁路应建立勘察设计、工程施工、运营维护“三网合一”的精密测量控制网。

高速铁路工期安排应突出高速铁路建设技术标准高、系统复杂的特点，抓住精密测量、线形控制、沉降变形观测、无砟轨道、系统集成、联调联试及试运行等影响建设质量的关键环节，系统规划，统筹安排，满足各项技术要求；应立足于现有铁路施工技术装备水平和技术发展水平，并积极推广采用新技术、新工艺、新材料和新设备，体现社会科技发展水平；应突出施工准备、路基桥梁隧道等线下工程、箱梁架设、轨道工程、大型站房、站后配套工程、联调联试及试运行等控制工期的关键工程，满足各主要工程间技术和接口要求；应贯彻对劳动力、大型专有设备、周转性材料等施工资源进行综合优化的原则，并应满足动态设计的要求及考虑不稳定因素的影响。

新建铁路线路竣工后，应按规定进行验收，并进行安全评估。改建工程竣工后，应按规定进行验收。在确认工程符合技术标准、设计文件的要求，并检查竣工文件和技术设备使用说明书等资料齐全后，方可交接。新建、改建的工程设施必须有明确的质量保证期。

四、高速铁路线路及基础设施组成

高速铁路最大的特点可概括为高速度、高舒适性、高安全性和高行车密度。因此，高速铁路基础设施既要为高速度运行的机车车辆提供高平顺性与高稳定性的轨面条件，又要保证线路各组成部分具有一定的坚固性与耐久性，使其在高强度的运营条件下保持良好状态。

高速铁路线路的平纵断面对行车速度影响较大，设计时应尽可能降低列车的横向和纵向的加速度，提高旅客乘坐舒适度。线路平面标准包括最小曲线半径、缓和曲线、外轨超高等，线路纵断面标准包括坡度值和竖曲线等。高速铁路的平、纵断面的标准同样要保证线路行车的安全与高平顺性，同时也要考虑减小工程量，降低造价，便于施工、运营、维修等要求。

轨道是行车的基础，它的作用是引导机车车辆的运行，并直接承受来自列车的各种力，并传至路基或者桥隧建筑物上，因此要求轨道要具有足够的强度、稳定性和耐久性，只有这样才能保证列车安全、平稳、不间断地运行。高速铁路线路主要采用无砟轨道，这种轨道结构用混凝土板体基础代替有砟轨道，提高了轨下基础的强度和稳定性，使轨道结构得以加强，实现了轨道少维修的目的。传统的有砟轨道的碎石道床在列车荷载的长期作用下，极易产生变形及道砟的磨损和粉化，加之钢轨支承点的非连续性，道床变形和沿线路纵向呈非均匀性下沉的特点，极易引起轨道几何形位的变化，影响行车的安全与平稳，对保持良好的轨道状态非常不利，难以满足高速铁路的运营要求，因此被高速铁路所淘汰。

铁路路基和桥梁建筑物都是轨道结构的基础，它们直接承受轨道的重量及机车车辆的荷载，同时它们的质量状态也影响着轨面的平顺性。因此，高速铁路的路基和桥梁应该保证铺设线路轨面的高平顺性和行车的高稳定性，其设计、修建等应符合养护维修作业的要求。隧道是高速铁路基础设施的又一重要组成部分。随着高速铁路的发展，隧道在高速线路上也在大量地出现。高速铁路隧道与普速铁路隧道最大的区别就是当列车高速通过隧道时，产生的空气动力学效应对行车、旅客舒适度、列车相关性能和洞口环境的不利影响十分明显，同时对于防排水标准、防灾救援和耐久性等方面也有更高的要求，因此应保证高速线路上隧道的质量，减少养护维修量，延长隧道建筑物的使用寿命。

总之，高速铁路基础设施是个系统工程，只有所有组成部分都保证了良好的状态，才能保证高速列车安全、平稳、舒适地运行。

五、高速铁路线路结构图形

如图 2－1 所示，高速铁路线包括高速铁路路基、桥梁、隧道、轨道结构等重要基础设施设备。

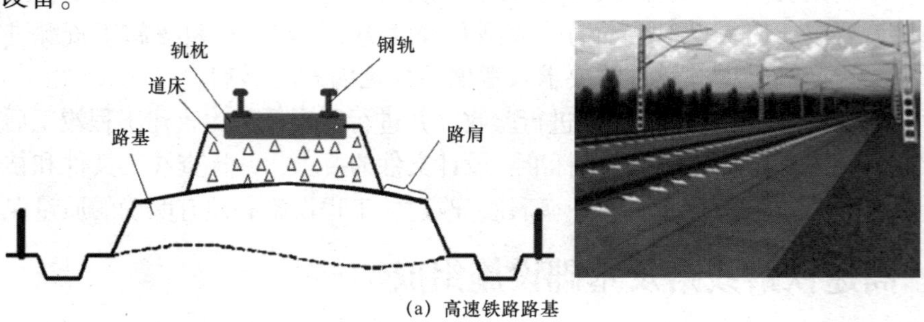

(a) 高速铁路路基

(b) 高速铁路桥梁——南京大胜关长江大桥

图 2－1　高速铁路的路基、桥梁、隧道、轨道结构

(c) 高速铁路隧道——合福高铁笔架山隧道

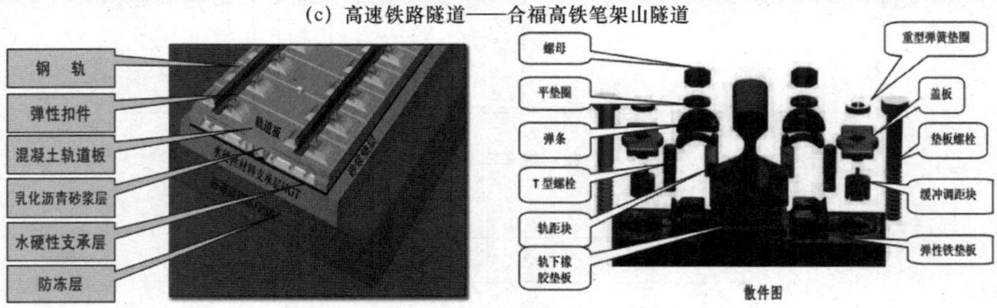

(d) 轨道结构

图 2－1　高速铁路的路基、桥梁、隧道、轨道结构（续）

高速铁路建筑限界轮廓及基本尺寸应符合图 2－2 的规定，高速铁路机车车辆限界轮廓及基本尺寸应符合图 2－3 的规定。

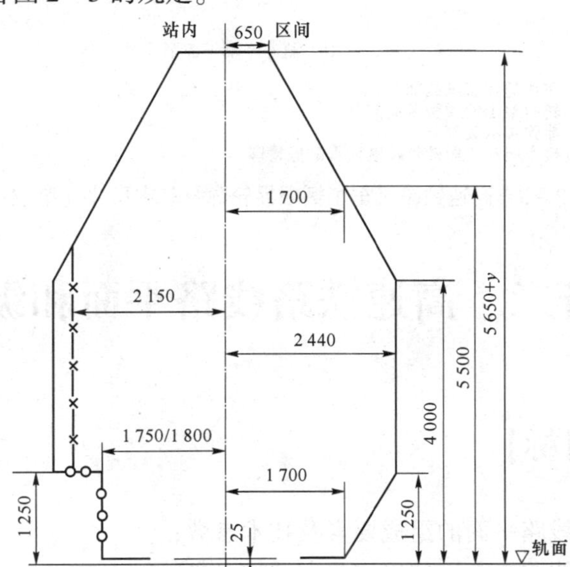

—×—×—×- 信号机、高架候车室结构柱和接触网、跨线桥、天桥、电力照明、雨篷等杆柱的建筑限界（正线不适用）。

-o-o-o-o-o- ①站台建筑限界（侧线站台为1 750 mm；正线站台，无列车通过或列车通过速度不大于80 km/h时为1 750 mm，列车通过速度大于80 km/h时为1 800 mm）。

②站内反方向运行矮型出站信号机的限界为1800 mm。

———— 各种建（构）筑物的基本限界，也适用于桥梁和隧道。

y为接触网结构高度。

图 2－2　高速铁路建筑限界（单位：mm）

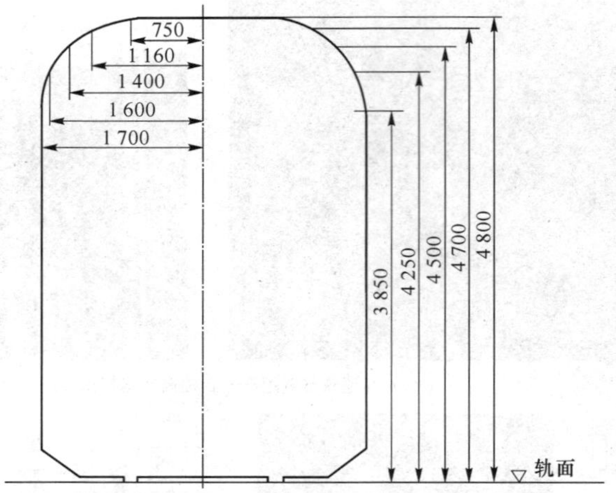

(a) 机车车辆上部限界图

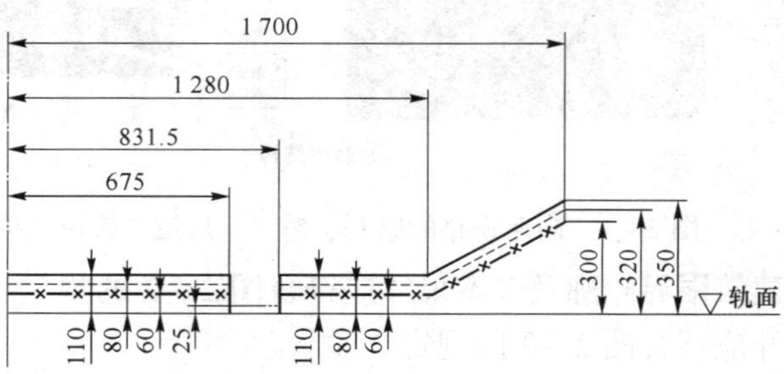

(b) 机车车辆下部限界图

——— 车体的弹簧承载部分。
------ 转向架上的弹簧承载部分。
—×—×— 非弹簧承载部分。
—·—·— 机车闸瓦、撒砂管、喷油管最低轮廓。

图 2－3　高速铁路机车车辆限界轮廓及基本尺寸（单位：mm）

任务二　高速铁路线路平面和纵断面

【技能目标】

掌握高速铁路线路平面的组成要素及技术参数；
掌握高速铁路线路纵断面的组成要素及技术参数。

【知识点】

高速铁路线路平面；
高速铁路线路纵断面。

【任务的提出】

高速铁路线路平面及纵断面的组成及技术参数，是了解高速铁路线路的基础。

【相关知识】

线路中心线在水平面上的投影，叫作铁路线路的平面（俯视），它表明线路的直、曲变化状态，由直线和曲线组成；线路中心线展直后在铅垂面上的投影，叫铁路线路的纵断面（侧视），表明线路的坡度变化，包含平道、坡道及竖曲线。

线路平、纵断面设计应重视线路空间曲线的平顺性，提高旅客乘坐舒适度。全部列车均停站的车站两端减加速地段，可采用与设计速度相应的标准；部分列车停站的车站两端减加速地段，应根据速差条件，采用相适应的技术标准，满足舒适度要求。线路平、纵断面设计应满足轨道铺设精度要求。

高速铁路的高平顺性要求线路的空间曲线尽可能的平滑，即线路的平纵断面的变化应尽可能的平缓。这是因为，无论是线路的平面还是纵断面，曲率变化快的地段，轮轨间的相互作用力就会增加，产生轨道不平顺，将极大地影响行车的安全与稳定，而且线形也不易保持。列车在曲线上运行，产生的离心力加速度与列车速度的平方成正比，影响列车运行的舒适性和平稳性。因此，行车速度越高，平面曲线和竖曲线的半径越大。此外，列车通过缓和曲线时产生的超高侧向力也随着行车速度的增加而增加，不利于乘车的舒适性。为满足高速行车舒适性的要求，直线与曲线间过渡的缓和曲线应有一定的长度，使线形平缓过渡。

一、高速铁路线路平面

铁路线路平面最好是直线，但考虑到施工的经济性，为了适应地形，避开地面障碍，必须采用曲线。铁路线路平面由直线和曲线组成，正线的线路平面曲线半径应因地制宜，合理选用。正线与既有铁路或客货共线铁路并行地段线间距不应小于 5.3 m；当两线不等高或线间设置其他设备时，最小线间距应根据相关技术要求计算确定。隧道双洞地段两线间距应根据地质条件、隧道结构及防灾与救援要求，综合分析后确定。

正线与联络线、动车组走行线并行地段的线间距，应根据相邻一侧线路的行车速度及其技术要求和相邻线的路基高程关系，考虑站后设备、路基排水设备、声屏障、桥涵等建筑物，以及保障作业人员安全的作业通道等有关技术条件综合研究确定，最小不应小于 5.0 m。

1. 最大超高

列车通过曲线时会产生离心力，为平衡这种离心力，可在曲线轨道上设置超高。超高有一定的限度，当离心力过大，超高不能平衡时，就必须限制速度。由于超高是固定设置的，而通过曲线的各种列车速度是不同的，其离心加速度各不相同，对速度较高的旅客列车，势必产生未被平衡的离心加速度，这将影响列车运行的安全和旅客的舒适度。

计算曲线外轨超高的公式：

$$h = 11.8\frac{V_{平}^2}{R}\ (\text{mm})$$

h——最大超高允许值，主要取决于列车在曲线上停车时的安全、稳定和旅客乘坐舒适度要求；

$V_{平}$——通过曲线的各次列车的平均速度；

R——曲线半径，主要取决列车运行的安全性与施工的经济性。

2. 欠（过）超高

在最高设计速度和运营速度确定以后，首先需要确定影响舒适度的参数——实设超高与欠超高。一条铁路的 $V_{平}$（平均运行速度）既定，当 $V > V_{平}$ 时存在未被平衡的离心加速度，即外轨超高度不足（欠超高），危及行车安全；当 $V < V_{平}$时，又会产生多余的向心加速度，外轨超高度过大（过超高），欠超高产生离心加速度从而影响旅客舒适度。欠超高、过超高都会使钢轨承受走行列车的偏压，使内外轨因过大偏载而引起严重的不均等磨耗。限制欠超高、过超高以保证高速铁路线路所要求的高平顺性和高舒适度。高速列车运行时设计超高与欠超高之和允许值［$h_m + h_q$］如表 2-1 所示。

表 2－1　高速列车运行时设计超高与欠超高之和允许值［$h_m + h_q$］：

舒适度条件		优秀	良好	一般
实设超高与欠超高之和允许值［$h_m + h_q$］/mm	有砟轨道	200	220（220）	250（260）
	无砟轨道	220	235	265

3. 最小曲线半径

线路上设置曲线是为了更好地适应地形的变化，减少工程量。曲线包括圆曲线和缓和曲线。曲线地段会增加轮轨的磨耗，影响列车的安全与稳定运行。最小曲线半径是限制列车最高速度的主要因素之一，且对工程费和运营费都有很大影响，因此，在条件允许的情况下，需要限制曲线的半径。

最小曲线半径与运输组织模式、速度目标值、旅客乘坐舒适度和列车运行平稳度等有关：

（1）只运行高速或快速旅客列车的客运专线，最小曲线半径由下式确定：

$$R_{min} = \frac{11.8V_{max}^2}{[h_m + h_q]}$$

式中：R_{min}——最小曲线半径，m；

V_{max}——列车设计最大速度，km/h；

［$h_m + h_q$］——实设超高与欠超高和的允许值，mm。

（2）在客货混跑的高速线路上，其最小曲线半径为：

$$R_{min} = \frac{11.8\ (V_{max}^2 - V_{min}^2)}{[h_q + h_g]}$$

式中：V_{max}，V_{min}——旅客列车设计最高速度与货物列车最低行车速度，km/h；

［$h_q + h_g$］——欠超高与过超高之和的允许值，mm。

4. 最大曲线半径

最大曲线半径关系到线路的铺设、养护、维修能否达到设计要求的精度。当曲线半径大到一定程度后，正矢值将很小，检测精度难于保证极小的正矢值的准确性，可能成为轨道不平顺的因素。因此，须对圆曲线的最大半径加以限制。

5. 缓和曲线

在直线与圆曲线之间设置的缓和曲线（见图 2－4），其作用在于列车由直线驶向或驶离圆曲线（或直线），使离心力逐渐产生或消失，并减缓外轮对外轨的冲击，保证行车平顺。因此，为保持高速铁路的正常运行，在设计高速铁路的缓和曲线时，应考虑：在缓和曲线始终点与缓和曲线范围内运行的列车应有较好的稳定性，以确保行车安全和舒适性，提高平顺性；同时，缓和曲线线型要力求简单，便于铺设与养护。

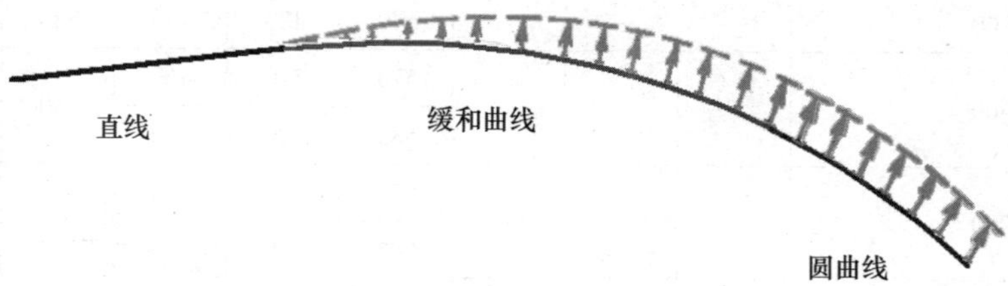

图 2－4　缓和曲线

缓和曲线长度由车辆脱轨加速度、未被平衡横向离心加速度时变率和车体倾斜角速度确定，前者是从安全角度考虑，后两者是从旅客舒适度考虑。根据理论分析，为保证车轮在缓和曲线上不脱轨，缓和曲线上的超高顺坡率小于 2‰即可保证安全。一般来说，主要是由超高时变率和欠超高时变率两项因素确定缓和曲线的长度，我们主要使用以下两个公式来确定缓和曲线的长度。

$$l_1 \geqslant \frac{V_{max} \times h_m}{3.6\ [f]} \qquad l_2 \geqslant \frac{V_{max} \times h_q}{3.6\ [\beta]}$$

式中：$[f]$ ——缓和曲线超高时变率允许值，mm/s；

$[\beta]$ ——缓和曲线欠超高时变率允许值，mm/s；

V_{max}——设计最高行车速度或该曲线的限制速度，km/h。

不同设计速度下的缓和曲线半径如表 2－2 所示。

表 2－2　不同设计速度下的缓和曲线半径

设计速度/(km/h) 曲线半径/m	350			300			250		
	优秀	良好	一般	优秀	良好	一般	优秀	良好	一般
12 000	370	330	300	220	200	180	140	130	120
11 000	410	370	330	240	210	190	160	140	130
10 000	470	420	380	270	240	220	170	150	140
9 000	530	470	430	300	270	250	190	170	150
8 000	590	530	470	340	300	270	210	190	170

续表

<table>
<tr><th rowspan="2">设计速度/(km/h)
曲线半径/m</th><th colspan="3">350</th><th colspan="3">300</th><th colspan="3">250</th></tr>
<tr><th>优秀</th><th>良好</th><th>一般</th><th>优秀</th><th>良好</th><th>一般</th><th>优秀</th><th>良好</th><th>一般</th></tr>
<tr><td rowspan="2">7 000</td><td>670</td><td>590</td><td>540</td><td rowspan="2">390</td><td rowspan="2">350</td><td rowspan="2">310</td><td rowspan="2">240</td><td rowspan="2">220</td><td rowspan="2">190</td></tr>
<tr><td>680</td><td>610</td><td>550</td></tr>
<tr><td rowspan="2">6 000</td><td>670</td><td>590</td><td>540</td><td rowspan="2">450</td><td rowspan="2">410</td><td rowspan="2">370</td><td rowspan="2">280</td><td rowspan="2">250</td><td rowspan="2">230</td></tr>
<tr><td>680</td><td>610</td><td>550</td></tr>
<tr><td rowspan="2">5 500</td><td>670</td><td>590</td><td>540</td><td rowspan="2">490</td><td rowspan="2">440</td><td rowspan="2">390</td><td rowspan="2">310</td><td rowspan="2">280</td><td rowspan="2">250</td></tr>
<tr><td>680</td><td>610</td><td>550</td></tr>
<tr><td>5 000</td><td>—</td><td>—</td><td>—</td><td>540</td><td>480</td><td>430</td><td>340</td><td>300</td><td>270</td></tr>
<tr><td rowspan="2">4 500</td><td rowspan="2"></td><td rowspan="2"></td><td rowspan="2"></td><td>570</td><td>510</td><td>460</td><td rowspan="2">380</td><td rowspan="2">340</td><td rowspan="2">310</td></tr>
<tr><td>585</td><td>520</td><td>470</td></tr>
<tr><td rowspan="2">4 000</td><td rowspan="2">—</td><td rowspan="2">—</td><td rowspan="2">—</td><td>570</td><td>510</td><td>460</td><td rowspan="2">420</td><td rowspan="2">380</td><td rowspan="2">340</td></tr>
<tr><td>585</td><td>520</td><td>470</td></tr>
<tr><td>3 500</td><td>—</td><td>—</td><td>—</td><td></td><td></td><td></td><td>480</td><td>430</td><td>380</td></tr>
<tr><td>3 200</td><td>—</td><td>—</td><td>—</td><td>—</td><td>—</td><td>—</td><td>480</td><td>430</td><td>380</td></tr>
<tr><td rowspan="2">3 000</td><td rowspan="2">—</td><td rowspan="2">—</td><td rowspan="2">—</td><td rowspan="2">—</td><td rowspan="2">—</td><td rowspan="2">—</td><td>480</td><td>430</td><td>380</td></tr>
<tr><td>490</td><td>440</td><td>400</td></tr>
<tr><td rowspan="2">2 800</td><td rowspan="2">—</td><td rowspan="2">—</td><td rowspan="2">—</td><td rowspan="2"></td><td rowspan="2"></td><td rowspan="2"></td><td>480</td><td>430</td><td>380</td></tr>
<tr><td>490</td><td>440</td><td>400</td></tr>
</table>

6. 夹直线与圆曲线

当车体的转向架由具有渐变超高的缓和曲线进入直线或圆曲线时，由于惯性与动力作用会继续振动、摆动1.5~2个周期才能平稳运行。因此，为了防止列车在缓和曲线与夹直线、圆曲线接点处发生振动叠加，使列车平稳地通过该地段，夹直线与圆曲线的长度应使转向架运行1.5~2个周期，以便振动衰减后再进入下一个缓和曲线。两相邻曲线间的直线段，即前一曲线终点与后一曲线起点间的直线段，称为夹直线。考虑列车的运行平稳性和旅客乘坐舒适度，为防止列车在缓和曲线的出入口（夹直线或圆曲线的起终点）发生振动叠加，使列车平稳地通过该地段，需要限制缓和曲线间的夹直线与圆曲线的最小长度。夹直线与圆曲线最小长度的计算公式为：

$$l_{j,y} \geqslant (1.5\sim2)\cdot T\cdot V_{max}/3.6$$

式中：$l_{j,y}$——夹直线与圆曲线最小长度，m；

V_{max}——最高行车速度，km/h；

T——车辆振动的周期，s。

不同行车速度下圆曲线和夹直线最小长度如表2-3所示。

表2-3 不同行车速度下夹直线与圆曲线最小长度

设计行车速度/(km/h)	350	300	250
圆曲线和夹直线最小长度/m	280（210）	240（180）	200（150）

7. 线间距

如图 2－5 所示，线间距是指相邻两股道线路中心线之间的最短距离。线间距的设定标准，主要受列车交会运行时空气动力作用的影响。线间距应能保证行车时的安全，它是根据铁路限界、线路是否通过装载超限货物的列车，以及股道是否装设信号机等设备，并考虑留有适当的余地来确定的。不同行车速度下的最小线间距如表 2－4 所示。

图 2－5　线间距

表 2－4　不同行车速度下的最小线间距

设计行车速度/(km/h)	350	300	250	200	160
最小线间距/m	5.0	4.8	4.6	4.2	4.0

8. 建筑限界

建筑限界分为铁路建筑限界、隧道建筑限界和桥梁建筑限界。我国高速铁路建筑限界的基本尺寸取最大高度 7.25 m，最大宽度 4.6 m，可满足高速行车安全要求。曲线地段的建筑限界，应考虑因超高产生车体倾斜对曲线内侧的限界加宽，其加宽量为：

$$W = H \cdot h / 1\,500$$

式中：W——曲线内侧加宽值，mm；

H——轨顶面至计算点的高度，mm；

h——外轨超高值，mm。

曲线上建筑限界的加宽范围，包括全部圆曲线、缓和曲线和部分直线，按图 2－6 所示阶梯加宽方法加宽。

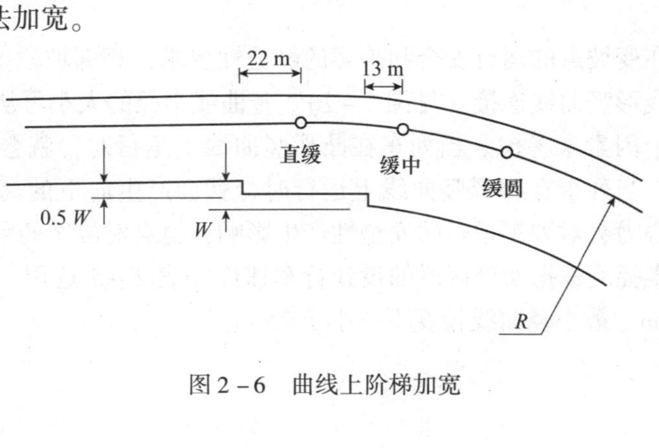

图 2－6　曲线上阶梯加宽

二、高速铁路线路纵断面

（一）一般要求

区间正线的最大坡度不宜大于20‰，困难条件下经技术经济分析后不应大于30‰。动车组走行线的最大坡度不宜大于30‰，困难条件下不应大于35‰。动车组走行线的最大坡度大于30‰时，宜铺设无砟轨道。

最小坡段长度应符合下列规定。

正线宜设计为较长的坡段。最小坡段长度一般条件下不应小于900 m，困难条件下不应小于600 m，列车全部停站的车站两端不应小于400 m。最小坡段长度不宜连续采用。动车组走行线最小坡段长度不宜小于200 m，且竖曲线不应重叠。

最大设计坡度采用15‰时，坡段长度不宜大于10 km；最大设计坡度采用20‰时，坡段长度不宜大于6 km；最大设计坡度25‰时，坡段长度不宜大于4 km，最大设计坡度采用30‰时，坡段长度不宜大于3 km。最大设计坡度的坡段长度应进行行车检算。

坡段间的连接在正线相邻坡段的坡度差大于或等于1‰时，应采用圆曲线型竖曲线连接，最大竖曲线半径不应大于30 000 m，最小竖曲线长度不得小于25 m。

（二）技术参数

1. 最大坡度

高速铁路线路的设计坡度应适应地形，合理选用。线路的最大坡度应根据地形条件、动车组功率、运输组织模式、设计线的输送能力、牵引质量、工程数量和运营质量等，经过牵引计算验算并经技术经济分析后确定。采用坡度的大小，对设计线的运营和工程影响很大。在运营方面，限制坡度增大，牵引重量减少，列车速度降低；而在工程方面，可以适应地形，减少建设线路的工程量，降低造价。高速列车采用大功率、轻型动车组，牵引和制动性能优良，能适应大坡度运行。与传统铁路相比，高速铁路比较突出的特点是允许采用较大的坡度值。

一般情况下高速铁路线路正线的最大坡度，不宜大于20‰，困难条件下，经技术经济分析比较，不应大于30‰，动车组走行线的最大坡度不应大于35‰。

2. 竖曲线

为保证列车在变坡点的运行安全和乘客的舒适性要求，相邻坡段的坡度差大于1‰时，应采用圆曲线形竖曲线连接（见图2－7）。竖曲线半径的大小可从竖向离心力和竖向离心加速度两个因素来考虑。当列车在凸形竖曲线上运行时，就会产生向上的离心力，使轮载减轻；当列车在凹形竖曲线上运行时，就会产生向下的离心力，使轮载增大。所以竖向离心力会对列车运行的安全性产生影响，也会对旅客的乘坐舒适性产生影响。最小竖曲线半径应根据所处区段的设计行车速度按表2－5选用，最大竖曲线半径不应大于30 000 m。最小竖曲线长度不得小于25 m。

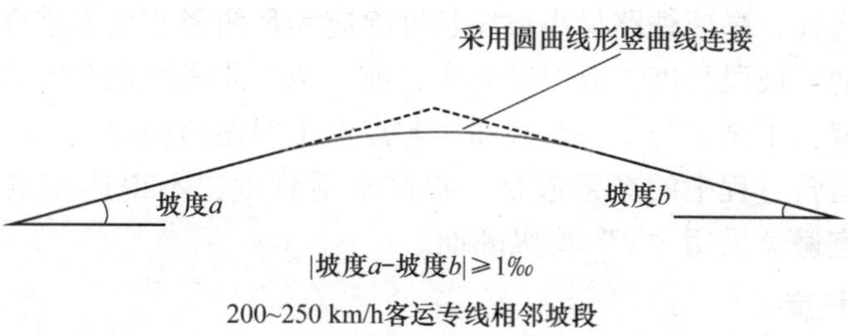

图 2－7　圆曲线形竖曲线连接

表 2－5　不同行车速度的最小竖曲线半径

设计行车速度/(km/h)		350	300	250
平面最小圆曲线半径/m	有砟轨道	7 000	5 000	3 500
	无砟轨道	6 000	4 000	3 000
最小竖曲线半径/m		25 000	25 000	20 000

3. 最小坡段长度

两个坡段的连接点，即坡度变化点，称为变坡点。一个坡段两端变坡点间的水平距离称为坡段长度。从列车运行的平稳性要求出发，纵断面坡段长度宜设计为较长的坡段；但从节省工程投资的角度分析，较短的坡段能够较好地适应地形，减少工程数量，降低工程投资。因此，最小坡段长度的确定，既要满足列车运行的平稳性要求，又要尽可能地节约工程投资，使两者取得最佳的统一。最小坡段长度如图 2－8 所示。不同行车速度下，最小坡段长度见表 2－6。

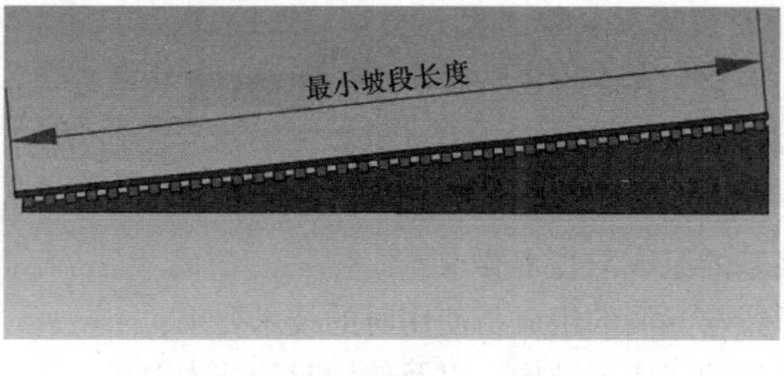

图 2－8　最小坡段长度

表 2－6　不同行车速度下的最小坡段长度

设计行车速度/(km/h)	350	300	250
一般条件/m	2 000	1 200	1 200
困难条件/m	900	900	900

为保证高舒适性，高速铁路最小坡段长度除应满足两竖曲线不重叠外，还应考虑两竖曲线间有一定的夹坡段长度，以保证列车在前一个竖曲线终点产生的振动在夹坡段长度范围内完成衰减，不至于与下一个竖曲线起点产生的振动叠加。

为避免列车运营过程中的频繁起伏，提高舒适程度，不得连续采用“N”形短坡段。相邻大坡段宜避免采用“V”形纵断面。

4. 最大坡段长度

高速铁路的最大坡段长度与坡度有关，坡度正常值应随坡段长度而变化。一般情况下高速铁路线路采用最大坡度12‰时，对最大坡段长度暂不限制；当采用最大坡度15‰时，最大坡段长度不宜大于9 km；当采用最大坡度20‰时，最大坡段长度不宜大于5 km。

除此之外，线路的纵断面也要考虑特殊的地质和自然环境的要求。连续梁、钢梁及较大跨度梁的桥上，纵断面设计应满足桥梁设计的技术要求。隧道内的坡道可设置为单面坡道或人字坡道，有地下水的长隧道宜采用人字坡，其坡度不应小于3‰。路堑地段线路坡度不宜小于2‰。跨越排洪河道的特大桥和大中桥的桥头路基、水库和滨河地段、行洪及滞洪区的浸水路堤，其路肩设计高程应按有关设计规范结合国家防洪标准设计。

站坪宜设在平道上，困难条件下，可设在不大于1‰的坡道上；特别困难条件下，可设在不大于2. 5‰的坡道上；越行站可设在不大于6‰的坡道上。到发线有效长度范围内宜采用一个坡段。车站咽喉区的正线坡度宜与站坪坡度一致，困难条件下可适当加大，但不宜大于2. 5‰，特别困难条件下不应大于6‰。

任务三　高速铁路路基与桥隧

【技能目标】

了解高速铁路路基的组成与技术要求；
掌握高速铁路桥梁与涵洞的组成与使用时的技术要求；
掌握高速铁路隧道的组成与结构，以及使用时的技术要求。

【知识点】

高速铁路路基；
高速铁路桥梁与涵洞；
高速铁路隧道。

【任务的提出】

高速铁路线路的组成中，路基与桥隧是重要的组成部分，而且我国高速铁路在建设过程中都有很高的桥隧比，有些线路的桥隧比甚至达到80%以上，因此只有深入了解高速铁路路基与桥隧，才能全面掌握高速铁路线路的组成。

【相关知识】

一、高速铁路路基

（一）高速铁路路基结构

如图2－9所示，高速铁路路基，一般是由基床表层、基床底层、路堤和地基等部分组成。其中，基床表层是轨道的直接基础，是基床的重要组成部分，受到列车动荷载的剧烈作用，对轨道的平顺和稳定影响很大，通常称为承载层和持力层，是高速铁路路基结构中最为重要的部分之一。基床表层除了给轨道提供坚实稳定的基础外，还必须具有：①较大的强度来抵御外力作用，避免破坏；②足够的刚度，抵抗变形；③较好的稳定性，以免基床的表层刚度与强度在外界不利因素的作用下发生改变；④给路基提供保护，具有良好的扩散应力的能力。据日本铁路的观测资料，不良基床表层产生的轨道变形是好的基床表层的数倍，而且差距还随着速度的提高而增大。因此，为了向高速铁路提供较大的路基刚度和强度，需对基床表层进行特别的加强。

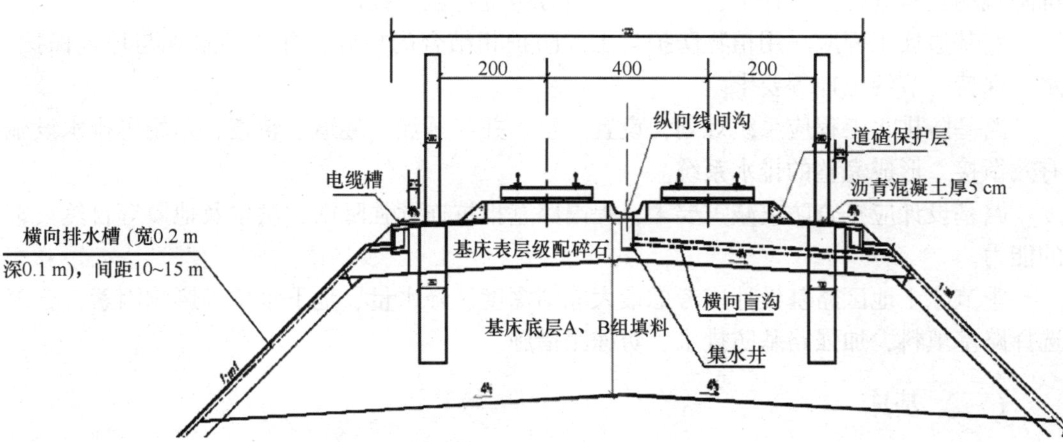

图2－9　高速铁路路基

无砟轨道正线曲线地段路基面不应加宽，轨道结构和接触网支柱等设施的设置有特殊要求时，根据具体情况分析确定；有砟轨道正线曲线地段加宽值应在曲线外侧按规定加宽，曲线加宽值应在缓和曲线内渐变。

（二）路基的基本要求

路基主体工程应按土工结构物进行设计。路基工程应加强地质测绘、勘探和试验工作，查明基底、路堑边坡、支挡结构基础等的岩土结构及其物理力学性质，查明不良地质情况，查明填料性质和分布等，在取得可靠地质资料的基础上开展设计。路基主体工程设计使用年限应为100年。路基排水设施结构及路基边坡防护结构设计使用年限应为60年。

路基工程应保障列车高速行驶的安全性和舒适性。路基基床结构的刚度应满足列车运行时产生的弹性变形控制在一定范围内的要求；其强度应能承受列车荷载的长期作用；其厚度应使扩散到其底层面上的动应力不超出基床底层土的承载能力。基床表层结构应能防止地表水侵入导致基床软化及产生翻浆冒泥、冻胀等基床病害。

路基填料的材质、水稳性等应符合高速铁路的技术要求，填筑压实应符合相关标准的规定。路基连续填筑长度较长时，应积极采用连续压实控制等技术。路基填料最大粒径在基床底层内应小于60 mm，在基床以下路堤内应小于75 mm。路基边坡的最大限制高度应根据边坡稳定性分析和工后沉降控制标准，并结合地形地貌、岩土工程特性、填料性质、施工条件、土地资源及周边环境情况等因素综合分析确定。路堤填筑前应进行现场填筑试验。

路基与桥台、横向结构物、隧道及路堤与路堑、有砟轨道与无砟轨道等连接处均应设置过渡段，保证刚度及变形在线路纵向的均匀变化。地基处理措施应根据路基工后沉降控制标准、路堤高度、填料、地形和地质条件、建设工期、材料来源、施工机械及环境影响等因素综合分析确定，并符合《铁路工程地基处理技术规程》。

路基工后沉降值应控制在允许范围内，并进行系统的沉降观测，轨道铺设前应根据沉降观测资料进行分析评估，评估通过后方可进行轨道铺设。

路基边坡工程应采用植物防护与工程防护相结合的措施，并兼顾景观与环境保护、水土保持、节约土地等要求。

路基防排水工程应系统规划，设置完整、并与桥涵、隧道、轨道、站场等排水设施有效衔接，形成完整的排水系统。

路基设计应符合防灾减灾要求，提高路基抵抗连续强降雨、洪水及地震等自然灾害的能力。

季节冻土地区路基设计应考虑最大冻结深度、降水量、地下水位等影响因素，合理选择路基填料，加强路基防排水、防冻胀措施。

（三）基床

路基基床应由基床表层和基床底层构成。基床表层厚度无砟轨道为0.4 m，有砟轨道为0.7 m，基床底层厚度为2.3 m。基床表层应填筑级配碎石，无砟轨道及严寒、寒冷地区有砟轨道级配碎石填筑压实后的渗透系数应大于5×10^{-5} m/s。

路基面的宽度，应考虑设计速度、轨道类型、线间距、电缆槽、接触网支柱、路肩宽度等计算确定。有砟轨道路肩宽度：线路设计速度为200 km/h区段的路肩宽度不应小于1.0 m；250 km/h及以上区段双线不应小于1.4 m，单线不应小于1.5 m。无砟轨道路肩宽度应根据无砟轨道形式、电缆槽和接触网基础类型等因素确定。

路基两侧应留有足够宽度的铁路用地，保证路基稳定，满足维修检查通道、栅栏设置、绿色通道建设及防沙工程的要求。

路基应采用优质填料填筑坚实，基床及过渡段应强化处理，并设置良好的防排水设备、完善的防排水系统、安全可靠的防护设施和支挡结构，工后沉降应满足相应的限值要求。对不良地质条件、特殊土及特殊环境等地段的路基，应采取可靠的加固处理措施，困难时应以桥梁等结构物代替。在路基范围内埋设电缆和接触网支柱基础时，必须保证路基的稳定和坚固及排水等设施的正常使用。路基宜优先采用有利于环保的植物（以灌木为主）保护，植物选择应根据当地条件、种植目的及经济适用性等确定，以优良的乡土植物为主。

无砟轨道路基工后沉降应当满足线路平顺性、结构稳定性和扣件调整能力的要求。有砟轨道路基工后沉降应满足线路平顺性和养护维修工作量的要求。具体限值执行相关规定。

(四) 路堤

基床以下路堤宜选用A、B组填料和C组碎石、砾石类填料，其粒径级配应满足压实性能要求；当选用C组细粒土填料时，应根据填料性质进行改良。

路基工后沉降应符合下列规定：无砟轨道路基工后沉降应符合线路平顺性、结构稳定性和扣件调整能力的要求。工后沉降不宜超过15 mm。路基与桥梁、隧道或横向结构物交界处的差异沉降不应大于5 mm，不均匀沉降造成的折角不应大于1/1 000。

路基的稳定安全系数考虑列车荷载作用时不应小于1.25。软土及松软土地段的路基应结合工程实际，选择代表性地段提前修筑试验段。受洪水或河流冲刷及受水浸泡的路堤部位应采用水稳性好的渗水性材料填筑，并应放缓边坡坡率、设置边坡平台、加强边坡防护。雨季滞水及排水不畅的低洼地段的浸水影响范围应以渗水性材料填筑，并应采取排水疏导措施。在高地下水位的黏性土地基上填筑路堤时，路堤底部应填筑渗水性材料。有条件时，宜采取降低地下水位的措施。

路堤边坡坡率可根据路基填料、路堤高度、地震力、基底地质条件、水文气候条件等因素综合分析确定。地震区路堤应选用抗震稳定性较好的填料，基底垫层材料应采用碎石（卵石）或粗砂夹碎（卵）石，不得采用细砂或中砂。在可液化地基上填筑路堤时，应根据具体情况，采取换填、设置反压护道或地基加固等抗震措施。

黄土地段路基应加强防排水措施，采取封闭防水、拦截、疏导的处理原则，设置防冲刷、防渗漏和有利于水土保持的综合排水设施及防护工程，并妥善处理农田水利设施与路基的相互干扰。具有湿陷性或压缩性较高的黄土应根据地基土层性质、路堤填高、路基变形控制要求，确定湿陷性黄土处理措施。采用无砟轨道时，应采取可靠措施，消除地基湿陷性的影响。岩溶地段路基应结合工程实际（岩溶地表形态、地表径流、地下水活动等）判别岩溶对路基工程的危害性，选择适宜的处理措施。人为坑洞地段路基应根据坑洞的形成年代、埋深、坑洞高度、顶板岩性及力学性质、水文地质、工程地质条件等综合分析，分别采用明挖回填或钻孔充填、注浆等工程措施。膨胀土路基应分析膨胀土作为地基的变形特性，可采取挖除换填等处理措施，并加强防排水及边坡防护工程。季节冻土地区路基应根据地基土性质、地下水位埋深，采取换填、降低地下水位、保温等防冻胀措施。

（五）路堑

膨胀土、湿陷性黄土、季节冻土等特殊土基床，应根据具体情况进行挖除换填、隔水防渗、排水等措施，基床以下的膨胀土、湿陷性黄土等应在路基变形分析的基础上，采取地基处理措施。地面横坡较陡、下侧路堤边坡较高的半填半挖无砟轨道路基，采用挖除换填无法控制横向较大差异沉降时，应根据地形地质条件采用回填级配碎石、混凝土或竖向钢筋混凝土承载结构等措施进行处理。路堑均应设置侧沟平台，平台宽度不宜小于1.0 m。在土石分界处、透水和不透水层交界面处及路堑边坡高度较大时，均应设置边坡平台，平台宽度不宜小于2.0 m，并应满足路堑边坡稳定需要，边坡平台上应做好防水及加固措施。路堑边坡形式和坡率应根据地层的工程地质、水文地质、气象条件、防排水措施及施工方法等因素通过力学分析综合确定。非硬质岩石路堑宜采用路堤式路堑断面形式。

（六）路桥过渡段

路堤与桥台连接处应设置过渡段，可采用沿线路纵向倒梯形过渡形式。过渡段路基基床表层应掺入5%水泥。

过渡段地基需要加固时应考虑与相邻地段协调渐变。过渡段还应满足轨道特殊结构的要求。过渡段路堤应与其连接的路堤同时施工，并按大致相同的高度分层填筑。距离台背2.0 m范围内应用小型机具碾压密实并适当减小分层填筑厚度。过渡段处理措施及施工工艺应结合工程实际，进行现场试验。

路堤与横向结构物（立交框构、箱涵等）连接处，应设置过渡段，可采用沿线路纵向倒梯形过渡形式。横向结构物顶面填土厚度不大于1.0 m时，横向结构物及两侧20 m范围基床表层级配碎石应掺入5%水泥。

路堤与路堑连接处应设置过渡段。过渡段可采用下列设置方式：路堤与路堑连接处为硬质岩石路堑时，在路堑一侧顺原地面纵向开挖台阶，每级台阶自原坡面的挖入深度不应小于1.0 m，台阶高度0.6 m左右，并应在路堤一侧设置过渡段；路堤与路堑连接处为软质岩石或土质路堑时，应顺原地面纵向开挖台阶，每级台阶挖入深度不应小于1.0 m，台阶高度0.6 m左右，其开挖部分填筑要求应与路堤相应位置相同。

土质、软质岩路堑与隧道连接地段应设置过渡段，并采用渐变厚度的混凝土或掺入5%水泥的级配碎石填筑；无砟轨道与有砟轨道连接处路基应设置过渡段，并符合轨道形式过渡要求。桥梁、涵洞及桥隧等工程之间的短路基长度不应小于40 m，特殊情况下短路基长度不满足上述要求时，应对段路基进行特殊处理。

（七）路基排水

路基排水设施设计降雨的重现期应采用50年。路基面排水设计应综合考虑轨道形式、电缆槽、接触网立柱基础、声屏障基础等因素，并符合下列规定：线间排水应根据线路、气候条件及对轨道电路的影响等综合考虑，宜采用横向直排方式；轨道结构要求采用集水井排水时，集水井的位置、排水管的材料和结构尺寸及埋设深度和方式应根据荷载、降雨量和防冻、防渗要求等综合确定。

侧沟、天沟、排水沟及无砟轨道线间排水沟应采用混凝土浇筑或整体式预制拼装结构，不得采用浆砌片石。现浇混凝土水沟的厚度宜为0.2 m，深度较大的矩形水沟的厚度应通过计算确定。

低矮路堤或路堑地段，地下水位较高或无固定含水层时，可采用明沟、排水槽、渗水暗沟、边坡渗沟、支撑渗沟等设施排除地下水；埋藏较深的地下水或固定含水层危害路基时，可采用渗水隧洞、渗井、渗管或仰斜式钻孔等设施排除地下水。渗水暗沟和渗水隧洞的纵坡不宜小于5‰，困难条件下不应小于2‰，在出口位置应采用较陡纵坡。渗水暗沟等地下排水设施应设置反滤层。

在易产生冻害的地区，采用渗水暗沟和渗水隧洞降低地下水位时，最高地下水位加毛细水上升高度，应低于最大冻结深度以下不小于0.25 m处，或采用必要的防冻设施。严寒地区出水口应采取防冻措施。

排水设施布置应符合下列规定：地面横坡明显地段的排水沟、天沟可在横坡上方一侧设置；当地面横坡不明显时，宜在路基两侧设置；路堑地段应于路肩两侧设置侧沟；年降水量大于或等于400 mm地区，路堑边坡平台宜设置截水沟；地面排水设施的纵坡不应小于2‰；排水沟沟顶应高出设计水位不小于0.2 m；天沟不应向路堑侧沟排水，受地形限制需排入侧沟时，必须设置急流槽，并根据流量调整下游侧沟截面尺寸；路基排水宜根据所处地点排水条件纳入相关排水工程的系统设计之中。

（八）路基防护

路堤边坡应设置坡面防护工程，防护类型应根据工程类型、当地年平均降水量、工程及水文地质条件、边坡坡度与高度、材料来源、施工条件、环境保护及景观要求，经技术经济分析后合理选用，并符合下列规定：路堤边坡防护应贯彻绿色防护的理念，结合绿色通道建设，遵循因地制宜、安全可靠、经济适用、易于管护、兼顾景观的原则；当路堤边坡适宜进行植物防护，且能保证路基边坡的稳定时，宜采用植物防护或植物防护与工程防护相结合的措施，植物防护宜采用灌草结合、灌木优先的方式；路堤边坡高度较高时，宜在两侧边坡内分层铺设宽度不小于3 m的土工格栅等土工合成材料；浸水地段受水流冲刷的路基边坡应根据流速、流向及冲刷深度，采用抗冲刷能力强的防护措施。

土质、软质岩路堑的边坡坡面（含边坡平台、侧沟平台）均应进行防护或加固，并符合下列规定：土质路堑边坡可采用植物防护措施，较高的土质路堑边坡根据地层性质可采取窗孔式护坡、骨架护坡或锚杆框架梁等措施；软质岩路堑应根据岩体结构、结构面产状、风化程度、地下水及气候条件等确定边坡加固措施，可采用窗孔式护坡、喷混植生、锚杆框架梁内喷混或客土植生等措施防护。

较完整的硬质岩路堑边坡应采用预裂、光面爆破并结合嵌补及锚杆框架梁防护。当边坡岩体破碎、节理发育时，根据边坡高度可采用喷混植生、锚杆框架梁内喷混或客土植生等措施防护，边坡较高时可在锚杆框架梁内打设锚杆挂钢绳网防护。

骨架护坡应采用带截水槽的结构，骨架埋置深度宜为0.4～0.6 m，间距不宜大于3 m。

地下水发育及膨胀土路堑边坡宜结合边坡防护，采用边坡支撑渗沟加固，必要时结合深层排水孔加强地下水排泄。

（九）路基支挡

在陡坡路基、深路堑、耕地保护区及临近城镇等地段应设置支挡结构保证路基边坡稳定，节约用地并减少填筑工程量。

支挡结构物计算时，列车轨道荷载的大小、分布宽度应采用规定的数值。支挡结构顶部设置接触网立柱、声屏障及挡风结构时，支挡结构荷载应增加相应结构的重力荷载及风荷载；运梁车通过时，路堤及路肩支挡结构应考虑运架梁车等特殊荷载的影响。

在城市、风景区周边及耕地保护区周边宜根据现场条件，采用悬臂式、扶壁式、L形挡墙及加筋土挡墙等轻型支挡结构。地震区宜采用加筋土挡墙等柔性支挡结构。采取重力式支挡结构，路堤墙高度不宜大于6 m，路肩墙高度不宜大于8 m。路基支挡结构应采用钢筋混凝土或素混凝土材料，墙背反滤层宜采用袋装砂夹砾石或土工合成材料。

（十）路基变形观测及评估

路基变形观测及评估应符合下列规定：路基填筑完成后宜有不小于6个月的放置期，并应经过一个雨季。个别情况下采取可靠工程措施并经论证可确保路基工后沉降满足轨道铺设要求时，路基放置条件可适当调整；路基施工应进行沉降观测，铺轨前应根据沉降观测资料进行系统分析评估，预测的路基工后沉降符合要求后方可开始进行轨道的铺设；观测数据不足以评估或工后沉降评估不符合要求时，应继续观测或者采取必要的加速或控制沉降的措施，保证工后沉降满足设计要求。

路基沉降观测应以路基面沉降和地基沉降观测为主，可设置沉降板、观测桩或剖面沉降观测装置等。并符合下列规定：路基沉降观测断面的设置及观测断面的观测内容应根据沉降控制要求、地形地质条件、地基处理方法、路堤高度、堆载预压等具体情况并结合施工工期确定；沉降观测断面的间距不宜大于50 m；地势平坦、地基条件均匀良好、高度小于5 m的路堤及路堑可放宽到100 m；过渡段和地形地质条件变化较大的地段应适当加密；观测仪器应满足测量精度控制要求，可采用精密水准仪、剖面沉降仪和经纬仪。

路基沉降水准测量的重复精度不低于±1 mm，读数取位至0.1 mm。

路基评估应根据有关设计、施工和监理的资料及交接检验和复检的结果进行综合分析。

路基沉降预测应采用曲线回归法，并符合下列规定：根据实际观测数据进行曲线回归分析，确定沉降变形的趋势，曲线回归的相关系数不应低于0.92。沉降预测的可靠性应经过验证，间隔3～6个月的两次预测最终沉降的差值不应大于8 mm。轨道铺设前最终的沉降预测应符合其预测准确性的基本要求。

路基工后沉降的评估应结合路基各断面之间的相互关系及相邻桥隧的沉降情况进行综合分析，路基的工后沉降及各断面之间、路基与相邻桥隧之间的不均匀沉降应符合规定。

二、高速铁路桥梁与涵洞

目前世界上的高速铁路都大量采用了以桥代路的结构形式，一般情况下，线路中桥梁的比例约占线路总长的三分之一以上。例如，武广高速铁路全线桥梁611座共305 032.09延米，占线路全长的34.9%；温福高速铁路福建段共有桥梁51座共41 139延米，占线路长度的18%。图2－10所示为京沪高铁南京大胜关长江大桥。

图2－10　京沪高铁南京大胜关长江大桥

（一）国外高速铁路桥梁概况

在日本的新干线上，桥梁占线路长度的比重较大，表2－7为部分新干线上桥梁及高架桥的情况。

表2－7　部分新干线上桥梁及高架桥情况

桥型	东海道		山阳新干线				上越		东北新干线	
	东京—新大阪		新大阪—冈山		冈山—博多		大宫—新潟		东京—盛冈	
	延长/km	比率/%	延长/km	比率/%	延长/km	比率/%	延长/km	比率/%	延长/km	比率/%
桥梁	57	11	20	12	31	7	30	11	75	15
高架桥	116	22	74	45	86	22	132	49	279	56
合计	173	33	94	57	117	29	162	60	354	71

国际上，为方便施工，大量采用等跨布置的简支结构。除了小跨度桥有时使用多片式T梁结构外，大部分桥梁均选用双线整孔箱形截面，以提供良好的整体性和抗扭刚度。

当高速列车通过等跨多孔布置的简支梁桥时，列车会受到桥跨结构周期性的冲击。其作用周期为一辆车经过一孔桥的时间。当该周期与车辆系统的某一振动周期一致时，列车将发生共振现象。随着加速度的逐渐增大，列车运行的平稳性将会恶化，旅客乘坐的舒适度可能受到影响。基于此种分析，在桥孔布置时，应采用不同跨度的配合，以避免产生列车共振。然而，大量研究表明，对于等跨联孔桥梁，其动力系数的大小，基本不受孔数多少的影响，即可按单孔桥梁进行计算。其运行平稳性标准、车体加速度和轴重减载率虽有所增加，但增加很小。而且，桥梁超过 5 孔后，其值几乎不再变化。这些特性为多孔桥梁的布置提供了很大方便。

在设计速度 350 km/h 范围内，多孔等跨布置的混凝土简支梁，对列车共振的影响不大，因而，从旅客乘坐舒适度角度看，没有必要强调必须采取不等跨布置。对于高架桥，一般桥长较长，采用多孔等跨布置的混凝土简支梁，对于方便施工、提高架梁速度也颇为有利，同时，也有利于养护维修和桥跨的更换。

实际上，世界各国的高速铁路桥梁，大量采用了多孔等跨布置的方式，而并不特别注意不等跨的配合。例如，德国在 20 世纪 80 年代修建的汉诺威—维尔茨堡高速铁路上，采用的等跨联孔桥为 37 孔跨度 44 m 混凝土简支梁，长达 1 628 m。

高速铁路桥梁，在桥跨布置方面，宜采用小跨度（20 m 以下）的连续刚架桥、24 m 跨度以上的简支梁或连续梁体系。

一般车辆长度在 25. 0 m 左右，若简支梁跨度在 25. 0 m 以下，每辆车通过桥跨一次，梁内应力幅度就会从小到大地变化一次或一次以上，跨度大则可能是一列车通过，应力才从小到大变化一次，可大大减小应力循环次数；从动力影响方面来看，小跨度桥的动力系数比大跨度的大得多，且随速度增大，出现共振机会多、峰值高，而大跨度桥则因列车参与作用而使系统的阻尼增大很多，共振时峰值不明显。小跨度的连续刚架桥整体性好，容易满足高速铁路对桥梁竖向刚度及梁端转角的要求，动力影响小。

连续刚架桥要求基础好，在常规地基不能满足结构允许沉降要求时，可参照日本的情况，设计整体基础。简支与连续梁的跨度最好能在 30. 0 m 以上，以采用造桥机施工、现场支架或悬臂灌注及顶推施工为宜。

另外，桥跨布置时要充分考虑地形地质条件，合理布设支座，使制动与牵引力能较容易地传给基础或路基；比较完全依靠桥墩和采用纵向连接器等措施来传递水平力方案的经济性，以确定适宜的方案。桥跨布置上还应兼顾到换梁的可能性与快捷性。

为减小高速列车噪声对沿线居民生活的影响，以采用钢筋混凝土、预应力混凝土和部分预应力混凝土桥为宜。

对钢筋混凝土及部分预应力混凝土梁，应比一般铁路桥梁更严格地控制裂缝宽度。在梁高、施工等受限制的地方，可考虑组合梁方案，但对防噪声及运营期间的维修养护应给予特别重视。

（二）高速铁路桥涵的基本要求

桥涵上部结构形式选择应综合考虑桥梁的使用功能、水文和地质情况、环境条件、轨道类型及施工方法等因素。桥梁结构应设计为正交。当斜交不可避免时，桥梁轴线与支承线夹角不宜小于60°，斜交桥台的台尾边线应与线路中线垂直，困难条件下桥台台位与线路中线不垂直时应采取与路基衔接的特殊过渡措施。

桥梁结构、桥面布置应满足轨道类型、桥面设施的设置及其养护维修的要求。涵洞宜采用钢筋混凝土矩形框架，也可根据工程情况选用其他适宜的涵洞形式。相邻桥涵之间路堤长度的确定应综合考虑高速列车行车的平顺性要求、路桥（涵）过渡段的施工工艺要求及工程造价等因素。

桥涵设置应满足铁路系统排水的要求，做好和自然水系、地方排灌系统的衔接，不宜改变天然排水系统。桥涵应根据相关标准的规定设置结构变形及基础沉降观测装置。洪水频率、抗震和耐久性要求应符合现行国家或行业标准的有关规定。

（三）桥涵设计荷载

桥梁设计应考虑主力与一个方向（顺桥或横桥方向）的附加力组合。桥梁设计应根据各种结构的不同荷载组合将材料基本容许应力和地基容许承载力乘以不同的提高系数。结构构件及附属设备自重应按《铁路桥涵设计基本规范》的规定计算。土压力计算应按《铁路桥涵设计基本规范》的规定计算。台后填土的内摩擦角应根据台后过渡段填筑的设计情况确定。

桥涵结构计算应考虑列车竖向动力作用，实体墩台、基础、土压力计算可不考虑动力作用。涵洞及结构顶面有填土的承重结构，顶面填土厚度大于3 m时，不计列车动力作用，支座动力系数可采用桥梁结构的动力系数。

（四）桥面布置及附属设施

1. 桥面的布置

（1）桥上有砟轨道轨下枕底道砟厚度不应小于0.35 m。

（2）桥上应设置防护墙兼做挡砟墙，其顶面与相邻轨道轨面等高。直线地段有砟轨道桥梁的线路中心线至挡砟墙内侧净距不应小于2.2 m。

（3）桥面应为接触网支柱、电缆槽等有关设施的安装预留位置。

（4）桥上栏杆宜采用工厂化集中预制的混凝土构件，在踏面以上的高度不宜小于1 m。

（5）接触网支柱在桥上的位置应根据接触网的技术要求和曲线内侧限界加宽要求确定。

（6）桥面宽度应按照建筑限界、作业维修通道或人行道、电缆槽、接触网立柱、养护维修方式等要求确定。

2. 救援疏散通道规定

（1）桥长超过3 km时，应结合地面道路条件，每隔3 km（单侧6 km）左右，在线路两侧交错设置一处可上下桥的救援疏散通道。

（2）救援疏散通道应满足抗震的要求。

（3）桥上应设置疏散导向标志，救援疏散通道侧对应的桥上栏杆或声屏障位置应预留出口。

（4）桥梁救援疏散通道应与地面道路顺接。铁路桥墩墩柱可能受到汽车（船舶）撞击时，宜设置防护工程。

三、高速铁路隧道

从1829年开始兴建铁路隧道以来，到1990年的160年间，世界各国已建成超过12 000 km的铁路隧道，约占世界铁路总长的1%。修建铁路隧道可大幅度缩短线路长度，降低线路标高，改善通过不良地质地段的条件，降低铁路造价。高速铁路隧道如图2－11所示。

图2－11　高速铁路隧道

（一）一般规定

隧道主体结构设计使用年限应为100年，隧道设计应体现动态设计理念。隧道设计应考虑列车进入隧道诱发的空气动力学效应对行车、旅客舒适度、隧道结构、隧道内设施或设备及环境等方面的不利影响。隧道内采用无砟轨道时，应根据无砟轨道铺设要求，设置隧道地基沉降观测标。隧道辅助坑道的设置应综合考虑施工、防灾救援等能力的要求。隧道结构防水等级应达到地下工程一级标准。风险管理应贯穿于隧道的设计和施工全过程，并根据项目不同阶段有所侧重。新建双线10 km及以上的特长隧道应根据地形地质条件，结合施工方法、施工组织要求，以及运营与防灾救援疏散工程设置等需要，进行修建单洞双线隧道和双洞单线隧道的技术经济比较分析。

（二）衬砌内轮廓

1. 隧道衬砌内轮廓的确定因素

（1）隧道建筑限界。

（2）股道数及线间距。

（3）隧道设备空间。

（4）空气动力学效应。

（5）轨道结构形式及其运营维护方式。

（6）养护及工程技术作业空间。

（7）救援通道空间。

（8）机车车辆类型及其密封性。

2. 隧道净空有效面积

（1）设计行车速度目标值为 300 km/h、350 km/h 时，双线隧道净空有效面积不宜小于 100 m^2，单线隧道净空有效面积不宜小于 70 m^2。

（2）设计速度为 250 km/h 时，双线隧道净空有效面积不宜小于 90 m^2，单线隧道净空有效面积不宜小于 58 m^2。

3. 隧道救援通道的设置

（1）隧道通道应贯通设置，单线隧道单侧设置，双线隧道双侧设置，救援通道距线路中线不应小于 2.3 m。

（2）救援通道的宽度宜为 1.5 m，高度不应小于 2.2 m。

（3）救援通道走行面不应低于轨面，走行面应平整、铺设稳固。

4. 隧道安全空间的设置

（1）安全空间应设在距线路中线 3.0 m 以外，单线隧道在救援通道一侧设置，多线隧道在双侧设置。

（2）安全空间的宽度不应小于 0.8 m，高度不应小于 2.2 m。

（三）洞口结构

隧道洞口设计应结合地形、地质和环境条件，综合考虑景观要求，采取“早进晚出”的设计原则。隧道洞门优先选用斜切式和帽檐式结构形式，以减少洞口边仰坡开挖。

隧道洞口应避免通过危岩落石发育区，无法避免时应设置明洞、棚洞，同时采取清除、加固、拦截、遮蔽等综合整治措施。洞口附近有建筑物或特殊环境要求时，宜设置洞口缓冲结构降低微气压波峰值。隧道洞口缓冲结构设置应考虑列车类型及长度、隧道长度、隧道净空有效面积、隧道轨道类型、隧道洞口附近地形和居民情况等因素。隧道洞口上方有公路跨越时，应在靠近铁路的公路路侧设置防撞护栏，护栏等级应符合有关规定。两座隧道洞口距离小于 30 m 时，宜采用明洞形式连接。

洞口缓冲结构规定如下。

（1）缓冲结构形式应考虑实用、美观及洞口附近的地形环境条件等因素，缓冲结构宜采用与隧道衬砌内轮廓形状相似的开孔式结构，也可采用其他结构形式。

（2）缓冲结构当横断面不变时，侧面或顶面应开减压孔，减压孔面积可根据实际情况确定，宜为隧道净空有效面积的 1/5～1/3。

（3）缓冲结构宜采用钢筋混凝土结构。

（四）防排水

隧道防排水设计方案应结合隧道洞身水环境要求和水文地质条件确定。隧道防排水应采取“防、堵、截、排，因地制宜，综合治理”的原则。初期支护与二次衬砌的拱墙之间应根据地下水发育情况合理设置防水板，防水板厚度不应小于1.5 mm。无水地段可不设防水板，但应加强排水及施工缝处理措施。地下水环境保护要求高、埋深浅的隧道应采用全断面封闭防水。

双线隧道应设置双侧水沟和中心水沟，中心水沟应与双侧水沟相连通。隧道衬砌背后应设置与排水沟连通的环、纵向排水盲管。水沟断面应根据水量大小确定。水沟的设置应考虑清理和检查要求；暗埋中心排水沟应设检查井。检查井间距不宜大于50 m，其盖板面宜与隧底填充面齐平。侧沟在边墙衬砌侧应预留进水孔，间距不宜大于4 m。侧沟与中心水沟间应设置排水管，间距不大于50 m。

隧道衬砌结构的施工缝、变形缝应按一级防水要求采取可靠的防水措施。隧道洞内排水系统应与洞外排水系统顺接，必要时设置具有检修、维护功能的缓冲井（池）。

（五）运营通风及防灾救援

隧道通风方式应根据技术、经济条件，考虑维修、防灾救援等因素综合比选确定，并符合现行铁路隧道通风设计标准的相关规定。隧道的防灾通风应与通风统筹考虑，应采用可靠的防火安全措施，并符合现行铁路隧道防灾救援疏散工程设计标准的相关规定。

隧道防灾救援疏散应采取“以人为本，应急有备，方便自救，安全疏散”的原则，健全防灾救援疏散系统，预防灾害发生，将列车发生灾害事故后所产生的危害降到最低程度。铁路隧道防灾救援疏散工程应根据运输性质、环境条件、施工辅助坑道条件等因素进行设计，并符合现行铁路隧道防灾救援疏散工程设计标准的有关规定。

（六）隧道其他的要求

隧道洞口、浅埋和偏压地段及断层破碎带地段应按现行国家标准《铁路工程抗震设计规范》的有关规定进行抗震设防，其衬砌结构应加强。在活动断层破碎带地段，可根据实际情况预留断面净空。洞口设防段的长度可根据地形、地质条件及设防烈度确定，并不得小于2.5倍的隧道净空宽度。隧道抗震设防段应采用曲墙（带仰拱）复合式衬砌结构，并设置变形缝。变形缝间距不宜大于20 m。地震区隧道应避免洞口高边坡，洞口边坡宜采用柔性防护措施。

隧道设计应考虑相关专业设施在隧道内的布置要求。各专业设施在隧道内的布置应综合考虑，统筹布置。隧道与相关专业的接口应有良好的过渡和衔接。隧道与接触网、通信、信号等专业设施的接口设计应满足接触网下锚、综合接地、过轨管预埋等技术要求。隧道底板、仰拱填充应与无砟轨道底座结合设置。

隧道与路基、桥梁接口应进行系统设计并符合下列规定。

（1）隧道洞口边坡防护应与路基边坡协调设计。

（2）隧道与路基隧道分界处应设置过渡段。

（3）隧道洞内排水沟与路基排水沟顺接。

（4）隧道内的电缆槽向路基、桥梁范围的电缆槽过渡时其转弯半径应满足电缆铺设要求。

（5）隧道与桥梁相连时，隧道内的救援通道与桥梁人行道应平顺连接。

任务四　高速铁路轨道和检测维修

【技能目标】

掌握高速铁路轨道的组成、结构及技术参数要求；
了解高速铁路轨道检测的设备和维修管理方法。

【知识点】

高速铁路轨道；
高速铁路轨道检测和维修。

【任务的提出】

高速铁路轨道直接承受高速列车车轮力的作用，因此了解它的结构是认识高速铁路线路的基础，同时如何进行轨道的检测和维修是高速铁路运输管理人员必须了解的内容。

【相关知识】

一、高速铁路轨道

（一）高速铁路对轨道结构的要求

1. 基本要求

1）高平顺性

高平顺性是高速铁路对轨道的最根本的要求，也是建设高速铁路的控制性条件。这是因为轨道不平顺是引起列车振动、轮轨动作用力增大的主要原因。因此，为保障高速行车的平稳、安全和舒适，必须严格控制轨道的平顺性。

2）高可靠性，长寿命

高可靠性主要是指轨道结构保持平顺性，维持线路正常运营的能力。高速列车荷载的特点主要在于高频冲击和振动，这种高频荷载容易造成扣件松动、轨下胶垫磨耗、混凝土轨枕承轨槽破损，特别是有砟轨道中道砟破碎、粉化，道床沉降和变形。

长寿命指的是轨道结构要有较长的维修和大修周期。由于高速铁路的行车密度大，速度高，因此其维修工作量必须少，维修周期必须长，才能保证不中断行车，维持列车正常运行。

3）高稳定性

采用跨区间无缝线路是提高轨道结构连续性、均匀性的重大举措。

2. 技术要求

正线及到发线轨道应按一次铺设跨区间无缝线路设计。正线应根据线路速度等级和线下工程条件，经技术经济论证后合理选择轨道结构类型，并符合下列规定：设计时速 300 km 及以上线路、长度超过 1 km 的隧道及隧道群地段，可采用无砟轨道；活动断裂带、地面严重沉降区、冻结深度较大且地下水位较高的季节冻土区及深厚层软土等地域变形不易控制的特殊地质条件地段，不应采用无砟轨道；同种类型轨道结构应集中成段铺设，无砟轨道与有砟轨道之间应设置轨道结构过渡段；无砟轨道的结构形式应根据线下工程类型、环境条件等具体情况，经技术经济比较后合理确定；轨道结构部件及所用工程材料应符合国家和行业相关标准的规定；无砟轨道主体结构的设计使用年限应为 60 年。

轨道结构设计应根据环境需求考虑减振降噪措施；轨道结构应根据线下基础和环境条件设置性能良好的排水系统，严寒地区排水设计应考虑防冻融要求。

正线应设置线路标志、线路安全保护标志等。线路标志包括公里标、半公里标。正线轨道宜采用 100 m 定尺长的 60 kg/m 无螺栓孔新钢轨，其质量应符合相应速度等级的钢轨相关要求。正线有砟轨道应采用Ⅲ型混凝土轨枕，每千米铺设 1 667 根；道岔区段应铺设混凝土岔枕。

3. 道床设计规定

（1）道床应采用特级碎石道砟，道砟的物理力学性能应符合有关规定。道砟上道前应进行清洗，清洁度应符合相关技术要求。

（2）道床顶面应低于轨枕承轨面 40 mm，且不应高于轨枕中部顶面。

（3）路基地段单线道床顶面宽度 3.6 m，道床厚度 0.35 m，道床边坡 1∶1.75，砟肩堆高 0.15 m。双线道床顶面宽度应分别按单线设计。

（4）桥梁及隧道地段的道床标准应与路基地段一致，砟肩至挡砟墙或边墙（高侧水沟）间应以道砟填平。

（5）道床密度不应小于 1.75 g/cm^3，轨枕支承刚度不应小于 120 kN/mm，纵向阻力不应小于 14 kN/枕，横向阻力不应小于 12 kN/枕。

4. 轨道结构过渡段

轨道结构过渡段应设置辅助轨及配套部件，辅助轨的设置不应影响大型养路机械的维修作业；过渡段范围的轨道刚度宜通过调整扣件弹性垫层等方式按分级过渡设计。

5. 钢轨伸缩调节器

线路、桥梁和轨道应系统设计，减少钢轨伸缩调节器。钢轨伸缩调节器的设置数量和位置应经轨道和桥梁结构检算后，结合运营实践经验研究确定。钢轨伸缩调节器应根据线路设计速度、线路平面条件、轨道类型、钢轨伸缩量等合理选型，调节器范围的轨道刚度应均匀。钢轨伸缩调节器应设置在直线地段；钢轨伸缩调节器不应设置在竖曲线上；钢轨伸缩调节器不应设置在不同线下构筑物和轨道结构过渡段范围内。

（二）高速铁路轨道结构类型

1. 有砟轨道

有砟轨道是指在路基上面使用石渣作为道床，其特点是构造均匀，坚硬，耐风化，冲击韧性好，富有弹性，有利于排水等特点。有砟轨道如图 2－12 所示。

图 2－12　有砟轨道

目前我国高速铁路线路中只有部分连接线和过渡线采用的是有砟轨道，绝大多数高速铁路线路均采用的是无砟轨道。

2. 无砟轨道

如图 2－13 所示，无砟轨道是乳化沥青混凝土砂浆（CA 砂浆）和轨枕或自密型混凝土轨枕等取代散粒体道砟道床而组成的轨道结构形式。由于无砟轨道具有轨道平顺性高、刚度均匀性好、轨道几何形位能持久保持、维修工作量显著减少等特点，在各国铁路得到了迅速发展。一些国家已把无砟轨道作为轨道的主要结构形式进行全面推广，并取得了显著的经济效益和社会效益。

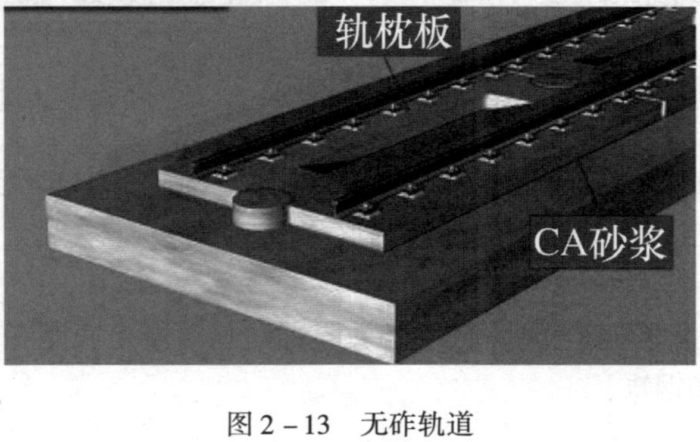

图 2－13　无砟轨道

国外铁路无砟轨道的发展，数量上经历了由少到多、技术上经历了由浅到深、品种上经历了由单一到多样、铺设范围上经历了由桥梁、隧道到路基、道岔的过程。无砟轨道已成为高速铁路的发展趋势。

日本是发展无砟轨道最早的国家之一。早在20世纪60年代中期，日本就开始了无砟轨道的研究与试验并逐步推广应用。在日本，无砟轨道比例越来越大，成为高速铁路轨道结构的主要形式，据统计，日本高速铁路无砟轨道比例，在20世纪70年代达到60%以上，而20世纪90年代则达到80%以上。

德国也是研究无砟轨道较早的国家之一。德国铁路开展无砟轨道的研究始于20世纪60年代末，1972年首次在Rheda车站试铺了无砟轨道结构（故称“Rheda”型）。德国曾试铺过10余种无砟轨道结构，其轨道的基础分钢筋混凝土和沥青混凝土两类。

国内对无砟轨道的研究始于20世纪60年代，与国外的研究几乎同时起步。1994年以后，随着京沪高速铁路可行性研究的进程，无砟轨道在我国重新被关注。参照国外经验及结构形式，提出了长枕埋入式、板式、弹性支承块式三种结构形式的无砟轨道及其设计参数。

在秦沈客运专线选定了三座特大桥作为无砟轨道的试铺段。其中，沙河特大桥（直线，长692 m）试铺长枕埋入式无砟轨道；狗河特大桥（直线，长741 m）和双河特大桥（曲线，长740 m）试铺板式轨道。

1）长枕埋入式

长枕埋入式无砟轨道（见图2－14）由预应力混凝土轨枕、混凝土道床板和混凝土底座组成。其结构内没有易受环境或温度影响的橡胶、乳化沥青等材料，结构整体性和耐用性较好。混凝土枕制造和现场灌注混凝土的技术和设备均是成熟、配套的。

图2－14　长枕埋入式无砟轨道

2）板式

普通型板式无砟轨道（见图2－15）由预制的轨道板、CA砂浆层、混凝土底座、轨道板之间的凸形挡台和钢轨组成。其轨道结构高度低，自重轻，可减小桥梁的二期恒载。

CRTSⅠ型板式无砟轨道（见图2－16）结构包括混凝土底座和凸型挡台、CA砂浆层、轨道板、扣件和钢轨。

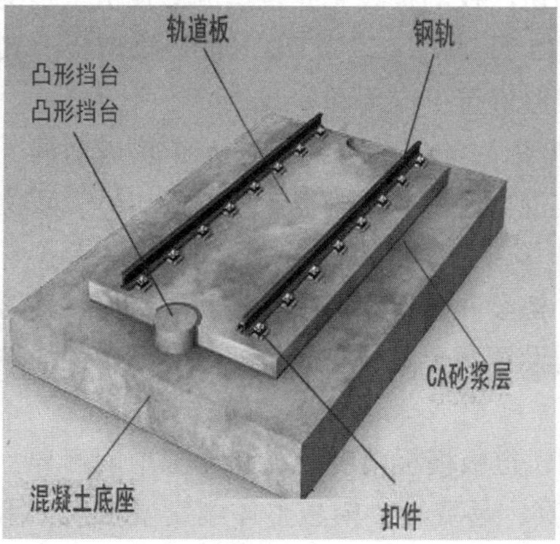

图 2－15　普通型板式无砟轨道

图 2－16　CRTS Ⅰ型板式无砟轨道

用于 CRTS Ⅱ型无砟轨道系统的轨道板称为 CRTS Ⅱ型无砟轨道板（见图 2－17），轨道板的制造是Ⅱ型无砟轨道系统技术的关键，制造工艺与传统混凝土制品存在较大差异，且在国内无相关生产经验可借鉴。通过消化、吸收国外公司转让的技术资料，中国中铁对轨道板的制造工艺（尤其针对关键、特殊工序）进行了系统的试验和研究，通过试制试验板、小批量试生产及大批量正式生产三个阶段的摸索和总结，全面实现轨道板制造工艺的国产化。同时，经过大量的试验、研制、选购等工作和科技攻关活动，基本实现了工装设备的国产化，逐步形成完整的制造工艺及生产组织的管理体系。CRTS Ⅱ型无砟轨道主要应用于京沪高铁、沪杭高铁、京石武高铁、宁杭高铁、合蚌高铁、津秦高铁、杭甬高铁。

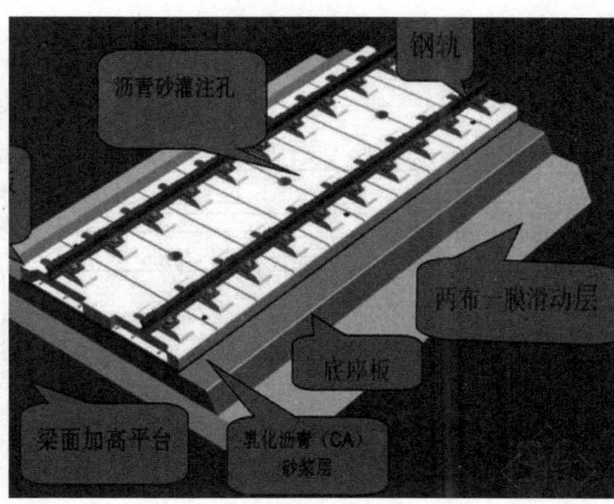

图 2－17　CRTS Ⅱ型无砟轨道

随着中国高速铁路建设的快速发展，研发具有自主知识产权的板式无砟轨道成套技术已成为体现我国高铁技术水平、彰显国家实力的当务之急。原铁道部于 2009 年在成都至都江堰城际客运专线，开展了具有完全知识产权的板式无砟轨道成套技术工程实验与设计创新工作，并取得了成功，于2010年12月正式定型为CRTSⅢ型轨道板。其试验成果在盘锦至营口和沈阳到丹东高速铁路线路进行了应用和实践。

CRTSⅢ型板式无砟轨道总体结构方案为带挡肩的新型单元板式无砟轨道结构，主要由钢轨、扣件、预制轨道板、配筋的自密实混凝土（自流平混凝土调整层）、限位挡台、中间隔离层（土工布）和钢筋混凝土底座等部分组成。

轨道结构采用单元分块式结构，在路基、桥梁和隧道地段轨道板间均采用不连接的分块式单元结构。底座板在每块轨道板范围内设置两个限位挡台（凹槽结构），扣件采用WJ-8C型扣件。

与CRTSⅠ型轨道板模板相比，CRTSⅢ型轨道板模板精度要求和加工难度迥异，其主要特点是：底模上开16个孔镶嵌承轨台模具，易变形，模板整体刚度要求大；承轨台模具形状复杂、加工精度要求高，铸造件表面质量和变形控制困难；承轨台模具镶嵌基准面的选择和加工困难，模板的最终质量取决于装配、调整工艺；预埋套管垂直于承轨面，与底模成1∶40的倾斜，定位精度控制、测量控制困难，脱模阻力大；模板刚度大、振动力大、频率高，易产生应力集中，造成焊缝开裂、模板变形。GRTSⅢ型轨道板模板的技术含量和加工难度更高。

3）弹性支承块式

弹性支承块式无砟轨道（见图2-18）由弹性支撑块（混凝土支撑块、块下弹性垫层和橡胶靴套）、混凝土道床板、混凝土底座等组成。

无砟轨道的造价高于有砟轨道，但由于无砟轨道结构具有高度低、每延米重量轻的特点，可使桥梁、隧道结构物的建设费用降低。由于板式轨道线路的维修项目减少，且轨道几何状态稳定，故维修作业量明显减少，为高速运输提供了安全可靠、平顺高质量的轨道，实现了少维修和维修费用大幅度降低的目标。

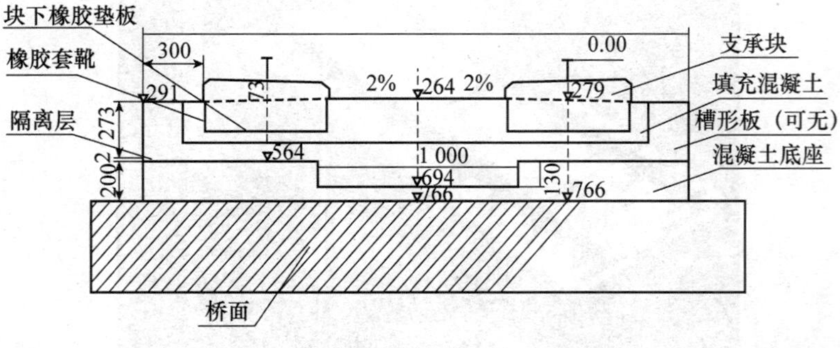

图2-18　弹性支承块式无砟轨道

（三）高速铁路钢轨

钢轨是轨道的主要结构之一。为保证列车高速运行的平顺性，线路下部基础、轨道上部结构及各轨道部件，都要为钢轨的正常工作提供良好条件。而钢轨本身，其内在质

图2－19　钢轨组成

量、材质性能、断面公差、平直程度等都是十分重要的特性。钢轨在技术上要能保证足够的强度、韧性、耐磨性、稳定性和平顺性，在经济上要能保证合理的大修周期，减少养护维修工作量。钢轨由轨头、轨腰、轨底组成。钢轨如图2－19所示。

钢轨是铁路轨道的主要组成部件，它的功用在于引导机车车辆的车轮前进，承受车轮的巨大压力，并传递到轨枕上。钢轨必须为车轮提供连续、平顺和阻力最小的滚动表面。在自动闭塞区段，钢轨还可兼做轨道电路之用。

1. 钢轨重量

钢轨的类型，以每1 m大致质量kg数来划分。目前，我国铁路的钢轨类型主要有75 kg/m、60 kg/m、50 kg/m及43 kg/m。60 kg/m钢轨的横向、垂向刚度是可满足高速列车动弯应力的强度需求的。目前中国高速铁路、日本新干线、法国TGV高速铁路和德国ICE高速铁路均采用60 kg/m钢轨。

2. 钢轨尺寸允许偏差及平直度要求

高速铁路的轨道结构区别于普通线路的最重要的特点是对轨道不平顺的严格控制，体现在钢轨上则是对其表面尺寸质量、平直度、表面平整度和扭曲的严格要求。钢轨尺寸的精确和外形的平直是轨道平顺的基本保证之一。

3. 钢轨的化学成分

高速铁路钢轨出现质量问题的主要形式是由于钢轨内部夹杂、缺陷所引起的疲劳折损。提高钢轨材质的纯净度是减少钢轨疲劳折损、提高钢轨的可靠性、延长其使用寿命的有力途径。钢轨的化学成分是影响其力学性能、焊接性能及其他使用性能的基本因素，也是钢轨材质纯净度的重要指标。

（四）轨枕

尽管在高速铁路的发展中无砟轨道所占的比例越来越大，在许多国家已成为轨道结构的首选，但有砟轨道仍然是高速铁路轨道结构的形式之一，混凝土枕的性能和质量仍是需要关注的重点。

由于混凝土轨枕使用寿命长，维修工作量少，由混凝土制品厂生产的轨枕形状、尺寸、性能都比较标准、均一，为钢轨支撑的均匀性和轨面的动态平顺性提供了更可靠的条件，因而世界各国高速铁路有砟轨道均采用混凝土轨枕。我国既有铁路干线大部分铺设了混凝土枕，高速铁路则要求全部采用混凝土枕。

高速铁路混凝土轨枕类型大部分为整体式，如德国、意大利、西班牙和日本等国的各类轨枕，法国有砟轨道传统的轨枕结构是双块式，在高速铁路中仍然采用双块式轨枕，但在有砟桥上因设置护轮轨的需要，采用了整体式轨枕。

世界高速铁路轨道的技术发展表明，整体式和双块式混凝土轨枕形式都可以满足高速运行在承载能力、耐久性和稳定性等方面的使用要求，我国高速铁路采用整体式混凝土轨枕。

（五）扣件

高速铁路的扣件除要求具有足够的扣压力以确保线路的纵、横向稳定之外，还要求弹性好，以保证良好的减振、降噪性能；扣压力保持能力好，以降低维修工作量；绝缘性能好，以提高轨道电路工作的可靠性，延长轨道电路长度，降低轨道电路投资。

1. 有砟轨道用扣件系统

随着混凝土轨枕的发展与应用，我国从1957年就开始混凝土枕用扣件的研究，开发了多种扣件类型，如螺栓扣件、63型扣板式扣件、67型拱形弹片式扣件、70型扣板式扣件、弹条Ⅰ型扣件、弹条Ⅰ型调高扣件、弹片Ⅰ型调高扣件、弹条Ⅱ型扣件、弹条Ⅲ型扣件等。随着高速铁路建设的发展又新近研发了弹条Ⅳ型扣件和弹条Ⅴ型扣件。

1）有螺栓弹条扣件

弹条Ⅰ型扣件与弹条Ⅱ型扣件是随着混凝土轨枕的应用及无缝线路的铺设而开发的弹性扣件，目前正在线路上大量使用，其由弹条、螺旋道钉、轨距挡板、挡板座、橡胶垫板等组成，混凝土轨枕设挡肩，为有螺栓扣件。弹条Ⅰ型、Ⅱ型扣件适用于采用60 kg/m钢轨并铺设无缝线路的轨道，弹条Ⅰ型扣件也适用于采用50 kg/m钢轨的轨道。

弹条Ⅰ型扣件弹条分A、B两种类型，A型弹条单个弹条扣压力8 kN，弹程9 mm，B型弹条单个弹条扣压力9 kN，弹程8 mm，轨下胶垫的静刚度为90～120 kN/mm。

弹条Ⅱ型扣件单个弹条扣压力10 kN，弹程10 mm，轨下胶垫的静刚度为55～80 kN/mm。弹条Ⅱ型扣件具有扣压力大、强度安全储备大、残余变形小等优点。

2）无螺栓弹条扣件

为适应少维修轨道结构的要求，我国开发了弹条Ⅲ型扣件，扣件由弹条、预埋铁座、绝缘轨距块、橡胶垫板组成，混凝土轨枕不设挡肩，为无螺栓扣件。该扣件具有零部件少，结构紧凑，扣压力大，保持轨距能力强，维修工作量少等优点，尤其适用于采用大型机械作业的线路，但扣件不能进行钢轨高低调整是其主要缺点。

3）高速铁路用弹条Ⅳ型扣件

弹条Ⅳ型扣件系统是为满足高速铁路运营条件，针对铺设预应力混凝土无挡肩枕的有砟轨道的线路条件，并依据《客运专线扣件系统暂行技术条件》而设计的一种无螺栓扣件系统，是在原弹条Ⅲ型扣件系统的基础上经多年深入研究和大量试验优化改进而成的。弹条Ⅳ型扣件系统在以下几个方面优化完善：①对弹条的结构进一步优化，降低了工作应力，减小了残余变形；②橡胶垫板物理性能采用UIC标准与国际接轨；③为实现轨距的精确调整，绝缘轨距块号码按1 mm一级配置。

弹条Ⅳ型扣件系统由C4型弹条、绝缘轨距块、橡胶垫板和定位于预应力混凝土无挡肩枕的预埋铁座组成。钢轨接头处采用JA、JB型弹条和接头绝缘轨距块。与弹条Ⅲ型扣件系统一样，弹条Ⅳ型扣件系统为无螺栓扣件系统，属轨枕不带混凝土挡肩的弹性不分开式扣件。具有零部件少，结构紧凑，扣压力大，保持轨距能力强，维修工作量少等优点，尤其适用于采用大型机械作业的线路。

2. 无砟轨道用扣件系统

我国从20世纪60年代开始无砟轨道的研究，采用过多种扣件形式。如TF－M型扣件、TF－Y型弹性扣件、64－Ⅲ型扣件、弹条Ⅰ型、Ⅱ型弹性分开式扣件、弹条Ⅲ型弹性分开式扣件、WJ－1型扣件、WJ－2型扣件等。随着高速铁路建设的发展又新研发了WJ－7型扣件和WJ－8型扣件。以下主要介绍常用的几种扣件形式。

1）TF－Y型弹性扣件

TF－Y型弹性扣件主要适用于铺设50 kg/m钢轨、钢筋混凝土支撑块式整体道床线路。该扣件属分开式弹性扣件，由预埋塑料套管与螺旋道钉配合紧固铁垫板，采用楔形轨距块调整轨距，铁垫板上设有T形螺栓插入座，由T形螺栓紧固弹条扣压钢轨，弹条由直径为14 mm的弹簧钢制造，扣压力较大。该扣件的主要优点是轨距调整量大。

2）WJ－7型扣件

WJ－7型扣件系统就是为适应铺设各类无挡肩无砟轨道，满足高速铁路扣件系统的技术要求而研发的一种无砟轨道扣件系统，是在原WJ－1型和WJ－2型无砟轨道扣件系统的基础上优化而成的。该扣件系统在桥上、隧道内和路基上的轨枕埋入式（双块式轨枕和长轨枕）和板式无砟轨道均可应用。针对无砟轨道扣件系统需要解决的高弹性、高绝缘、结构通用性强、弹条扣压力衰减小和疲劳强度高、与基础可靠联结、钢轨高低和左右位置调整量大等关键技术问题，WJ－7扣件系统做了以下几方面的优化改进：①提高扣件结构通用性；②提高扣件系统绝缘性能；③降低弹条扣压力衰减，提高其疲劳强度；④提高扣件系统与基础联结的可靠性；⑤降低扣件系统的刚度；⑥提高T形螺栓在铁垫板中固定的可靠性。

WJ－7型扣件系统如图2－20所示，由T形螺栓、螺母、平垫圈、弹条、绝缘块、铁垫板、绝缘缓冲垫板、锚固螺栓、重型弹簧垫圈、平垫块和定位于混凝土轨枕或轨道板的预埋套管组成。

图2－20　WJ－7型扣件系统

（六）道床

道床是轨道结构的重要组成部分。道床从结构上可分为碎石道床与整体道床。碎石道床铺设于路基、桥梁或隧道等下部结构之上，钢轨、轨枕或支承块之下的碎石、卵石层或混凝土层，作为钢轨或轨道框架的基础。道砟是直径 20～70 mm 的小块状花岗岩，块与块之间存在着空隙和摩擦力，使得轨道具有一定的弹性，这种弹性不仅能吸收机车车辆的冲击和振动，使列车运行比较平稳，而且大大改善了机车车辆和钢轨、轨枕等部件的工作条件，延长了使用寿命。

整体道床是由混凝土整体灌筑而成的道床，道床内可预埋木枕、混凝土枕或混凝土短枕，也可在混凝土整体道床上直接安装扣件、弹性垫层和钢轨。目前我国高速铁路线路均采用的是整体道床。

（七）高速铁路道岔

道岔是使列车由一组轨道转到另一组轨道上去的装置。每一组道岔由转辙器、岔心、两根护轨和岔枕组成。

道岔是铁路线路的重要设备，也是制约列车运行速度的关键因素之一。目前国内有三个系列的高速铁路道岔，分别为德国技术、法国技术和国内自主研发的高速铁路道岔。高速铁路道岔由于其自身的特点，与普通道岔在设计、制造、铺设及养护维修方面有较大的区别。道岔的使用性能与道岔的制造、铺设水平密切相关。尤其是道岔的铺设质量，将直接影响道岔上道后能否满足运营要求。同时道岔初期铺设质量一旦出现问题，将来难以整治。因此对道岔的铺设应给予充分的重视。

高速铁路道岔由于列车高速运行的特点，其使用条件与普通道岔相比，有较大的不同，主要表现在以下几个方面。

1）较高的容许通过速度

目前国内高速铁路，一种为时速 200～250 km，另一种为时速 300～350 km，道岔的直向通过速度应与区间相同，不能限速。同时由于列车运行速度较高，在个别岔位，对道岔侧向的通过速度也较高，需要采用大号码道岔。

2）较高的旅客乘坐舒适度

列车在高速运行条件下，旅客对舒适度比较敏感。因此高速铁路的舒适度要求要比普通铁路要高得多。对于道岔区，列车通过时只能有轻微的感觉、甚至没有感觉，平稳性、舒适性要达到较高的水平。

3）高安全性

对于高速运行的列车，安全性至关重要。保证列车通过时的安全性是道岔上道使用的前提。

4）较长的使用寿命与较少的维护工作量

高速铁路由于行车速度高、密度大，只能在天窗点进行维护，因此要求道岔必须有较长的使用寿命，同时尽量减少养护维修工作量。

5）道岔的轨下基础与区间相匹配

目前的高速铁路分为有砟轨道和无砟轨道两种，道岔区的道床类型应与区间相匹配，避免频繁地设置过渡段。

归纳起来，高速铁路道岔具有以下特点：

① 道岔种类较为单一，以单开道岔为主。

② 道岔号码较大，一般在 18 号以上，最大可达 65 号。

③ 道岔要具有高平顺性、高稳定性。

④ 辙叉普遍采用可动心轨辙叉。

⑤ 道岔适用于跨区间无缝线路。

⑥ 电务转换采用外锁闭装置。

⑦ 轨下基础采用混凝土长岔枕，并与道床相匹配。

⑧ 道岔要具有监测系统，用于严寒地区的道岔要具有融雪装置。

⑨ 道岔要具有较高的制造、组装、铺设精度。

⑩ 道岔的铺设需要专用设备。

根据目前的技术发展趋势，时速 350 km 高速铁路采用无砟轨道，时速 250 km 高速铁路采用有砟轨道，个别城际轨道交通，虽然最高运行速度不超过 250 km/h，采用无砟轨道，但列车轴重较轻，也应采用时速 350 km 的高速铁路道岔。

二、高速铁路轨道检测和维修

1. 高速铁路轨道检测

高速铁路的安全运行，高质量的线路设备是基本保证。线路设备质量的提高，首先要依靠检测方法的加强和维修手段的不断进步。

高速铁路轨道检测可分为动态检测和静态检测。

动态检测主要有综合检测车检查和线路检查仪检查。综合检测车有 0 号检查车和 10 号检查车，二者检测项目略有不同，检测周期为每月 2 ~ 3 次。另外在既有线提速段通常每月还有 2 ~ 3 次挂在直达列车上的时速 160 km 的轨道检查车的检查。线路检查仪分安装在机车（或动车）上的车载线路检查仪和人工添乘时携带的便携式线路检查仪两种。

静态检测主要有轨检仪、静调小车，以及道尺和弦绳等辅助检测工具。静调小车主要应用于无砟轨道测量。轨检仪和道尺、弦绳主要是对轨道几何尺寸的检测。

轨道检查车是检查轨道动态不平顺的主要设备，检查包括轨道动态不平顺和车辆动态响应。检查项目主要包括左右高低、左右轨向、轨距、水平、三角坑，曲率、曲线超高、曲线半径，车体横向和垂直振动加速度、左右轴箱垂直振动加速度、轮重减载率和脱轨系数等。新型轨检车还增加了钢轨断面、波磨、断面磨耗、轨底坡、表面擦伤、道床断面、线路环境监视等项目检测。轨检车根据轨道动态不平顺和车辆动态响应综合评价轨道状态。

轨检车检测的主要内容是轨距、水平和三角坑等偏差的峰值超限，主要是对其Ⅰ、Ⅱ型、Ⅲ级偏差的临修指导。工务部门在月度工作安排中，对峰值超限处所安排选择性保养，以实现线路设备状态的均值管理。

轨检仪检测数据包括轨道左右高低、左右轨向、轨距、水平、三角坑，它可以实现每间隔 125 mm 的连续检测。通过对检测数据的处理可以生成经常保养作业报告、临时补修作业报告和作业验收超限报告。同时可进行轨道频谱分析、缺陷统计及图形化分析轨道几何尺寸的特点。

轨检仪里程相对来讲较为精确，可以精确到“米”甚至于单根轨枕上，这是其与轨检车相比最为关键的优点。而轨检车是动态下的检测结果，对于有砟轨道来讲，其更能真实反映轨道在列车荷载作用下的动态几何形变。下面对轨道检测设备作一个简要的介绍。

1）综合检测车

中车公司自主创新研制的高速综合检测列车（见图2－21）是高速铁路安全保障的重要装备，可实现时速350 km及以上持续综合检测，被誉为高速铁路线安全“保护神”。该列车最高试验时速可达400 km，能够在时速350 km以上运行条件下对轨道、接触网、轮轨动力学、通信、信号、车辆动态响应、转向架载荷等进行实时精确检测和采样，主动预防与处置各种安全隐患，确保高速铁路各系统的协调、安全。

2）轨检小车

轨检小车（见图2－22）主要用于轨道几何形状测量，通过内置的轨距测量、超高测量和里程测量的传感器进行测量作业；同时利用LEICA全站仪和自带棱镜来确定轨检小车的位置，以提供轨道上每一个测量点的绝对坐标和轨道参数。

图2－21　高速综合检测列车

图2－22　轨检小车

轨检小车静态检测高速铁路轨道的几何状态，通过内置的轨距测量、倾角测量和里程测量的传感器可以测量轨道的轨距、超高、里程、扭曲等相对参数，同时还可以在全站仪的辅助下，测量轨道中线坐标和轨面高程等绝对参数。在以上参数的基础上，可以自动计算出轨道的轨向、高低等平顺性指标。

3）快速打磨2型车

快速打磨2型车（见图2－23）用于钢轨预防性打磨。预防性打磨能去除钢轨表面的磨耗层、防止出现滚动接触疲劳，通过对钢轨更少的磨削和更短的打磨周期最大化钢轨寿命。同时可以通过预防性打磨对提高钢轨轨面平直度、去除轨面硬化层、改善轨面波浪磨耗状态效果明显，且施工作业效率高（打磨速度60～80 km/h）。

图2－23　快速打磨2型车

三、高速铁路线路维修

线路维修工作的基本任务是保持线路设备状态完好，保证列车以规定速度安全、平稳、舒适和不间断地运行，并尽量延长设备使用寿命。线路维修应按照“预防为主、防治结合、严检慎修”的原则，根据线路状态的变化规律，合理安排养护与维修，做到精确检测、全面分析、精细修理，以有效预防和整治病害。

线路维修应实行检、修分开的管理制度，实行专业化和属地化管理。应本着“资源综合、专业强化、集中管理”和“精干、高效”的原则建立高速铁路线路维修管理机构。应严格实行天窗修制度，天窗时间应固定，一般不得少于240 min。

应做好精密测量控制网的管理，保证运营维护测量有稳定可靠的测量基准，并利用精细测量资料指导线路维修。应加强曲线（含竖曲线）、道岔（含调节器）、焊缝、无砟轨道结构及过渡段的检查和养护维修，加强轨道长波不平顺的检查和管理，保证线路质量均衡、稳定。

应积极采用新技术、新设备、新材料、新工艺和先进的施工作业方法，优化作业组织，提高线路检修质量。积极推行信息化技术，建立维修管理信息系统，逐步实现信息化管理。应按规定为线路维修提供生产、生活所需的设施和设备。应设置作业车辆停留线，以满足线路修理作业要求。

我国高速铁路维修一般由铁路总公司与铁路局签订委托运输管理协议，各个铁路局负责受托范围内高速铁路线路设备的安全、维护和管理，保持线路设备状态良好，使之符合相关技术标准。

铁路总公司基础设施检测中心、铁路局工务检测所和大型养路机械运用检修段负责利用综合检测列车、钢轨探伤车对线路进行周期性检测和钢轨周期性探伤。大型养路机械运用检修段或工务机械段负责利用大型养路机械对线路进行修理。工务段应建立考核机制，确保线路设备质量均衡、稳定。

铁路总公司基础设施检测中心应编制线路年度分月动态检查计划，报铁路总公司运输局。铁路局应编制年度分月线路检修计划。工务段应根据铁路局安排和相关规定编制月度线路检查及维修计划。线路车间应根据工务段安排和相关规定编制线路检查周作业计划。

工务系统的线路车间所管辖线路长度以营业里程200～300 km以内为宜，线路车间下设工区，工区间距平原地区一般为100 km左右。动车段（所）应单独设置线路车间或工区。

项目三

高速铁路车站

任务一　高速铁路车站布置与技术设备

【技能目标】

了解高速铁路车站的基本要求；
了解高速铁路车站基本概况；
掌握高速铁路车站布置的要求。

【知识点】

高速铁路车站的基本要求；
高速铁路车站的基本概况；
高速铁路车站布置的要求。

【任务的提出】

高速铁路车站是高速铁路运输系统完成运输工作的重要环节，高速铁路车站的布置与技术设备是保障完成客运工作的基础。

【相关知识】

一、高速铁路车站的基本要求

高速铁路车站作业单一，只办理客运作业，不办理货运业务。日本、法国等多数国家高速铁路均不开行货物列车，德国虽存有两条客货混跑高速线，但仍以客车为多，货车主要在夜间运行，车站办理的货运作业主要是通过作业。

高速铁路车站是一个大量人流集散的场所，要以方便旅客使用为宗旨，思想上要从“管理为本”向“以人为本”转变，在设计中提供多层次的出入通道引导旅客顺畅地进出站，在保证安全的前提下，做到快速集散客流、尽量减少旅客步行距离、减少滞留时间。

不停站的高速列车通过车站的速度按设计要求应与区间相同，停站的列车进入咽喉区的速度也将达到 80 km/h。随着列车运行速度的提高，在其通过或进站停车时产生强大的气压（列车风）。为了防止“列车风”危及人员安全，在车站内采取站台加宽、安全线后移等措施，来保证旅客人身安全、员工作业安全、列车运行安全、调车作业安全。

高速列车停站作业时间很短，列车停站时间最短 1 min，立即折返的列车停站时间一般为 15 ~ 25 min，必须提高车站客运和行车组织工作水平，适应高速列车高效、快速作业的要求。

二、高速铁路车站基本概况

高速铁路车站是高速铁路旅客运输的基层生产单位，是铁路与旅客之间联系的纽带，是铁路与旅客运输有关的行车、工务、电务等部门协调地进行生产活动的场所。

高速铁路车站应符合高速铁路运输系统的各种功能要求，满足运输需要，便于运营管理，方便旅客乘降，并应留有进一步发展的条件。

高速铁路车站按业务性质可分为客运站和越行站。客运站按技术作业性质可分为始发站和中间站；按客运量大小可分为特大型、大型、中型及小型站。

有多个方向引入的客运站，应根据引入线路各自的功能定位合理地确定车站布置；宜按线路方向分车场布置；如果有三个方向引入的客运站，可按方向分车场布置。

越行站应设 2 条到发线，中间站可设 2 ~ 4 条到发线，始发站和有立即折返列车作业的中间站到发线数量应根据车站办理的旅客列车对数及其性质、旅客列车开行方案、引入线路数量和车站技术作业过程等因素确定，并应满足高峰时段旅客列车密集到发的要求。

车站到发线、动车组走行线应按双方向进行进路设计。到发线有效长度范围内不应设置道岔。

三、高速铁路车站布置

（一）高速铁路车站的设置要求

高速铁路车站是高速铁路运输生产的重要组成部分，因此车站分布主要考虑线路沿途通过各大、中城市的旅客需求及该地区经济发展的需求；日常运营中的运输组织需求；高速列车维修、整备段的设置情况；与既有路网的连接等因素。

我国高速铁路车站在一般情况下，包括越行站在内的平均站间距离以 30 ~ 50 km 为宜。当自然分布的客运站距离大于 50 km，如该区间通过能力不受限制时，其间可不加越行站，也可预留远期加站条件。

合理距离保证了旅客列车在路段内的平均运行速度达到一定的值，以达到有效缩短旅客在途时间，提高机车车辆运用指标的目的。

例如，京石客运专线共设各类车站7个。始发站有北京西站、石家庄东站；中间站有涿州东、保定东、定州东、石家庄机场；越行站有固城站。平均站间距为46.37 km，最大站间距为北京西至涿州东区间，为61.55 km，最小站间距为石家庄机场至石家庄东区间，为32.25 km。

（二）站线平、纵断面

1. 站线基本要求

列车到发进路上的曲线半径应与相邻道岔规定的侧向通过速度相匹配。邻靠站台的到发线曲线半径不应小于1 000 m，困难条件下不应小于600 m。

列车到发进路上的曲线应设外轨超高。

列车到发进路上的曲线应设缓和曲线，缓和曲线长度应根据列车通过速度、曲线设计超高、超高或欠超高时变率、超高顺坡率计算确定，且不应小于20 m。车站咽喉采用12号道岔时，曲线半径大于或等于400 m可不设缓和曲线；车站咽喉采用18号道岔时，曲线半径大于或等于1 200 m可不设缓和曲线。

列车到发进路上的曲线设缓和曲线时，圆曲线长度和两曲线间夹直线长度不应小于25 m；不设缓和曲线时，两曲线间无超高直线段长度不小于20 m，采用12号道岔困难条件下不应小于10 m。超高顺坡率不应大于2‰。

列车到发进路上的道岔至曲线超高顺坡终点之间的直线长度不应小于20 m。

车站到发线在有效长范围内宜设计为一个坡段，困难条件下坡段长度不应小于450 m。到发线上相邻坡段的坡度差大于3‰时，应采用竖曲线连接，竖曲线半径可采用5 000 m。竖曲线与缓和曲线不应重叠设置。

正线道岔两端与竖曲线起、终点或变坡点的距离不宜小于20 m。到发线道岔不应与竖曲线或变坡线点重叠。

正线与到发线、到发线与到发线的轨面宜按等高设计。咽喉区线路的轨面有高差时，轨面高差的顺接应根据路基面横向坡度和道床厚度等因素设计。到发线的顺接坡道范围应为道岔前后普通轨枕至出站信号机。顺接坡道的坡度不宜大于6‰，且相邻坡段的坡度差不宜大于3‰，坡段长度不应小于50 m。

2. 动车段（所、存车场）平面布置

（1）车场宜设在直线上。

（2）道岔后连接曲线半径不应小于相邻道岔导曲线半径，且不应小于250 m。连接曲线可不设缓和曲线。

（3）曲线轨距加宽递减率和曲线超高顺坡率不应大于2‰。

动车段（所、存车场）、维修车间（工区）内的线路宜设在平道上，困难条件下，

咽喉区线路可设在不大于6‰的坡道上。养护维修列车走行线的坡度不宜大于30‰，困难条件下不应大于35‰；牵出线宜设在平道上，困难条件下坡度不应大于6‰。

3. 站场路基要求

进站信号机及内侧线路中心线至路基面边缘的距离应根据接触网柱的位置及基础宽度、电缆槽的位置及宽度等因素计算确定。正线及到发线外侧线路中心线至路基面边缘的距离不应小于4.6 m，其他线路不应小于3.0 m。

到发线路基基床表层顶面、基床底层顶面及底面均应设置4%的横向排水坡。其他站线路基面排水横坡应结合各地区年降水量具体确定，且不宜小于2%。

(1) 站场路基基床要求。

① 站内正线应与区间正线相同。

② 到发线与正线处于同一路基时应与站内正线相同。

③ 到发线与正线间设有纵向排水槽、站台等设施时，到发线路基可与正线路基分开设置。分开设置时，到发线的路基基床表层厚度可采用0.6 m，基床底层厚度可采用1.9 m，基床总厚度可采用2.5 m。

④ 到发线以外的站线、动车段（所、存车场）及维修车间（工区）内的线路路基基床表层厚度为0.3 m，基床底层厚度可采用0.9 m，基床总厚度为1.2 m。

(2) 站场路基填料及压实要求。

① 站内正线、与正线处于同一路基的到发线应与区间正线相同。

② 与正线路基分开设置的到发线、动车段（所、存车场）、维修车间（工区）等站线应按Ⅱ级铁路标准设计。

③ 在路基上修剪排水沟、站台墙等建筑物和设备时，路基的回填应符合其相应部位的填料和压实标准。

④ 旅客站台填土应按Ⅱ级铁路基床底层的标准设计。

(3) 客运车场排水槽的要求。

① 站台范围内纵向排水槽宜设于到发线与到发线、到发线与站台之间。困难条件下，也可设于到发线与正线之间。

② 横向排水槽不宜穿越正线。

③ 一个坡面上的线路数量不宜超过2条；咽喉区困难条件下不宜超过3条。

④ 站场排水设施不应与接触网柱、雨棚柱基础等交叉。困难条件下可绕行，但不得降低排水能力。

⑤ 各种管线应系统设计，避免与排水设施相互干扰。

⑥ 无砟道岔区应采取措施避免积水。

车站范围内天沟不应设置路堑侧沟排水；受地形限制需要排入侧沟时，应设置急流槽，并根据天沟流量调整下游侧沟截面尺寸。

(4) 车站用地宽度。

① 路堤地段，排水沟、护道或坡脚矮挡墙边缘外宽度宜为3 m。

② 路堑地段，天沟外宽度宜为 2 m；无天沟时，距路堑堑顶边缘外宽度宜为 5 m。

③ 桥梁地段，桥下设检查通道一侧距线路中心线宽度宜为 7.2 m，另一侧距线路中心线宽度宜为 5.8 m。

车站两侧应设置防护栅栏，并应与区间防护栅栏相连接。

4. 大型及特大型客运站线路编号

（1）客运车场的正线及到发线编号应由站房侧起顺序向外连续编号；分场横列布置时也连续编号。

（2）客运车场两侧均设有站房时，线路编号应以主站房侧的线路起顺序向辅助站房侧编号。

（3）客运车场内其他线路的编号，应在正线及到发线编号后，再按先上行端、后下行端由站房侧向对侧顺序编号。

（4）衔接客运车场的其他场、段（所）应分场编号，并冠以场号或场名。

（5）到发线及站线采用阿拉伯数字编号，正线采用大写罗马数字编号。

5. 高速铁路接口设计

站场范围的柱、网及综合管线布局应系统设计、综合考虑，并与站场布置相协调。站内路基与区间路基接口处设计宽度应相互衔接，车站与区间路基防护及绿化标准应协调统一。站内与区间、路基地段与桥梁或涵洞地段电缆槽，应根据电缆槽铺设的技术要求合理衔接。电缆沟槽、管线过轨、检查孔等站后设施应与站场路基同步设计，同步施工。站内路基宽度应满足电缆沟槽和声屏障等设施的设置要求。站场内基础为金属结构的车站站台面、雨棚、栅栏等应接入综合贯通地线。旅客进出站通道应与站内路基同步设计、同步施工，通道的位置及高程应满足设置站内排水槽、电缆槽等管线铺设的技术要求。

站场排水接口应与区间排水设施衔接；站场排水系统应结合桥涵设置、铁路排水管网、城市排水系统综合设计；站场排水引入桥涵时，入口高程应高于桥涵处的排水出口高程；接触网及雨棚等支柱设置在站内有排水槽（沟）的线间时，有关支柱基础与排水槽（沟）应统一设计。

（三）车站布置的总体要求

1. 线路接轨及安全线设置

（1）联络线、动车组走行线应在站内接轨。与站内正线接轨时应根据列车运行方向设置安全线，与站内到发线接轨时可不设安全线。困难条件下在区间内与正线接轨时，应在接轨处设置线路所，并根据列车运行方向设置安全线。

（2）联络线、动车组走行线与正线疏解时宜采取下穿正线方式通过。

（3）有折返列车作业的中间站且有动车组长时间停留的到发线两端应设置安全线。

（4）维修工区（车间）等段管线应在站内与到发线或其他站线接轨，并在接轨处设置安全线。

（5）接车线末端、接轨处能利用其他站线及道岔作业隔开设备并有联锁装置时，可不设安全线。

（6）岔线不应在高速铁路正线上接轨。

车站内线路曲线地段的各类建筑物和设备（包括站台）至线路中心线的距离应按有关规定加宽。位于曲线内侧的站台，如线路有外轨超高时，应降低站台高度，降低的数值为0.6倍外轨超高度。

2. 安全线要求

（1）安全线的有效长度不应小于50 m。

（2）邻靠正线和到发线的安全线宜采用远离相邻正线和到发线的曲线型布置，并应设置双侧护轮轨。

（3）安全线的纵坡应设计为平道或面向车挡的上坡道。

（4）安全线尾部不宜设置在桥梁上和隧道内。

（5）安全线尾部应设置车挡和缓冲装置，路基地段安全线尾部还应设置止轮土基。

3. 折返线要求

（1）折返线有效长度应根据动车组的编组长度计算确定。动车组采用16辆编组时，折返线有效长度不应小于480 m。

（2）折返线宜设在直线上，困难条件下可设在曲线半径不小于600 m的曲线上。

（3）折返线宜设在平道上，困难条件下可设在不大于6‰的坡道上。

（4）折返线与车站咽喉连接的线路，平面曲线半径不应小于300 m，坡度不宜大于30‰，困难条件下不应大于35‰。

4. 车站内两相邻线路中心线的线间距

（1）两正线间的线间距应与区间正线相同，且不应小于4.6 m，曲线地段可不加宽。

（2）相邻两线路间无建筑物或设备时，正线与到发线间、到发线间、到发线与其他线间不应小于5.0 m，曲线地段可不加宽。

（3）相邻两线路间设有建筑物或设备时，应按建筑物和设备至线路中心线的距离、建筑物和设备的结构宽度设计确定，曲线地段应按有关规定加宽。

车站及动车段（所、存车场）等动车组进入的线路应架设接触网。维修车间（工区）内的线路不应架设接触网。

（四）高速铁路车站类型

1. 越行站

越行站的主要作业是办理中速列车待避高速列车，也可办理高等级高速列车越行低等级高速列车作业，但不办理客运业务。越行站是中国高速铁路特有的，设于站间距离较长的区间。国外高速铁路如日本、法国等国设有兼办越行作业和客运业务的车站，受高速铁路线路长度等因素的影响没有纯粹的越行站。

越行站一般只办理正线各种列车的通过；由于越行站办理速度较快的列车越行速度较慢的列车，不办理旅客乘降作业，所以只需设2条待避到发线；越行站如果不办理客运业务，原则上可不设站台。高速铁路越行站布置图如图3-1所示 。

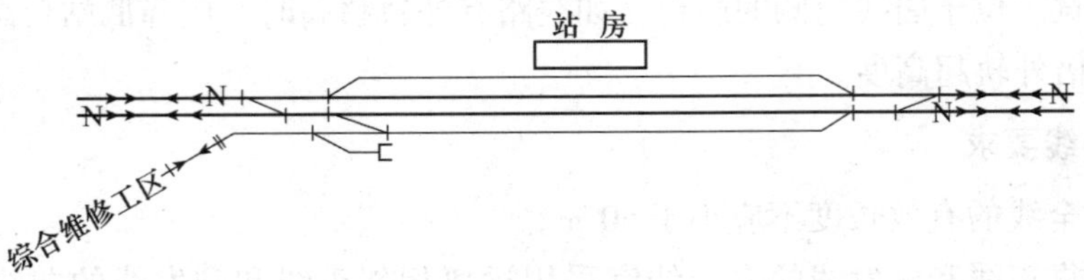

图3-1 高速铁路越行站布置图

2. 客运中间站

有客运作业的中间站一般位于高速铁路中间，不办理列车始发终到作业。高速铁路上设置的中间站主要进行下列作业。

（1）办理正线高、中速列车的停站或不停站通过。

（2）办理中速列车或低等级高速列车待避高等级高速列车。

（3）办理高、中速列车的客运业务，如售票、旅客乘降、行包业务等。

（4）在枢纽站及始发终到站存车线不足条件下，可办理少量的高速列车夜间停留。

中间站的基本类型有两种：一种是中间站台设在到发线外侧或在到发线之间，站台不靠正线，称为对应式中间站（见图3-2）；另一种是中间站台设在正线和到发线之间，站台一侧靠正线，另一侧靠到发线，称为岛式中间站（见图3-3）。

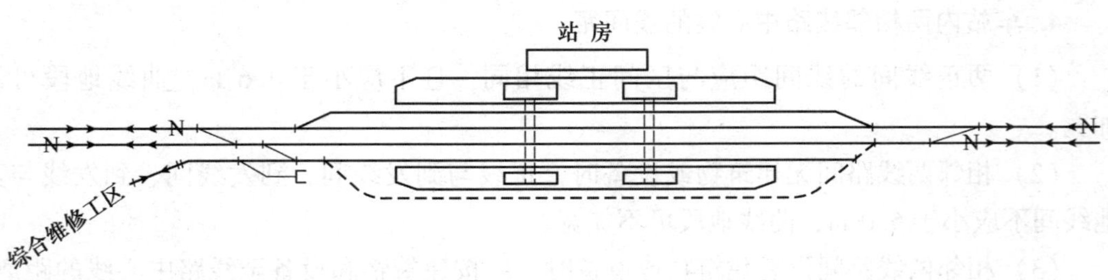

图3-2 对应式中间站

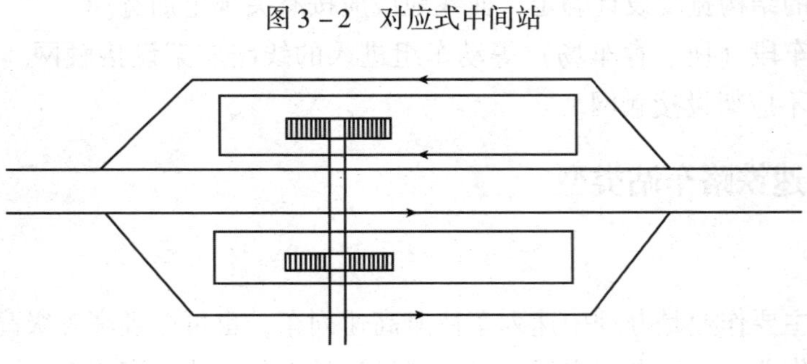

图3-3 岛式中间站

3. 客运始发、终到站

如图 3－4 所示，始发、终到站位于高速铁路起、终点，有大量列车始发终到作业和动车组的技术作业，需考虑大量旅客换乘作业；为全线高速列车主要检修基地和运营指挥机构所在地的车站；设有高速列车动车段和综合维修基地等配套单位和部门。

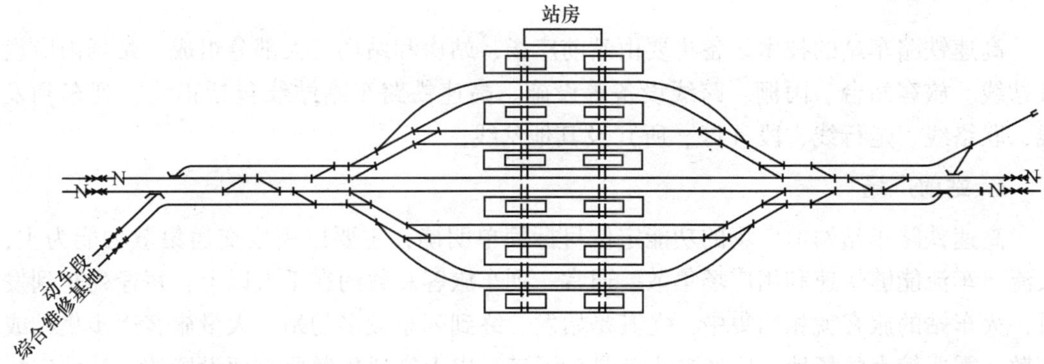

图 3－4　高速铁路客运始发、终到站

高速铁路始发、终到站的主要作业如下。

（1）办理高速列车的客运业务和旅客中转换乘作业。

（2）办理高速列车的技术作业，如列车接发、动车组出入段取送、技术检查等。

（3）办理高速列车车底的整备作业，如车底的清洗、检修、整备等。

（4）动车组合并或少量的分解作业。

（5）“天窗”时间内办理检测、维修等列车进出正线作业。

4. 枢纽站

枢纽站一般位于铁路枢纽或直辖市、省会，有大量的列车始发和终到作业，但不办理动车组的日检等技术作业。如图 3－5 所示，新建高速铁路线路从 A'方向引入到既有线路形成并线引入方式的枢纽站。高速铁路枢纽站主要作业如下。

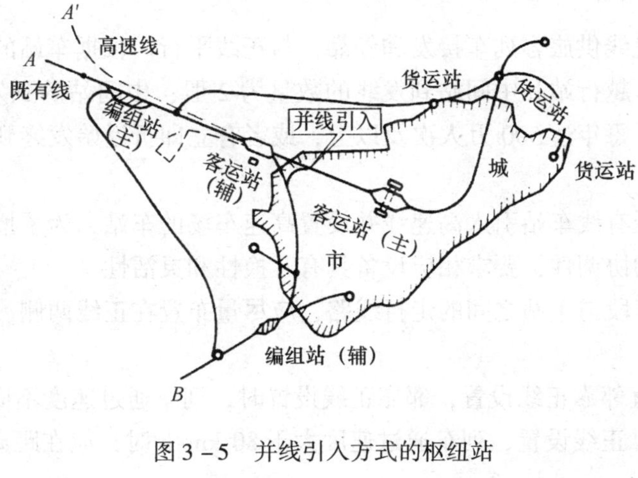

图 3－5　并线引入方式的枢纽站

（1）办理大量停站高、中速列车到发作业。

（2）办理少量高、中速列车通过作业。

（3）办理大量的高速列车始发终到作业。

（4）少量的动车组合并或分解作业。

（五）高速铁路车站技术设备

高速铁路车站的技术设备主要由站前广场、站房和站场三大部分组成。站场内应设置站线、旅客站台、雨棚、跨线设备等设施。高速铁路车站站线包括正线、列车到发线、联络线、走行线、段（区、所）及其他岔线。

1. 站前广场

高速铁路车站站前广场的功能定位目标简单明确，主要以完成交通集散功能为主，人流、车流能够快速利用广场集散。通常一列车旅客总数约在千人以上，每逢列车到发时，火车站的旅客就相当集中，尤其是始发、终到列车较多的站，大量旅客逐步集结或疏散，需要较大的场地，广场首先就是为了满足以上交通集散要求而设置的。站前广场设计的合理性和人性化显得尤为重要，它将影响到滞留旅客的心理状态。旅客能利用广场进行多种活动，如短暂休息、购物、联系各种服务设施、熟悉车站环境及亲友等候、会面、接送等。

2. 站房

站房主要是为旅客提供购票、候车、乘车的场所。高铁车站站房一般根据需要设计成几个层次，每层完成不同的功能。一般一层为进站及购票空间；二层为进站厅直接与高架候车厅相接；地下一层为出站厅及换乘空间，乘客可在此实现国铁、地铁及公交之间的换乘；地下二层一般为地铁换乘枢纽站。

3. 站场

1）站内线路

站内正线一般采用上下行全部平行顺直与两端区间连接，只有个别采用正线外包式。

旅客列车到发线供旅客列车接发和停靠，与正线平行。根据车站的类别，到发线数量遵循以下原则：越行站和中间站到发线的数量为 2 股；中间站的到发线一般为 2 股，如果客运量较大，每年达 500 万人次及以上，或者有立即折返始发终到作业，可设到发线 3 ~ 4 股。

联络线是在既有线车站引入高速线并设置高速车场的车站，为了增加高速列车和常速列车作业之间的协调性，要求相应设备具有互换性和灵活性。

走行线是动车段与车站之间的走行线路，应尽量布置在正线两侧。

2）站台

（1）站台不宜邻靠正线设置；邻靠正线设置时，列车通过速度不应大于 250 km/h。

（2）站台邻靠正线设置，列车通过速度大于 80 km/h 时，应在距离站台边缘 1. 5 m

处设置站台安全标线，必要时在距离站台边缘 1.2 m 处设置安全防护设施；列车通过速度不大于 80 km/h 时，应在距离站台边缘 1.0 m 处设置站台安全标线。

（3）站台位于到发线一侧时，应在距离站台边缘 1.0 m 处设置站台安全标线。

（4）站台应布置在车场居中位置。

（5）站台宜设在直线地段，困难条件下站台可深入曲线地段。

（6）站台长度应按 450 m 设置。

（7）站台高度应高出轨面 1.25 m。

（8）站台宽度应根据车站性质、站台类型、客流密度、安全退避距离等因素来确定。

（9）站台位于曲线地段时，站台端部最小宽度不宜小于 5.0 m。

（10）站台两端应设置台阶，有特殊要求时可设置坡道；站台两端应设置防护栅栏和宽度不小于 1.0 m 的栅栏门，并设置禁止通行标志。栅栏的设置位置应符合建筑界限的规定。

3）进出站通道

旅客进出站通道的设置应根据旅客进出站流向等情况综合考虑，并应符合下列规定。

（1）旅客进出通道数，特大型站不应少于 3 处，大型站不应少于 2 处，中型和小型站不应少于 1 处；设有高架候车室时，出站通道不应少于 1 处。

（2）旅客站台的出入口宜设计为双向出入口。

（3）既有客运站改扩建时，在符合使用功能和安全的前提下，可利用既有旅客进出站通道扩建。

4）地道

（1）地道宽度不应小于 5.2 m。

（2）地道的通道净高不宜小于 3.0 m。

（3）地道的通道通向旅客站台的出入口，宜设计为单向出入口，其宽度不应小于 4.5 m。

（4）地道的通道应设置在站台的端部。

任务二　高速铁路枢纽

【技能目标】

掌握高速铁路枢纽的设备组成及技术要求；

掌握高速铁路枢纽的布置要求；

了解高速铁路枢纽在综合交通枢纽中的作用和未来的发展趋势。

【知识点】

高速铁路枢纽的设备；
高速铁路枢纽的布置；
高速铁路枢纽与综合交通枢纽。

【任务的提出】

高速铁路枢纽是高速铁路线路的重要节点，国内的许多直辖市和省会等重要城市都是高速铁路枢纽建设的重点，对高速铁路枢纽的认识是深入认识高速铁路的重要途径。

【相关知识】

以高速铁路车站为中心，在场站外部设有动车检修基地、动车检修所、动车运用所、综合维修段（工区）及连接这些段、所、区的联络线、迂回线，在车站内部实现了高速铁路、普通铁路、城际铁路，地铁、公交、出租等多种交通方式间的立体换乘的综合体称之为高速铁路枢纽。

一、高速铁路枢纽的设备

（一）动车组检修基地

作为动车组安全、可靠运营的前提和保障，动车检修基地的建设具有非常重要的意义，目前我国高铁有北京、上海、广州、武汉四大动车检修基地，基地定位为动车组检修（尤其是高级修程）的区域中心，并承担相当部分的运用整备任务，实现“辐射周边、服务全路”的目标。

高速铁路枢纽必然包括动车组检修基地。首先，要明确检修基地的性质及覆盖的检修范围；其次，要根据动车组开行方案及动车组运行交路计算运用检修的工作量，继而确定动车组检修基地具体的检修及存车规模。其中，在计算动车组一、二级修及存车线规模时，应综合考虑动车基地所辖动车运用所的任务范围，以及枢纽内客运站到发线存车能力等因素。根据我国目前动车组运用情况，在计算动车检修能力时，还应综合考虑动车基地及动车运用所对 CRH 系列 6 种不同车型兼容修的因素。

以北京动车段为例，其覆盖包括天津、石家庄、济南、哈尔滨、长春、沈阳、大连、太原等运用所，既可以承担北京南站始发终到动车组的存放和日常运用整备任务，还可以负责配属在本段的本线及跨线动车组从日常检查至五级修的各级检修任务，还可以承担北京枢纽内京沪、京广、京哈方向本段配属的本线及跨线动车组的较高级修程的检修任务，以及派驻天津、济南动车组的三级修程及以上的检修任务，并适当设置了跨线动车组的夜间存车线。

动车检修基地在运用方面具备四大功能，分别为动车组管理功能、动车组技术检查及整备功能、动车组客运整备功能、动车组存放功能。在检修方面包括三、四级检修库、转向架检修间等。检修板块的主要功能是承担动车组三、四级修作业，包括动车组的主要部件检修及车上设备的维护任务，在二级检修项目的基础上，进行转向架、轮对轴承和转向架主要零部件的分解检修。在大修方面包括五级检修库、试车线、静调库及配套检修设施等，主要是在三、四级修项目的基础上，对动车组全车进行分解检修、较大范围地更新零部件，同时进行车体补漆或涂装工作。

1. 动车组在检修基地的作业流程

1）基本作业流程

动车组在检修基地内的基本作业流程为：入段—踏面诊断—外皮洗刷—检查检修库作业（检查、整备、检修等）—停留待班发车—出段。

2）检修作业流程

动车组检修作业流程为：入段—卸污、清洗整备作业—检修（大修）库—静调、动调—存车场待发。大修作业时，车体可根据需要通过移车台作业流程进行，其作业过程为：入段—踏面诊断—段内走行线—洗车机—存车场—检查库（一、二级修）—存车场待发—出段，或者：入段—踏面诊断—段内走行线—检查库（一、二级修）—存车场—洗车机—存车场待发—出段。集中到达结束后，陆续下线的动车组数量不多，基地设备能够满足正常作业程序。对于临修作业与镟轮作业，可根据踏面诊断结果分析确定是否进入临修库完成临修及镟轮作业。对于卸污作业，按照正常作业程序，动车组的排污周期可以安排与日检周期相同，或者是一级修周期的整数倍，卸污作业主要在检查库内与其他检查整备作业并行完成。但由于各种原因可能有动车组需要临时排污作业，在检查库线已被占用的情况下，可在库外存车线上利用固定卸污设备完成排污作业。

2. 动车检修设备的分类

动车检修设备主要由动车运用所、动车运用检修所、动车段或动车检修基地组成。

动车运用检修所主要完成的检修是日常检查，内容包括：走行部检查（含制动器、制动盘、制动电磁铁等）；车顶设备（受电弓）检查；内部清扫、集便处理及垃圾排除；上水、上砂及餐饮备料；根据需要进行车体外部清洗；根据故障预报，对电气控制设备、自动门锁闭设备、空调装置及旅客信息系统进行必要检查及元件更换。

动车运用检修所主要完成的检修是一、二级检修，包括：日常检查的所有内容；制动系统检查及必要处理、制动系统进一步检查及修理；内部特别清扫、内部彻底清扫（含地毯清洗、干燥）；地毯吸尘、地毯粉剂清洗；根据需要检查轮对踏面、轮对踏面诊断及处理；蓄电池检查；个别部件功能检查及更换磨损件（含车门及旅客信息系统）；不落轮镟轮；空调设备维护保养。

动车段主要完成的检修包括：在二级修基础上，对列车运行控制系统和列车通信系统进行检查及必要试验；更换动力转向架和中间车轮对；主电路回路综合性能测试及电气部件绝缘测试；轮对、空心轴超声波探伤；全面大清洗。

动车段或动车检修基地完成的检修包括：三级修的所有内容；从列车中部摘钩，以每节车为单元拆解；动力车和中间车的转向架解体、修理、组装；受电弓、电力控制及其他设备的解体和修理；车上空调设备、制动器、蓄电池的拆装；主变压器检查及必要的修理；车辆照明系统、门和通道的修理；车体测量；对损坏表面除锈、磨光、油漆；制动试验；压力试验（车体密封性）；对每辆车进行高压检查；电器及装配检查；连接成车列；试运转及调整。

3. 动车段与车站的布置

（1）动车段与终端式终点站顺列布置（见图3－6）。

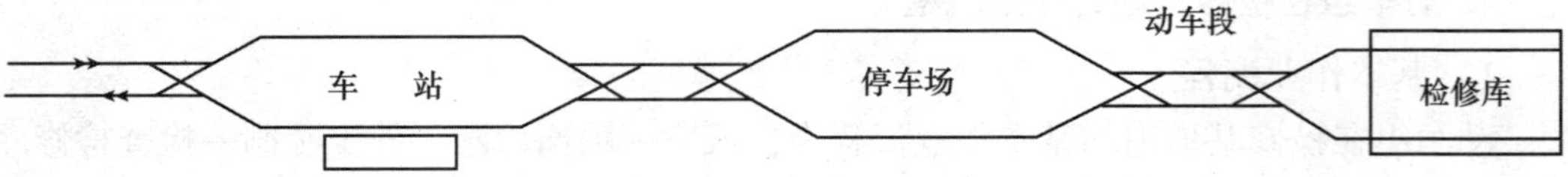

图3－6 动车段与终端式车站顺列布置

这种布置方式，车站咽喉作业均衡，一端咽喉接车，另一端咽喉动车组进出动车段，无交叉干扰；不需修建车底进出段走行线与正线的立交疏解，故工程投资也是较省的。

（2）动车段与终端式终点站反向布置（见图3－7）。

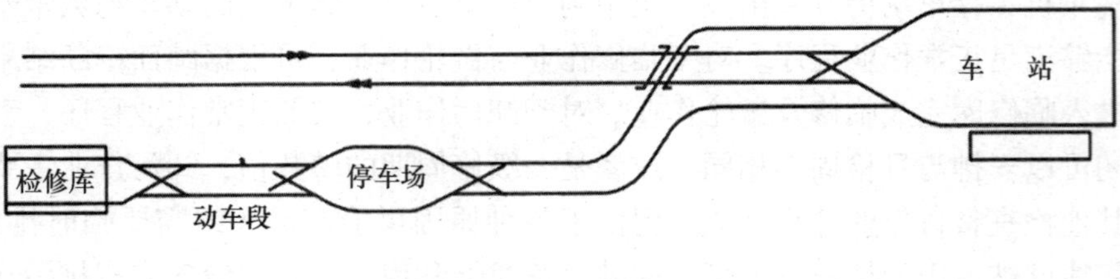

图3－7 动车段与终端式车站反向布置

顺车站方向延伸地带如果位于密集的市内甚至是城市中心地区，无法按顺列式布局时，可采用动车段与终端式车站反向布置。这种布置方式的缺点是列车到发和车底进出段都在一端咽喉、造成咽喉能力紧张且一部分到发列车和车底进出段必然产生平面交叉。

（3）动车段与贯通式车站顺列布置（见图3－8）。

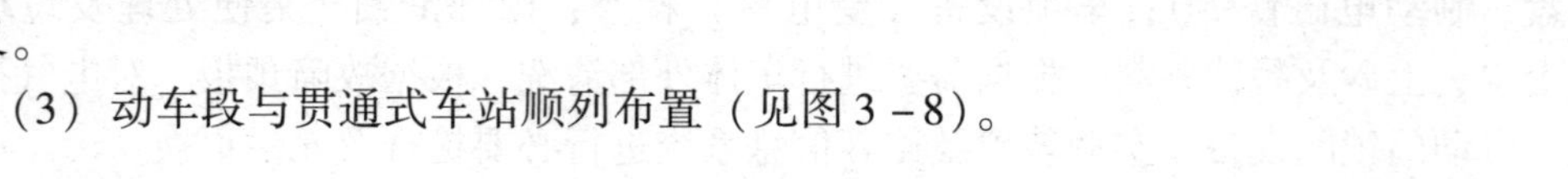

图3－8 动车段与贯通式车站顺列布置

（二）综合检修

所谓综合检修，是指把路基、轨道、桥梁、隧道、电力、牵引供电、通信信号、房屋建筑和给排水设施的施工维修作业内容统一管起来，实行一元化领导。

如果将铁路作为一个整体，其固定设施主要由路基、轨道、桥梁、隧道、电力、牵引供电、通信信号、房屋建筑和给排水设施等组成。在高速铁路中，路基、轨道、桥梁、隧道、电力、牵引供电、通信信号和机车车辆关系密切，其相互影响程度远远大于普通铁路。这一特点直接影响到铁路的维护和维修工作。正因如此，高速铁路在发展中逐渐形成了五个综合系统：即调度、安全监控、动车、检测和维修。铁路维修按工作内容可以分为四个部分：管理、检测、维修、保养。按管、检、修、养和机械检修分别设置，再按模块化组合可以有很多种变化。

目前我国高速铁路综合检修由综合检测中心、综合维修段、维修工区和大型养路机械段组成。

高速铁路枢纽设备除了动车检修与综合检修外，还要有其他的客运服务设备，例如立体换乘设置、高速普速连接线等。

二、高速铁路枢纽的布置

目前我国高速铁路的建设都要综合考虑与既有线路的匹配，使之形成一套完善的综合交通运输体系，因此高速铁路枢纽的布置要重点研究高速铁路引入既有线、高速铁路车站与既有客运站的分布与分工等问题。

1. 高速铁路枢钮引入既有铁路线路的考虑因素

（1）枢纽总图远景格局和规模。

（2）新线引入、增建复线接轨方案。

（3）客运系统布局，客站分布、分工、性质。

（4）货运系统布局，编组站的分布与分工。

（5）主要疏解区的构成。

（6）高速铁路线路在枢纽内的位置、走向。

（7）多条高速铁路的衔接。

（8）高速客运系统布局、高速客运站数量、分布、位置。

（9）高速客运系统与普通客运系统的关系等。

2. 高速铁路线路引入既有铁路线路的方式

（1）既有站为地面站，高速车站为高架车站。

高速正线利用既有线引入车站或高速正线直接接入车站。高速正线多为靠近既有线穿越市区走行。这种站、线的组合，在高速铁路通过大城市枢纽被较广泛的采用，图 3－9 所示为上海站。

（2）在既有站旁并列，另建高速车场。

在既有车站附近建高速车站，依托既有客车站部分设施作为高速客运设施，高速车

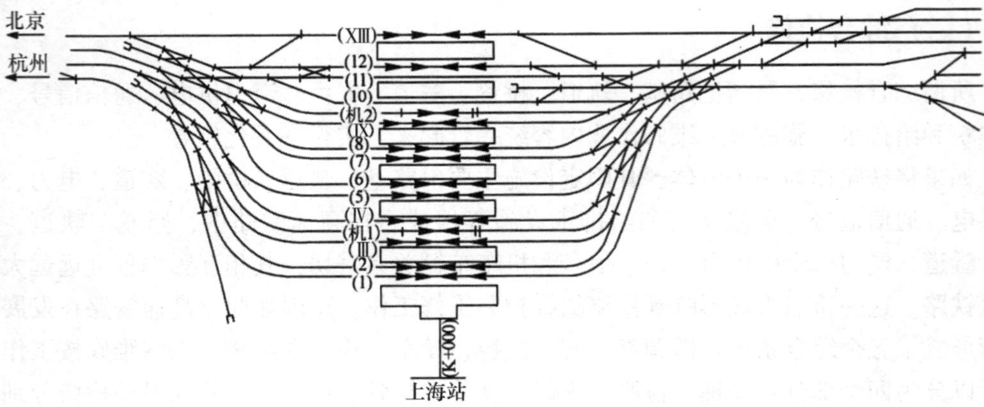

图 3－9 上海站

站与既有站不直接连通，高速线引入新建的高速站。

（3）扩建既有站，将既有站改建为高、普列车共用车场的车站。

上述 3 种布置方式的特点是：共用旅客站房、天桥或地道等客运设施和城市交通、服务等基础配套设施。

（4）高速铁路车站修建在市区外围，通过公共交通或是城市轨道交通与既有站相连，修建时成本较低，车站不受地形限制，但是旅客换乘的时间和距离都较长。

具体采用何种布置方式，应根据城市规划、高、普速列车跨线运行模式、运行需要、动车段（所）的配置及地形等条件确定。高、普速车场应采用分场设置，线路固定使用。

三、高速铁路枢纽与综合交通枢纽

综合交通枢纽概念来源于《全国城镇体系规划（2006—2020 年）》。规划指出要建立全国综合交通枢纽体系，强化城镇在产业发展和空间布局的核心地位，促进多种交通方式之间的有机衔接，增强中心城市对区域的辐射带动作用。加强边境交通枢纽城市建设，落实国家对外开放战略，完善全国交通网络。

促进综合交通枢纽发展是提高交通运输整体效率和服务水平、降低物流成本的有效途径，是优化运输结构、实现交通运输战略转型的迫切需要，是集约利用资源、节能环保的客观要求，对解决现阶段我国综合交通枢纽规划设计不统一、建设时序不同步、运营管理不协调、方式衔接不顺畅等问题，构建便捷、安全、高效的综合交通运输体系，支撑国民经济和社会发展，方便广大人民群众出行，提升国家竞争力具有战略意义。

综合交通枢纽的功能主要体现在以下三个方面。

（1）为区域内部和区域对外的人员及物资交流提供集散和中转服务，带动和支撑区域经济的发展。综合交通枢纽一般地处区域主要中心城市，为所在地区或城市的经济发展和居民生活提供客货运输服务，是城市对外联系的桥梁和纽带。

（2）实现不同方向和不同运输方式间客货运输的连续性，完成运输服务的全过程。以信息化、网络化为基础，改进运输组织方式，实现各种运输方式一体化管理，完成运输服务全过程，是提高运输效率、降低运输成本、节约资源、实现交通可持续发展的有效途径，而综合交通枢纽正是实现这一目标的关键。

（3）为运输网络吸引和疏散客货流，促进交通运输产业的发展。交通运输产业发展的基础是日益增长的运输需求，在经济高度发达，需求日趋多样化的现代社会，交通运输产业的发展向着综合集成和一体化运输的方向发展，以满足客货运输多样化的需求。综合交通枢纽作为运输网络上的结点，集各种运输方式信息、设备和组织管理于一体，吸引着大量的客货流，是交通运输产业发展的重要支撑。

根据城市空间形态、旅客出行等特征，合理布局不同层次、不同功能的客运枢纽。按照“零距离换乘”的要求，将城市轨道交通、地面公共交通、市郊铁路等设施与干线铁路、城际铁路、干线公路、机场等紧密衔接，建立主要单体枢纽之间的快速直接连接，使各种运输方式有机衔接。鼓励采取开放式、立体化方式建设枢纽，尽可能实现同站换乘，优化换乘流程，缩短换乘距离。

高速铁路、城际铁路和市郊铁路应尽可能在城市中心城区设站，并同站建设城市轨道交通、有轨电车、公共汽（电）车等城市公共交通设施。视需要同站建设长途汽车站、城市航站楼等设施。特大城市的主要铁路客运站，应充分考虑中长途旅客中转换乘功能。

民用运输机场应尽可能连接城际铁路或市郊铁路、高速铁路，并同站建设城市公共交通设施。具备条件的城市，应同站连接城市轨道交通或做好预留，视需要同站建设长途汽车站等换乘设施，有条件的综合交通枢纽鼓励建设城市航站楼。

项目四

高速铁路动车组列车

任务一　高速动车组列车结构及关键技术

【技能目标】

掌握高速动车组列车的结构；
掌握高速动车组列车的关键技术及特点。

【知识点】

高速动车组列车基本结构及组成；
高速动车组列车的关键技术及特点。

【任务的提出】

要了解高速动车组列车，必须掌握高速动车组列车的结构及技术特点。

【相关知识】

一、高速动车组列车关键技术

1. 动车组整体集成技术

动车组整体集成技术是对动车组车体、转向架及牵引变流、制动、网络控制、辅助供电、车辆连接等元素按有关参数进行合理选择设计，进而生产、组装、测试、试验的过程。通过集成使动车组达到牵引、制动、车辆动力学、列车空气动力学、舒适性、安全性等性能要求。

2. 车体技术

动车组由于运行高速化需要对车体进行流线化设计、并对车体减重，动力分散使得车体承载了众多设备，车体保证强度、刚度与轻量化上要达到一种平衡。车体技术包括铝合金/不锈钢车体焊接制造技术，车门、车窗的整体加工技术等。

3. 高速动车组转向架技术

转向架是列车高速运行最重要的基础条件之一，作为执行机构，高速转向架在保证列车高速稳定运行时承担列车的减振降噪作用；作为承载结构，高速转向架在各种振动工况下确保结构的强度安全可靠。

4. 牵引传动与控制技术

牵引传动系统包括牵引电机、牵引变压器、牵引与辅助变流器、牵引控制系统。列车网络控制系统采用双绞屏蔽线和光纤为传输介质的网络通信技术；硬件与软件相结合的系统冗余控制技术；具有自诊断功能的系统监视与诊断智能技术。

5. 制动技术

列车速度不断提高的同时，还必须能在规定距离和时间之内停车，依靠传统的摩擦制动方法已经不能实现有效制动，也不能确保安全。因此，高速动车组要综合利用多种制动技术实现动车组的制动。

二、动车组整体集成技术

动车组的控制是模块化、智能化的，模块化、智能化系统是靠分布式计算机系统实现的。要使全车需要控制的装置均受到监控，如牵引系统、制动系统、压缩空气供给系统、通信系统、车钩系统、列车安全和自动保护系统、旅客信息系统、车内环境调节系统、门系统等。相关软硬件设计模块化、智能化程度高，为列车安全、高速运行提供了可靠保证。

动车组整列车分为三个基本单元，每个单元有相对独立的高压系统、牵引系统和辅助动力供给系统，单元之间采用多功能车辆总线相连。牵引控制系统是一个基于现场总线的分布式控制系统，各列车基本单元独立运行，受列车主控制器的协调与监控。

每台动力转向架上的两个牵引电机并联到一个电脑控制的变压器上，可实现牵引、再生制动工况的灵活转换。两者的优化匹配设计，减小了波形畸变和转矩波动，噪声小、损耗少，最大限度减少了牵引电机零部件数量，减少了维修时间，提高系统可靠性。牵引电机变流器功率器件采用模块化设计，开关频率高，抗干扰及短路保护能力强，性能好，工作可靠。变流器采用微机控制，具有自检、自诊断和保护功能，模块化程度高，冷却系统效率高，控制系统协调性好。

三、高速动车组轻量化技术

对于高速动车组列车来说，笨重的车体一直是限制其高速行驶的难题，要实现列车的高速运行，在确保车体强度、刚度的前提下，减轻列车重量势在必行。车体、车内设备及走行部（转向架）重量的减轻实现了列车的轻量化，不仅可以减少原材料的消耗，降低牵引功率，提高列车运行速度，改善列车启动和制动性能，而且可有效减小轮轨间的动力作用，减小振动和噪声，增加机车和线路的使用寿命，达到节能和环保的要求。

车体轻量化主要的目标：一是节能，主要体现在牵引和制动消耗的能量上，重量越轻，所需牵引和制动功率就越小；二是减小对轨道的破坏，主要是列车越重对轨道的振动冲击越严重，易造成轨道的破坏。三是改善振动噪声引起的环境问题，重量越大，振动噪声越大。列车轻量化是一个综合工程，需要从材料、结构、工艺等多个方面进行考虑，直观体现在轴重的变轻上。具体可分为车体结构轻量化，转向架轻量化，车内设备、变电系统的轻量化，这些反映一个国家的综合设计及制造水平。

由于轴重的增加，列车在高速运行时钢轨承受轮载而产生的轮轨接触应力、轨头内部的剪切应力、局部应力和弯曲应力将相应增加，同时疲劳荷载作用下的应力水平也将随之提高，从而大大缩短了钢轨的使用寿命。减轻轴重能有效地降低对地基的振动，减少线路的破坏和维修工作量，进而减少钢轨的损伤和提高其使用寿命。

线路上的钢轨头部损伤几乎全是疲劳损伤，钢轨折损率随轴重的增加而增加。而接触理论表明，轮、轨面上的接触应力和轨头内部的剪切应力与轴载荷成正比，且与车轮直径及踏面外形有关。所以减小轴重可减少钢轨的损伤和提高其使用寿命。牵引动力集中配置的动车组，动力车的轴重最大。显然，降低轴重受机车车辆结构设计、制造水平的限制。但从降低对线路的损伤和动力作用出发，还是应该要求机车车辆适应线路，实现车辆的轻量化。

车体轻量化技术的主要措施是采用铝合金车体。而铝合金结构由最初的以铝代钢的原钢结构，经过铝型材结构、铝蜂窝结构、大型铝挤压型材，发展到中空双表面大型铝合金挤压型材。“和谐号”系列车型的一个共同特点就是车体轻，速度快。在首列国产化高速列车上，四方股份采用的铝合金车体，重量比欧洲同类车体轻20%以上。车体如此之轻，使列车在节能上的表现极为优越。铝合金车体的优势可综合为以下几点：①制造工艺简单，加工费用节省；②减重效果好；③良好的运行品质；④耐腐蚀，可降低维修费。此外，铝合金车体还具有外表平滑美观的优点。中国系列动车组车体经优化设计，可以满足高速、碰撞安全、乘坐舒适、车辆自重及经济等方面的技术要求。

四、高速铁路动车组车体及车内设备

高速铁路动车组车体设计考虑了高速、经济性、碰撞安全性、乘坐舒适性、车辆自重等要求，采用了单层外壳内部构架结构，列车固有频率高，满足高速运行要求。不锈钢车体寿命周期成本低，防腐、防火性能好，CRH_1 系列动车组采用不锈钢车体。

动车组铝合金车体一般采用大型中空铝合金挤压型材双面焊接结构（即双壳结

构），上下为整体铝壳板，采用交叉斜筋支撑，形成中空状。动车组双壳结构铝合金车体具有许多优点：制造成本低，质量好；质量轻，降低轴重，减少运营成本；隔声效果好，提高乘坐舒适度；整体刚性好；维护小，寿命周期成本低；防腐性好等。动车组头型采用纵向双曲面拱面，横向采用五曲面拱面，具有良好的气动特性，完全满足高速行驶要求。动车组的侧窗和盲窗采用高强度聚氨酯密封胶粘贴的防寒中空玻璃窗，与侧墙外表面平齐，以满足美学和空气动力学的要求。因侧窗强度高，不易击碎，故在车辆上设置了一定数量的逃生窗并配有小锤，以保证 10～20 s 内能击破窗户进行逃生。

动车组车钩包括自动车钩、半永久车钩和过渡车钩。自动车钩能保证列车间的自动联挂，同时实现空气管路和电气的对接。不联挂状态时可将车钩收回至车钩外罩内，从而保护车钩，保证车头的流线型，改善空气动力学性能。半永久车钩连接编组内车辆，具有缓冲装置和吸振装置，并装有横向减振器，能增加乘坐舒适度，减少脱轨系数，增强安全性。

动车组外门采用了先进的电动塞拉门，门页周围采用膨胀式密封，能抵挡出隧道时产生的压力波引起的剧烈振动，有效抵挡压力波造成的影响，避免乘客的耳朵受到损害。门的开闭由微机控制，具有障碍探测功能。共有三种探测保障模式：电动机电流、电写感应门边及红外感应装置。

动车组为了减轻重量在内装方面，采用了许多新材料和新技术，如地板、侧墙、端墙、天花板等采用了复合材料、铝板、树脂板等，能满足质量轻、强度高、抗振、防火等性能要求。动车组车内具有压力保护功能的车内空气调节系统。动车组采用分体式空调系统，具有压力保护功能，在车外空气压力发生剧变的瞬间（如列车交会或过隧道），保持车内压力不发生较大变化，提高舒适性。空调系统还采用多种温度传感器传递各处的温度信号至微机系统，从而进行最优化控制。

动车组卫生间采用模块化设计，内部设备都预先安装完成后再整体安装到车上。内部设备包括集便器系统、洗漱设备、加热器系统、照明系统、扬声器系统、温控系统、火警探测器系统等。真空集便系统由微机控制，能以较小耗水量实现良好的清洗效果。

五、高速动车组转向架技术

动车组转向架的质量是影响转向架动力学性能的重要参数，其质量分为簧下质量和簧间质量。簧下质量是影响轮轨动作用力的重要因素。高速列车转向架须尽量降低簧下质量。为此，高速列车转向架采用整体碾钢小轮径车轮、空心车轴、轻金属轴箱体、轻量化轴箱轴承和电动机架悬或体悬的悬挂技术，以全面降低簧下质量。

动车组转向架采用两系悬挂。一系弹簧较硬，二系弹簧较软；一系并联垂向液压减振器；二系采用高圆钢弹簧或空气弹簧，并适当匹配液压减振器实现垂向和横向软特性。软的二系特性将构架振动与车体有效地隔离，使车辆能够获得良好的运行平稳性。合理匹配一系纵横刚度参数。转向架一系悬挂参数的纵横向匹配对转向架运行稳定性具有显著作用，并影响转向架的曲线通过能力和轮轨的横向动作用力。高速列车转向架设计十分重视一系纵横刚度参数匹配。为了获得准确和稳定的参数匹配值，转向架在结构设计时，须控制参数的准确性。

高速列车驱动技术是高速列车转向架首先须解决的问题。高速列车转向架驱动机构由牵引电动机、齿轮传动系统和联轴器构成。驱动系统须满足足够大的牵引功率、高的运转速度、轻的质量和小的体积空间等要求。为此须解决以下技术问题。①交流传动技术。大功率牵引是高速列车遇到的首要问题。功率大、质量轻、体积小的交流电动机对改善高速列车转向架的动力性能起到了关键性作用，同时使高速列车转向架有可能采用大功率电机实现高速牵引的需要。此外，交流传动技术结合先进的黏着利用控制技术，可以提高黏着利用率。②高速齿轮系统传动技术。牵引电机的功率是通过高速齿轮箱传递给轮对的。高速齿轮箱设计须充分估计其工作环境和载荷强度，解决好减重、齿轮高速的啮合问题，解决好轴承润滑和齿轮箱密封的技术难点。

为了保证高速列车安全可靠，高速动车组转向架主要解决以下问题。①轮轴的状态问题，尤其是要监控车轮的情况，关注车轴材料对裂纹敏感性和轮座的微动磨损。②吊挂部件的防落问题，防止发生因部件坠落的事故。③轴承润滑问题，运用中应定期更换润滑油，加强油面的控制，杜绝缺油的情况下运行，丰富轴温监控的内涵，强化故障诊断功能，预防故障的出现。④强度和疲劳问题，对关键受力螺栓进行监控，定期掌控构架等承载件的强度。⑤关键件的防护问题，保护转向架下部的制动管路、制动缸、齿轮箱和托架箱体，防止因飞石打击造成的部件损坏。

六、高速动车组交流传动技术

现代高速列车和动车组几乎全都采用了先进成熟的交流传动技术。交流传动电力牵引列车一般来说主要由受电弓从接触网上将单相交流电引入列车，经过主变压器进行变压后向主变流器输入，变成需要的直流电，再经过逆变器逆变成牵引电机所需的三相交流电，简称交—直—交传动。

1. 交流传动的优越性

三相交流牵引传动系统的优越性在于它集成了简单可靠的三相交流电动机、先进的电子技术和半导体技术，是牵引电传动发展史上的重大突破。三相交流传动系统在机车车辆上的应用已成为主流，也是列车先进技术的代表。

2. 具有良好的牵引和制动性能

由于三相交流电机容量大，一般不会受到发热条件的限制，而直流电机常受到最大启动电流和最大磁场削弱的限制。交流电机采用四象限变流器，可以很方便实现牵引与再生能量的转换，为高速列车再生制动创造了条件，节能显著。

3. 具有良好的黏着利用和防空转性能

由于三相交流电机采用平滑调频、调速，牵引力的变化是无极平稳的。同时，调节是采用电子系统依据给定牵引力和转差自动进行，因此启动时可获得较大黏着力。而且电机的容量是根据启动电流和高速时的最大电压选择的，正常运行时不存在启动过电流的时间限制，这有利于充分利用黏着力和牵引重载列车。

4. 电机功率大、质量轻、体积小

因三相交流电机功率大、质量轻、体积小，可以获得较高的功率重量比，而且有利

于减轻转向架重量，降低转向架冲击振动对轨道的破坏作用，提高运行速度和运行平稳性。

5. 功率因数高，谐波干扰小

由于采用四象限控制器作为网侧变流器，可使机车和动车在较大负载范围内电网侧的功率因数接近1，电流的波形接近于正弦曲线，从而大大提高了功率利用率，节约能源，提高了供电能力。交流电机无整流子和电刷，转子无须绝缘，无裸露导电部分，因此电机运行安全可靠，几乎无须维修。列车大量使用电子和电气元件，替代了各种机械式电气设备，大大减少了设备的磨损，避免了复杂的维修。大量自动控制系统的采用，使得司机的操作更加简便。一般情况下，司机通过操纵台显示器可阅读列车的运行信息。

七、高速动车组受电弓

动车组受电弓属于车顶高压系统之一，从高压接触网上引入列车所需电流（受流），并在制动时作为反馈线将多余电流馈回至接触网的任务。高速列车的行驶速度较常速列车高得多，因而受电弓接触导线移动的速度大大加快，这就使接触网与受电弓的波动特性发生变化，从而对受电产生影响。高速列车所需的牵引功率较常速列车大得多，若备用多弓受电必然会增加阻力和加大噪声，并引起接触网的波动干扰，因而受电弓的数量不能太多，这就需要解决受电弓从接触网大功率受电问题。

高速列车的受电是通过受电弓与接触网的接触导线紧密接触而实现的，因而受电是否正常直接取决于接触网—受电弓系统的技术状态。接触网—受电弓系统工作可靠是确保高速动力良好取流的根本条件。

接触网—受电弓系统的受流过程是受电弓在接触网下以动车组运行速度在运动过程中完成的，受流过程是一个动态过程，这一动态过程包括了多种机械运动形式和电气状态变化：受电弓相对于接触导线的滑动摩擦；受电弓因轨道激励引起的车体上下振动导致受电弓的上下振动；受电弓由于车体横向摆动而形成的横向振动；接触网波浪形上下振动，并沿着接触网传播；受电弓和接触导线之间发生的水平和垂直方向撞击；弓网离线时产生的电弧；受电弓受流过程中，电流发生剧烈变化等。所以，弓网受流过程是一个非常复杂的过程。随着列车速度的提高，这些运动加剧，要保持受电弓与接触网之间的良好接触性能就越来越困难，受流质量也会随之下降。当列车运行速度超过受流系统的允许范围时，受流质量将严重恶化，影响列车取流和正常运行。在列车高速运行条件下，受流系统的性能与常规电气化铁路的受流质量是不同的，系统所需解决的问题也不尽相同，高速受流技术是高速铁路的关键技术之一。

八、高速动车组制动技术

1. 闸瓦踏面制动

这是最传统的一种制动方式。制动时列车中压缩空气推动制动杠杆将闸瓦压在车轮踏面产生摩擦以进行制动。制动过程中，列车的动能转换成闸瓦与踏面之间的摩擦热能消耗。踏面和闸瓦在制动过程中均为摩擦件，闸瓦易消耗，踏面易损伤。

2. 电阻制动

电阻制动指的是列车制动时，牵引电动机作为发电机工作，将运行的动能转变为电能，在制动电阻上变为热能消耗掉。这种制动方式没有摩擦件，具有维修工作量小，可反复使用的优点。

3. 盘形制动

盘形制动指的是在转向架车轴或车轮上安装制动盘（分别叫轴盘制动和轮盘制动），制动盘由摩擦材料（闸片）夹紧这些盘片产生摩擦进行制动。因盘形制动是两侧夹紧，所以摩擦面积比闸瓦踏面制动要大；又因为是平面摩擦，所以制动容量大，磨损量小。另外，盘形制动直径较大散热好。

4. 涡流盘制动

涡流盘制动指的是旋转的制动盘切割通电涡流线圈产生与制动盘旋转方向相反的电磁矩，从而产生制动力的制动方式。钢材料的涡流制动盘安装在车轴上，涡流制动线圈安装在制动盘的两侧。制动时，涡流制动线圈通以电流，涡流线圈便成为电磁铁，制动盘随车轴转动，根据电磁感应原理，制动盘上就有涡流产生。产生的涡流在电磁铁磁场的作用下，会产生和车轴转动方向相反的电磁制动力矩，从而使车轮减速。涡流制动的优点是没有摩擦，无须日常维修，缺点是在低速时制动力下降很快，而且装置结构复杂、重量大。

5. 磁轨制动

磁轨制动也称轨道电磁制动，它是靠安装在转向架下面的电磁铁与钢轨之间产生的吸引作用，使车辆减速或停车的一种制动方式。由于车轮与钢轨之间不产生摩擦，所以它是非黏着的制动方式。

6. 再生制动

再生制动指的是列车制动时，将动能转变为电能反馈回接触网的制动方式。它与电阻制动、涡流制动、磁轨制动同样属于电制动，制动时让牵引电动机变为发电机状态工作。需要说明的是，牵引电机的这种角色转变在控制上是很容易实现的。要让发电机发电就从外部给发电机输入能量，电阻制动和再生制动是巧妙利用制动时的列车动能来让发电机发电的。电阻制动让电能变成热能消耗掉，而再生制动让发电机的电能反馈到电网加以再利用。显然，电阻制动所得的电能白白浪费掉了，而再生制动则带来节能的效果，加之再生制动无须在车上设置制动电阻，还可以减轻车体重量，二者的优劣是非常明显的。自交流传动技术开始采用以来，几乎所有现代先进高速列车都采用再生制动这种制动方式，它也是高速列车先进技术的一个代表。

目前各国动车组列车均采用以上制动方式进行制动，需要注意的是动车组的制动一般是两种和两种以上制动方式的组合，即高速时采用再生制动或是电阻制动，低速时采用闸瓦制动或是盘形制动。具体制动力的分配，由车载计算机计算确定。

任务二　认识我国高速铁路动车组的型号及特点

【技能目标】

能准确分辨不同动车组的型号及特点；
能准确说明不同类型动车组的编组及定员情况；
能准确说明每类动车组的不同型号的区别。

【知识点】

动车组的型号及特点；
动车组的编组情况；
动车组不同型号的技术区别。

【任务的提出】

要运用动车组，首先要了解动车组，我国目前有多个型号的动车组在线路上运营，只有熟悉不同型号的动车组，掌握其特点才能熟练地运用。

【相关知识】

动车组是运送旅客的动力设备，高速铁路的动车组基本为机辆一体化设计，可分为动力集中式和动力分散式，目前世界上的动车组基本上向动力分散式发展。

CRH（China Railway High - speed）即中国高速铁路，是中国高速铁路系统（动车组）打造的品牌名称。现在中国高速铁路运用的动车组系列为 CRH_1、CRH_2、CRH_3、CRH_5、CRH_6、CRH380 等。CRH 动车组均为车厢自带动力的新式列车，按动力分布式设计，车次前冠以字母“C”“D”“G”。

一、动车组概述

（一）动车组技术特点

动车组一般普遍具有高速、高效、经济、灵活等特点。高速动车组集成了一系列当代高新技术：交流传动技术、复合制动技术、高速转向架技术、高强度轻型材料与结构技术、减阻降噪技术、密封技术、高速受电弓技术、现代控制与诊断技术等。

动车组特点主要包括：固定编组、密接车钩、整体运用、整体保养检修、大修前不解体、网络控制、交流传动、制动系统完整设计等。

高速动车组的特点主要包括：头部流线型，车体轻量化，高速转向架，高速受流技术，车厢密闭，空调换气，高功率，低噪声，低轮轨力，配备现代化动车段、综合维修基地。

（二）动车组分类

动车组按牵引动力方式可分为内燃动车组和电力动车组。按动力配置方式可分为动力集中式动车组和动力分散式动车组。

（三）动车组基本要求

动车组应有识别的标记：路徽、配属局段简称、车型、车号、定员、自重、载重、全长、最高运行速度、制造厂名及日期、定期修理的日期及处所等标识。

动车组应具有列车运行安全监控功能，对重要的运行部件和功能系统进行实时监测、报警和记录，并能提前向检修基地传输。动车组须装备 CTCS－2 级列控车载设备，根据需要加装列车运行监控记录器（LKJ）。

动车组制动初速度为200 km/h 时，列车紧急制动距离限值为2 000 m；制动初速度为250 km/h 时，紧急制动距离限值为3 200 m。动车组制动机采用计算机控制直通式电空制动系统。制动系统具备动力制动和空气制动的功能，当动力制动能力不足或丧失时，使用空气制动补充，同时须保证规定的紧急制动距离。

动车组须随车配备行车备品和过渡车钩、电气连接线、专用风管及止轮器，并存放在固定地点。动车组应具有良好的密封性。动车组应设集便装置和废水箱，污物、废水应定点集中处理。动车组应设火警分级报警系统并有相应的火灾应急对策。

新造动车组及检修后按检修规程规定需要试运行的动车组，上线运营前应按规定进行试运行。动车组不得通过半径小于180 m 的曲线，不得侧向通过小于9 号的单开道岔和小于6 号的对称双开道岔。

动车组实行计划预防修，分为运用检修和定期检修。检修周期及技术标准，按铁道部检修规程执行。动车组的检修分别在动车段和动车运用所中进行。动车段（所）应设库线供动车组检修，并应配备地面电源及相应设备对转向架、车下设备、车上及车顶设备进行检查、维护、更换、检修和清洗等作业。动车段（所）应具备各型动车组运用检修、行车安全设备检修、客运整备能力及相应的存车条件，动车段还应具备特定动车组定期检修能力。

动车段（所）设动车组司机派班室、候班室，并配备列控车载设备、LKJ、列车无线调度通信系统等的检修、检测设备和数据存储、分析设备，并设相应检修处所。动车组日常运用的整备、清洁、排污等作业，原则上应在动车段（所）完成。不在动车段（所）停留的动车组，需进行整备、保洁、上水、排污等作业时，其停留地点根据需要应具备相应的条件。根据作业需要，应在车站设置吸污设备。

（四）CRH 系列动车组

CRH（China Railway High-speed），是2007 年4 月18 日起，在中国铁路第六次大提速后开行的动车组列车。

2004 年4 月1 日，国务院审议通过了我国铁路史上第一个《中长期铁路网规划》，明确了“引进先进技术、联合设计生产、打造中国品牌”的动车组生产制造原则。原铁道部重点扶持了国内几家机车车辆制造企业，组织青岛四方－庞巴迪－鲍尔铁路运输设备有限公司（2008 年 12 月，青岛四方－庞巴迪－鲍尔铁路运输设备有限公司改名为青岛四方庞巴迪铁路设备有限公司，本书将前者简称为 BSP，后者简称为 BST）、四方机车车辆股份有限公司（以下简称四方）、唐山轨道客车有限责任公司（以下简称唐客）、长春轨道客车股份有限公司（以下简称长客），研制、生产中国品牌的高速动车组。

2004 年 10 月，原铁道部组织完成了 140 列时速 200 km 动车组采购项目合同的签订，成功引进了川崎重工、庞巴迪、阿尔斯通的动车组技术。该合同内容包括：川崎重工与四方合作生产 60 列 CRH_2；阿尔斯通与长客合作生产 60 列 CRH_5；BSP 生产 20 列 CRH_1（后又增加 20 列）。

2005 年 11 月，铁道部又组织完成了 60 列时速 300 km 动车组采购项目合同的签订，成功引进了西门子（与唐客合作）的高速动车组先进技术（CRH_3）。

2006 年 7 月 31 日，国内首列国产化，时速 200 km 的动车组下线。

2007 年 2 月，中国铁路高速动车组以 160 km 的时速投入春运。

2007 年 4 月 18 日，铁路第六次大提速，中国铁路高速动车组（200 km/h）和“和谐型”大功率机车（7 200 kW）上线投入运营，它们被正式命名为“和谐号”。

2007 年 11 月 24 日，时速 300 km 的国产 CRH_2－300 型“和谐号”动车组在四方下线。

2008 年 4 月 11 日，时速 300 km 的国产 CRH_3 型“和谐号”动车组在唐客下线。

2008 年 8 月 1 日，京津城际客运专线投入运营，它是中国首条高速铁路客运专线（300 km/h），也是中国进入高铁时代的标志。

2008 年 8 月以来，京津、京沪、武广、郑西、沪宁等一批新建、世界一流的设计时速 300 km 以上的高速铁路相继投入运营。大面积、高密度开行“和谐号”高速动车组列车，标志着我国铁路已走在世界高速铁路发展的前列。

2010 年 9 月 28 日，四方研制的国产“和谐号”CRH380A 新一代高速动车组，在沪杭高铁的试运行途中，最高时速达到 416.6 km。2010 年 12 月 3 日，在京沪高铁枣庄至蚌埠间的先导段联调联试和综合试验中，CRH380A 新一代高速动车组的最高时速达到 486.1 km。

2011 年 1 月 9 日，唐客自主创新研制的新一代 CRH380BL 高速动车组，在京沪高铁运行试验中，运行速度达到了 487.3 km/h。

虽然当时中国高速动车组的制造水平、管理水平等有了大幅度的提高，但在发展中也暴露出一些亟须解决的问题：一是在动车组技术引进、消化、吸收的基础上，尚未建立自主创新的技术平台，未完成国际领先水平的中国标准动车组的设计；二是动车组技术来源多样，尚未搭建统一的技术标准体系，截至 2015 年，我国共有 4 个技术平台的近 20 种型号动车组，型号多、技术标准不统一，不能实现互联互通，甚至不能相互救援，动车组备用率高，给运营组织管理带来诸多不便；三是没有做到简统化，零部件尚未统型，每个平台需依赖自己的产品供应链，大量配件为独家供货，价格居高不下，造成维护备件储备量大，占用资金多，对铁路的经营效益产生较大的不利影响。此外，由于缺乏自主知识产权使我国高铁在走出去的过程中，不断出现商务摩擦等问题。

（五）CR 系列动车组

为了彻底解决目前中国动车组存在的平台多、型号杂，不同厂家生产的车型操作界面、零配件等不统一，维护、采购成本大等问题，按照党中央提出的建设创新型国家的战略，中国铁路总公司根据中国高速铁路发展和“走出去”的要求，组织启动“中国标准动车组”研制项目。“中国标准动车组”研制项目以市场为导向，力求全面提高自主化水平，构建、完善中国动车组技术标准体系，研制具有自主知识产权的标准化、系列化、简统化动车组产品，满足我国铁路事业发展的需求。

中国标准动车组是根据中国铁路特点制定的中国标准，进行自主设计制造的标准化平台性产品，由中国企业全面进行整车设计，软件全面自主化；为适应技术进步要求，大量应用新技术，以达到世界领先水平。

中国标准动车组采用 CR（China Railway）为英文代号，不再采用 CRH 为英文代号，中文代号为复兴号。2017 年 6 月 26 日，中国标准动车组复兴号在京沪高铁首发。

二、我国动车组车型简介

（一）动车组车型

（1）CRH_1——青岛 BSP（庞巴迪），8 辆编组，运营时速 200～250 km，牵引功率 5 300 kW，不锈钢车体，轴重小于 16 t。

（2）CRH_2——四方股份（川崎重工），CRH_2 型动车组有两种列车，一种 8 辆编组，定员 610 人，运营时速 200～250 km，牵引功率 4 800 kW，铝合金车体，轴重小于 14 t；另一种运营时速 300～350 km，总牵引功率 7 200 kW。

（3）CRH_3——唐客股份（西门子），8 辆编组，运营时速 300～350 km，牵引功率 8 800 kW，铝合金车体，轴重小于 17 t。

（4）CRH_5——长客股份（阿尔斯通），8 辆编组，运营时速 200～250 km，牵引功率 5 500 kW，铝合金车体，轴重小于 17 t。

（5）CRH_6——南京浦镇车辆公司，8 辆编组，运营速度分为时速 200 km 和 160 km 两种。

（6）CRH380A——四方股份，运营时速 350～380 km，最高试验时速超过 400 km，铝合金车体，轴重小于 15t，8 辆编组（CRH380A），牵引功率 9 600 kW；16 辆编组（CRH380AL），牵引功率 21 560 kW。

（7）CRH380B/BL 型动车组是由唐客、长客，在 CRH_3 型动车组的基础上自主研发的动车组，其是以 CRH_3 型动车组产品技术平台为基础，以京津、武广等线路的运用实践经验为依托，以“高速列车国家科技支撑计划”为支撑研制开发的，以满足长编组、大运量的需求，其持续运营时速为 380 km，最高试验时速 487.3 km。2011 年 1 月，CRH380BL 型动车组在春运前夕投入沪杭客运专线的商业运营。

（8）CRH380CL 型动车组，是原铁道部为营运新建的高速城际铁路及客运专线，要求长客在 CRH_3C、CRH380BL 型动车组的基础上自主研发的动车组。与 CRH_3C 型动车组相比，CRH380CL 型动车组持续运营时速由 300 km 提高到 350 km，最高运营时速由 350 km 提高到 380 km，最高试验时速超过 400 km，在性能方面，以提高牵引功率、降低传动比及动车组气动外形减阻为优化重点，而在舒适度方面，主要采取提高列车减震性能、车厢降噪、加强车内气压控制等方式进行优化。

（9）CRH380D 型动车组是由 BST 基于庞巴迪 ZEFIRO 平台研发的。2013 年 4 月，在宁杭甬高速铁路线路上，CRH380D 型动车组的最高试验时速达 420 km。

（10）CR 系列中国标准动车组目前生产了两个型号：CR400AF（“海豚”）；CR400BF（“金凤凰”）。

（二）动车组编组中的车种代码

车种代码为汉语拼音缩写。动车组车辆车种代码如表 4－1 所示。

表 4－1　车辆车种代码

车种代码	车种名称	备　注
SW	商务车	设置可躺式 VIP 座椅车
ZY	一等座车	设置一等座椅车（包括设置一等座椅、VIP 座椅包间车）
ZE	二等座车	设置二等座椅车
CA	餐车	16 编组餐车
ZEC	座车、餐车	8 编组餐座合造车
ZYG	一等座车/观光车	16 编组带观光区和座卧包间头车
ZEG	二等座车/观光车	16 编组带观光区头车

（三）动车组的型号和列车编号的构成

1. 技术序列代码命名方式

CRH_X - ×××Z

CRH：中国高速铁路动车组简称。

X：技术序列代码（BSP 动车组为 1，四方动车组为 2，唐客动车组为 3，长客动车组为 5 等）。

×××：制造序列代码，由 001～999 排列。

Z：型号系列代码，以 A、B、C 为速度等级。

（A—运行速度 200 km/h，8 辆编组，座车。）

（B—运行速度 200 km/h，16 辆编组，座车。）

（C—运行速度 300 km/h，8 辆编组，座车。）

（E—运行速度 250 km/h，16 辆编组，卧铺车。）

实例：CRH_1 -001A 表示中国高速铁路动车组 BSP CRH_1 第 1 列，运行速度 200 km/h，8 辆编组，座车。

2. 速度目标值命名方式

（1）CRH 系列动车组的速度目标值命名方式。

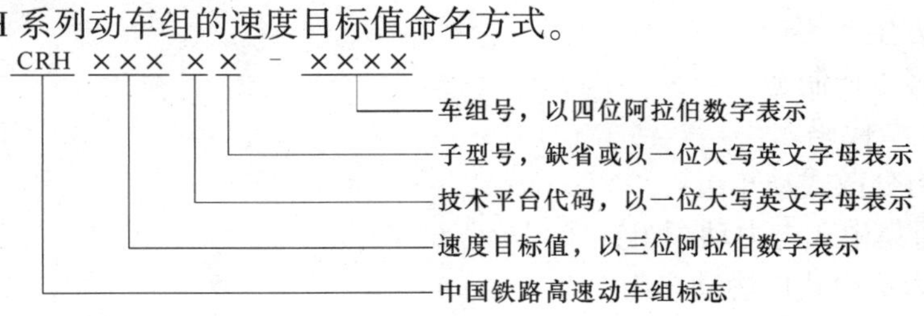

① 速度目标值。

速度目标值以动车组设计的最高运行速度目标值的三位阿拉伯数字表示，例如：380——设计最高运行速度目标值为 380 km/h。

② 技术平台代码。

以一位大写英文字母表示，由 A 开始顺序排列。

A——四方研制生产、8 辆编组、座车动车组；

B——长客/唐客研制生产、8 辆编组、座车动车组；

C——长客研制生产（与 B 采用不同的牵引及控制系统）、8 辆编组、座车动车组；

D——BST 研制生产、8 辆编组、座车动车组；

E——预留；

F——预留。

③ 子型号。

以一位大写英文字母表示，由 G 开始顺序排列，缺省时为基本型。

G——耐高寒动车组；

H——耐风沙及高寒动车组；

I——预留；

J——综合检测动车组；

K——预留；

L——基本型的 16 辆编组动车组；

M——更高速度等级试验列车改为综合检测动车组；

N 及后续字母——预留。

动车组基础结构示意图如图 4 - 1 所示。

（2）CR 系列动车组的速度目标值命名方式。

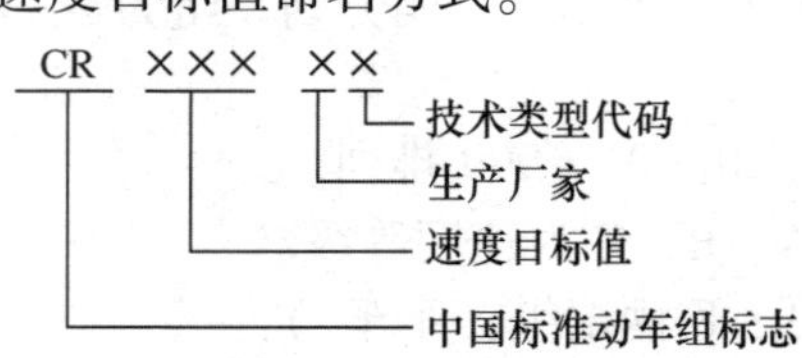

① 速度目标值。

速度目标值以动车组设计的最高运行速度目标值的三位阿拉伯数字表示。

400——设计最高运行速度目标值为 400 km/h；

300——设计最高运行速度目标值为 300 km/h；

200——设计最高运行速度目标值为 200 km/h。

② 生产厂家。

A——四方生产制造；

B——长客生产制造。

③ 技术类型代码。

F——动力分散式动车组；

J——动力集中式电力动车组；

N——动力集中式内燃动车组。

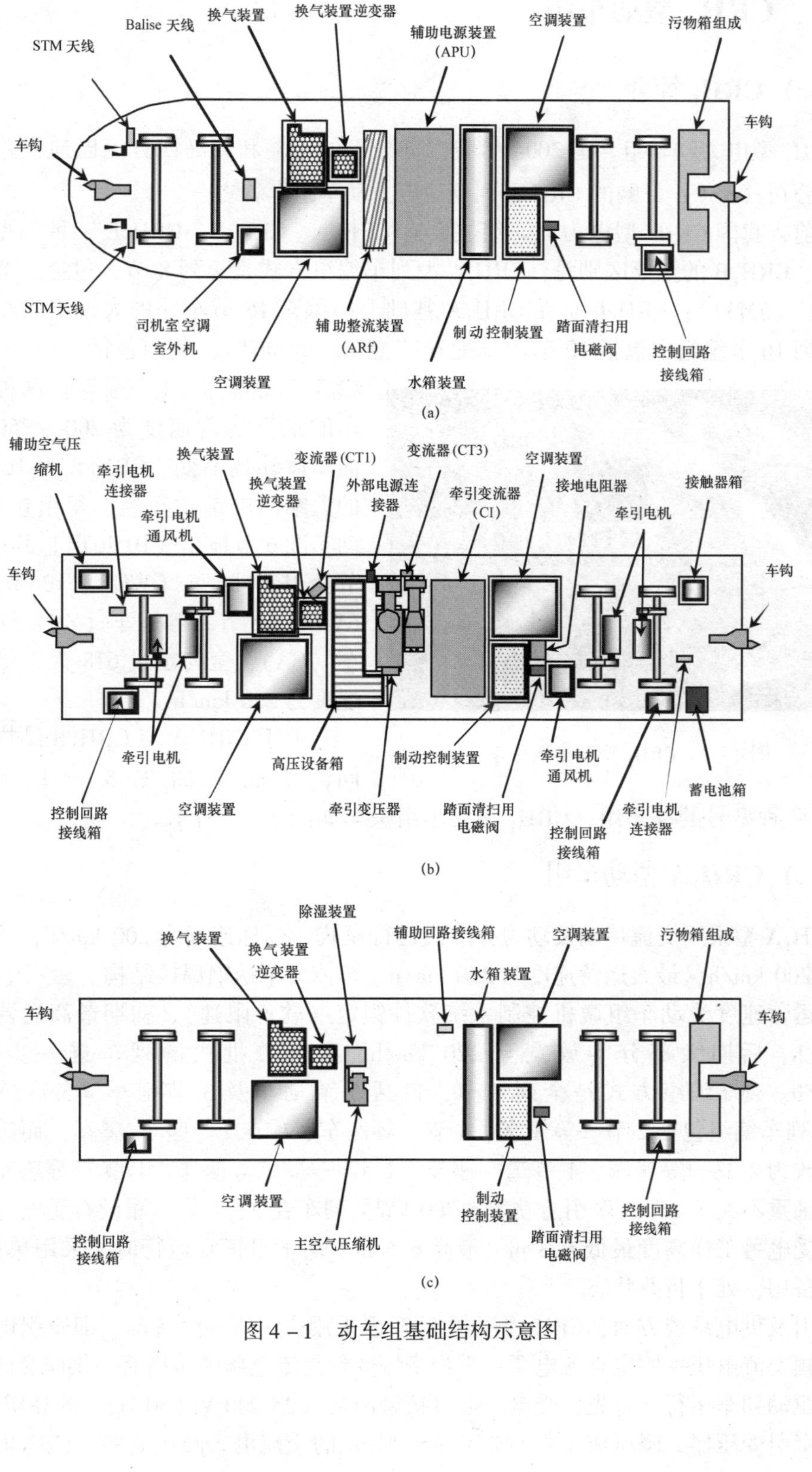

图 4－1　动车组基础结构示意图

三、CRH$_1$ 型动车组

（一）CRH$_1$ 简介

CRH$_1$ 型电力动车组，是2004年我国向庞巴迪运输和青岛四方庞巴迪铁路运输设备有限公司（BSP）订购的CRH系列高速电力动车组车款之一。

目前，我国CRH$_1$ 型电力动车组主要有CRH$_1$A、CRH$_1$B、CRH$_1$E三种类型，其中CRH$_1$A、CRH$_1$B的主要区别是：CRH$_1$A型列车编组方式是全列8节，包括5节动车及3节拖车（5M3T）；CRH$_1$B是在CRH$_1$A基础上扩编至16节车厢的大编组座车高速列车，全列16节编组中包括10节动车配6节拖车（10M6T），其中包括3节一等座车、12节二等座车、1节餐车。两种类型列车的最高运营速度为200～250 km/h，而车体外观不变。CRH$_1$E为16节车厢的大编组卧铺动车组，每组包括10节动车配6节拖车（10M6T），其中包括1节豪华软卧车（WG）、12节软卧车（WR）、2节二等座车（ZE）和1节餐车（CA），全列定员618人，最高运营速度为250 km/h。

图4－2　CRH$_1$ 型动车组头车

由于CRH$_1$A与CRH$_1$B结构基本相同，因此下面主要介绍CRH$_1$A、CRH$_1$E两种型号的动车组。CRH$_1$ 型动车组头车如图4－2所示。

（二）CRH$_1$A 型动车组

CRH$_1$A型采用交流传动及动力分散式运行模式，标称速度为200 km/h，持续运营速度为200 km/h，最大运营速度为250 km/h，车体为不锈钢焊接结构。运用中CRH$_1$A的最大运营速度受动车组微机控制系统软件锁定（软件限速），初期最高运营速度为205 km/h，后期大部分均放宽至220 km/h，而第二批次的列车进一步提高到250 km/h。列车编组方式是全列8节，包括5节动车及3节拖车（5M3T）。首批CRH$_1$A列车编组包括2节一等座车、5节二等座车、1节二等座车/餐车，而第二批次的列车改为2节一等座车、4节二等座车、1节一等/二等座车、1节二等座车/餐车。动车组轴重不大于16 t，牵引总功率5 300 kW。列车在2、7号车厢设有受电弓及附属装置，受电弓工作高度最低5.3 m、最高6.5 m。动车组正常运行时，采用单弓受流，另一台备用，处于折叠状态。

牵引及供电系统方面，CRH$_1$ 型电力动车组采用交—直—交传动，即牵引电源经过单相定频交流电压—固定直流电压—三相变压变频交流电压的转换后，供应交流牵引电动机并驱动列车运行。首先，受电弓通过接触网接入25 000 V（50 Hz）的高压交流电，输送给牵引变压器，降压成单相902 V（50 Hz）的交流电。降压后的交流电再输入整流器（或称变流器），其中两台并联的四象限脉冲整流器模块（LCM）将输入的交流电压整流成两路 1 650 V 直流电，其中一路直流电再经两台 IGBT 牵引逆变器模块（MCM）逆变成电压和频率均可控制的三相交流电驱动电压，输送给牵引电动机牵引列车。同时，另一路直流电输入辅助逆变器模块（ACM），同步将 1 650 V 直流电转换成三相 876 V（50 Hz）交流电，输出至滤波箱的三相变压器，变压并输出三相 400 V（50 Hz）交流电源交流电，再输出至列车上的用电设备。

1. CRH_1A 车型基本情况

CRH_1A 动车组采用不锈钢车体，8 辆编组可两组重联运行。车厢种类包括一等车、二等车、酒吧车，座位布置为一等车 2+2 模式、二等车 2+3 模式。轴重为 16 t，制动采用再生制动+空气制动方式。动车的空气制动采用轮盘形式，制动盘直接安装在车轮辐板上；拖车则采用轴盘式，制动盘安装在车轴上，每轴 3 套。在最大载荷条件下，在平直轨道上的制动距离小于 2 000 m。

2. 车内布局及设施

1）席位布置

全列编组 8 辆，定员 670 人。其中，一等车为 1 车、8 车，其余为二等车。一等车座席按 2+2 形式，二等车座席按 3+2 形式。每个座椅的扶手处设有一个调节按钮，用于调节座椅靠背的角度。一等车座椅主要包含了织物衬套、头枕片、扶手、小桌板、杂志网、脚蹬等；二等车座椅主要包含织物衬套、头枕片、小桌板、杂志网等。CRH_1A 型动车组一等车、二等车分别如图 4-3、图 4-4 所示。

图 4-3　CRH_1A 型动车组一等车

图 4-4　CRH_1A 型动车组二等车

2）车门参数

车厢两侧各设有一个侧门，采用电动单页滑动塞拉门，各门有两级伸出脚踏板，可以适应 800~1 250 mm 的站台，侧门宽度 1 100 mm。侧门设有开门按钮、手动开门把手、车门隔离装置等开关装置。全列侧门的开启集中控制，由司机负责开关。在司机下达允许开门指令后，通过操纵台的开关按钮进行侧门的集中控制，开门时开关门按钮灯亮，同时蜂鸣器响起。当司机按下操纵台上的车门释放按钮后，此时乘客可以通过按动“开门按钮”打开本车厢该侧车门，此外司机也可在司机室内操作同时打开全列一侧车门。CRH_1A 型动车组车内信息显示屏与车厢侧门分别如图 4-5、图 4-6 所示。

图 4-5 CRH$_1$A 型动车组车内信息显示屏

图 4-6 CRH$_1$A 型动车组车厢侧门

3）盥洗池与卫生间

盥洗池配备有温水器、洗面台、皂液器、衣帽钩、水龙头、纸盒、干手器、垃圾箱、门帘、照面镜等，设备应安装牢固、无裂损、作用良好。

卫生间分为坐式和蹲式两种，坐式卫生间设在一等车，蹲式卫生间设在二等车。卫生间内设有整容镜、洗手盆、感应式水龙头、按压式洗手液装置、按压式冲洗装置、垃圾箱、烟火感应装置。残疾人卫生间内还有婴儿护理台和求助设备。当旅客在卫生间内发生紧急情况时，按下求助按钮，立即发出报警声，同时显示屏显示求助信息。

卫生间照面镜应无裂损，便器、洗手盆工作良好、无堵塞，滤网无缺失，皂液器功能良好，垃圾箱锁闭良好，活页门状态良好，紧急呼叫装置性能良好，婴儿护理桌及扶手状态良好，集便装置、污物箱、管路无泄漏，排污阀、冲洗口作用良好，无泄漏，防寒层无破损。CRH$_1$A 型动车组洗面台与坐式卫生间分别如图 4-7、图 4-8 所示。

图 4-7 CRH$_1$A 型动车组洗面台

图 4-8 CRH$_1$A 型动车组坐式卫生间

4）灯光照明设备

客室和乘务员室天花板上、行李架和功能面板上设荧光灯，在过道和厕所外部区域天花板上设紧凑型荧光灯，厕所、风挡过道和乘务员室外部区域天花板上设聚光灯，过道内直接在乘客区域外门上方设聚光灯，乘客座椅上方设阅读灯。

列车照明可通过列车网络系统集中控制。其他辅助照明控制开关主要有门立柱照明开关、司机室及乘务员室电灯开关、厨房和餐厅区照明开关。门立柱照明控制开关设置在1号、5号和0号车，司机室及乘务员室电灯开关设置在司机室及乘务员室，厨房和餐厅区照明开关设置在厨房。

在电池充电失效时，由蓄电池系统进行供电的照明称为紧急照明。紧急照明系统的餐厅及客室紧急照明可被单独控制。

5）餐车设备

餐车位于每组动车中部。餐车一般分为厨房区、酒吧服务区、酒吧外储藏区，设有餐桌（坐式、立式）、椅子、吧台、陈列柜、咖啡机、微波炉、冷藏箱、储藏柜、电磁炉、水槽、垃圾箱、售货车。其中，售货车配有防撞条和制动装置。

电磁炉包括炉体、带盖炒勺，当锅底离开电磁炉超过50 mm时，电磁炉自动关闭电源。冰箱包括两个立式冰箱，一个安装在吧台内，另一个安装在吧台外。CRH_1A型动车组餐车如图4-9所示。

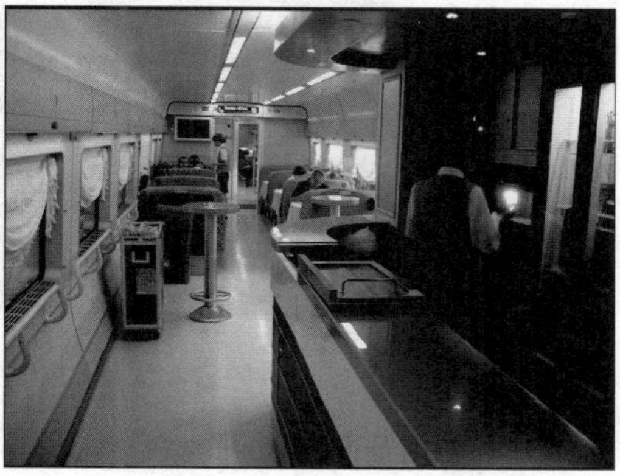

图4-9 CRH_1A型动车组餐车

（三）CRH_1E型动车组

CRH_1E型动车组列车所使用的庞巴迪MITRAC牵引系统，由庞巴迪CPC牵引系统公司（庞巴迪在常州设立的中外合资公司）和庞巴迪在欧洲的工厂生产。CRH_1E型动车组一共有16节车厢，其中头尾两节是普通硬座车厢，9号车是餐车，10号车是高级软卧车，其余车厢都为普通软卧车厢。每节卧铺车厢都设有洗手池、一个蹲厕和一个坐厕。在普通软卧车厢，以四个铺位为一个包间，分上下铺，每个铺位都有独立的电视机、LED阅读灯、衣帽钩等设施。

CRH_1E型动车组每个包厢内、车厢走廊、洗手间都设有220 V电源插座，可以方便乘客充电。每个包间还设有单独温度调节的功能。值得一提的是，包间内还设置有SOS紧急呼叫键。包间里没有设置独立的行李架，因此乘客的行李必须放在下铺床的下方。软卧的床铺更加宽大，而且床板也更加舒适。

在高级软卧车厢，还另外设置了双人沙发、衣柜、行李柜，因此，高级软卧车厢更像一个流动的宾馆房间。在高级软卧车厢走道的尽头，还设有一个共用的小休息区，有一套转角沙发和小茶几。

1. CRH_1E基本情况

CRH_1E车型为16节车厢的大编组卧铺动车组，每组包括10节动车配6节拖车（10M6T），最高运营速度为250 km/h，成为世界上第一种能达到250 km/h的高速卧铺动车组。第一批生产的12列CRH_1E型动车组的编组中有1节豪华软卧车（WG）、12节软卧车（WR）、2节二等座车（ZE）和1节餐车（CA），全列定员618人。其中位于10号车厢的高级软卧车每车定员16人，设8个包厢，每个包厢两个铺位，每个包厢中均有沙发和衣柜，但没有独立卫生间，车厢一端设有带转角式沙发的休息室。从第二批生产的第 13 列动车组（CRH_1 －073E）开始，取消了高级软卧车，并以普通软卧车代替，全列定员增加至 642 人。CRH_1E 型动车组头车如图 4－10 所示。

图 4－10　CRH_1E 型动车组头车

2. 车内布局及设施

CRH_1E 型动车组全长 430 m，整列共有 16 节车厢，可乘坐 618 人。其中二等软座车厢 2 节、软卧车厢 12 节、高级软卧车厢 1 节、餐车 1 节。

高级软卧定员 16 人，有宽敞的会客厅，让旅客在途中有商务空间。高级软卧内只有两套卧具，配有沙发和衣帽柜。图 4－11 所示为 CRH_1E 型动车组高级软卧车厢。

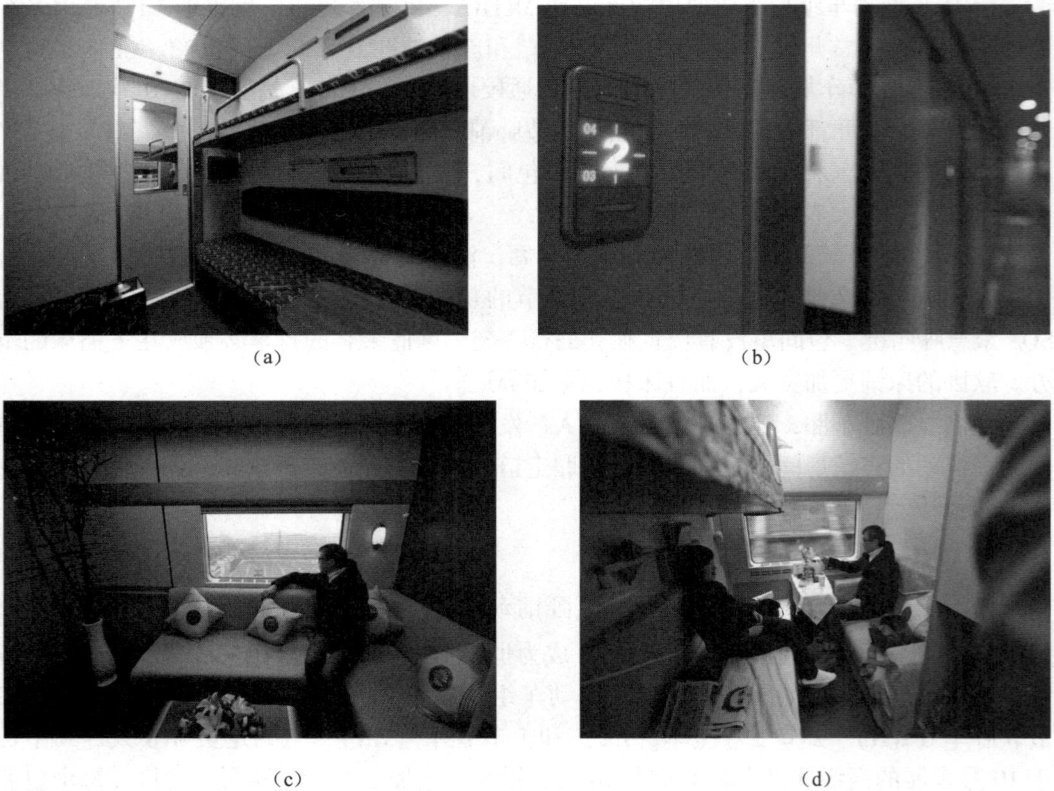

（a）　（b）

（c）　（d）

图 4－11　CRH_1E 型动车组高级软卧车厢

软卧车内每个铺位前都装有电视机，并配备有个人耳机，频道可自由选择，旅客躺在床上看电视相互不会造成影响，而且车上的影视系统也是按照飞机上的标准制作的，有4套节目，包括循环播放的电影、音乐等。同时，车厢内的空调也是单独控制的，旅客可根据自己的需要调节室温，而包厢进出的门也是自动感应的，使用起来很方便。

软卧车每个包厢4个铺位，定员40人。每个铺位靠近头部位置设有阅读灯，墙上有控制开关和一体式搁物架。图4－12所示为CRH_1E型动车组软卧车厢。

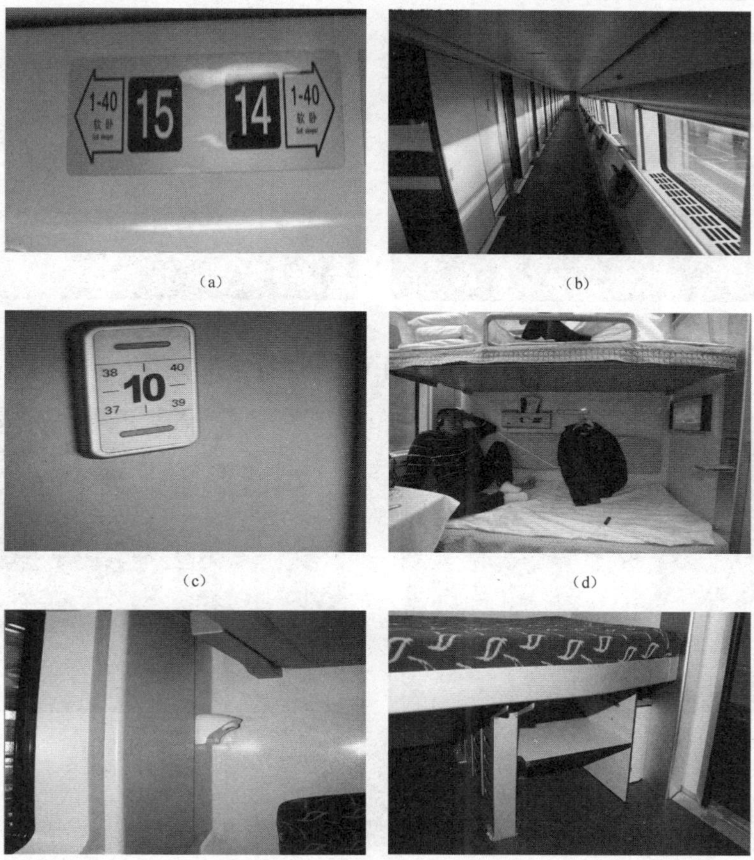

（a）（b）（c）（d）（e）（f）

图4－12　CRH_1E型动车组软卧车厢

9号车厢为餐车，餐车一般分为厨房区、酒吧服务区、酒吧储藏区，主要设施有餐桌（坐式、立式）、椅子（倚靠栏）、吧台、陈列柜、咖啡机、微波炉、冷藏箱（柜）、储藏柜、电磁茶炉、水槽、垃圾箱、售货车。同时在餐车位置还配有一个非集控的车门。图4－13所示为CRH_1E型动车组餐车。

二等座车厢定员61人，座位为3+2布置，座位主要包含织物衬套、头枕片、小桌板、杂志网等。图4－14所示为CRH_1E型动车组二等座车厢。

各软卧车厢配置有坐式和蹲式卫生间，并设有开放式的洗脸间。图4－15所示为CRH_1E型动车组卫生间及洗脸间。

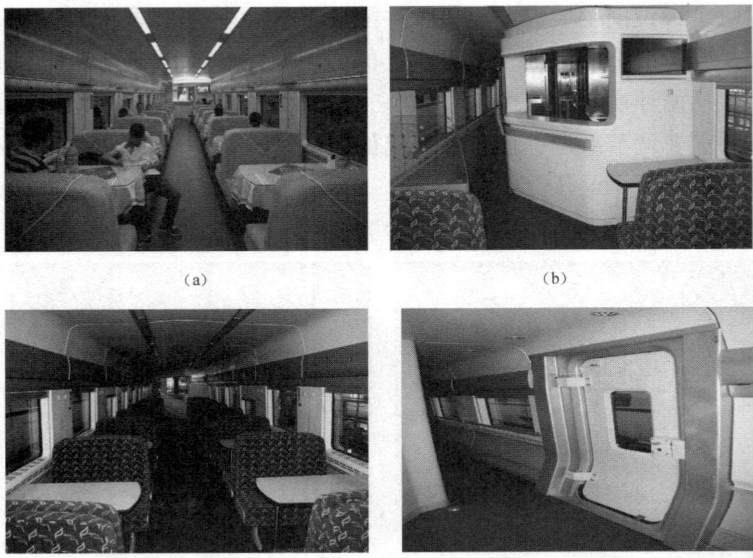

（a） （b） （c） （d）

图 4-13　CRH_1E 型动车组餐车

（a） （b）

图 4-14　CRH_1E 型动车组二等座车厢

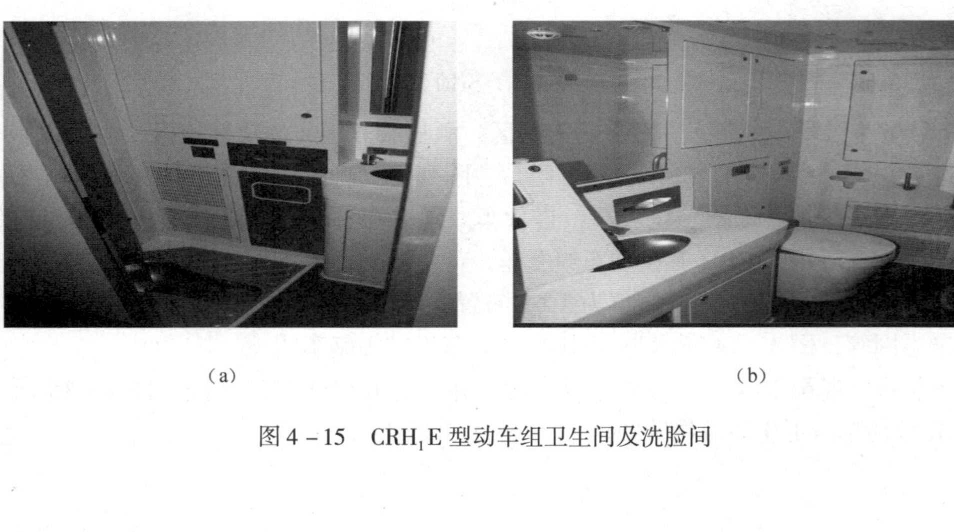

（a） （b）

图 4-15　CRH_1E 型动车组卫生间及洗脸间

四、CRH_2 型动车组

（一）CRH_2 简介

CRH_2 型车组，是日本川崎重工及中国中车四方机车车辆股份有限公司生产的 CRH 系列高速动车组车款之一。

在国产化之后，CRH_2 系列也衍生了多组系列车型，如长大编组型、高速型及卧铺型等系列。

1. CRH_2A 型动车组

目前，CRH_2A 型动车组生产了 194 列（包含 1 列综合检测车，以及 70 列统型列车），首 3 列由日本原装进口，均为 8 辆编组的列车。CRH_2A 型动车组的编组方式是 4 节动车配 4 节拖车（4M4T），每 4 节为一个单元，牵引功率为 4 800 kW，最高营运时速为 250 km，标称时速为 200 km，列车装有两副受电弓。列车设有一等座车、二等座车和二等座车/餐车，其中一等座及二等座座椅均可旋转。CRH_2A 型动车组可两组重联运行。

CRH_2A 型动车组一般在第 5 车厢设置二等座车/餐车，在第 7 车厢设置一等座车。后来为改善乘车环境及加强服务，部分初期制造的 CRH_2A 型动车组增加了一等座车的数量，后期制造的 CRH_2A 型动车组亦在第 3 车厢将原有的二等座车改为一等/二等座车，现时的统型 CRH_2A 型也将一等座车直接设于第 1 车厢。

后期制造的统型 CRH_2A 型车，是根据中国铁路总公司的要求采用统一的动车组设计规范生产的，除了将一等座车直接设于第 1 车厢之外，每节车厢均设厕所，部分车厢更设无障碍座位。

2. CRH_2B 型动车组

CRH_2B 在 CRH_2A 基础上扩编至 16 节，目前生产数量为 20 列。列车最大的亮点在于头车车身两侧加装了类似丹凤眼的车灯。CRH_2B 型列车设有 3 节一等座车、12 节二等座车和 1 节餐车，其中一等座及二等座座椅均可旋转，全列车定员增加至 1 230 人，并在一等座车车厢内加装了电视屏幕影视系统。CRH_2B 型动车组的编组方式是 8 节动车配 8 节拖车（8M8T），每 4 节为一个单元，牵引功率为 9 600 kW，最高营运速度为 250 km/h，标称时速为 200 km。列车装有四副 DSA250 型受电弓。CRH_2B 型长大编组动车组取消了重联控制系统，无法两车重联运行。

3. CRH_2C 型动车组

CRH_2C 第一阶段共生产了 30 列，编号 CRH_2－061C～CRH_2－090C，是在 CRH_2A 的 200 km/h 平台基础上进行改进，具体变化为车辆数量增至 6 节动车 2 节拖车（6M2T），牵引功率增加到 7 200 kW，采用大型中空薄壁铝合金焊接结构，使用 DSA350 型高速受电弓，以及在受电弓两旁加装挡板等。CRH_2C 可两组重联运行。

CRH_2C 第二阶段共生产 30 列，编号 CRH_2 – 091C ~ CRH_2 – 110C、CRH_2 – 141C ~ CRH_2 – 150C，均为 8 节编组。第二阶段在第一阶段的基础上进行了重新研制，在多方面改善了设计。与第一阶段的动车组相比，CRH_2C 第二阶段改用了大功率的 YQ – 365 型交流牵引电动机（365 kW），8 节短编组列车总功率提升至 8 760 kW，传动比也做出相应修改，列车持续运营时速提高至 350 km，最高运营时速为 380 km。车体铝合金结构和隔音减震降噪技术借鉴了 CRH_3 的设计，改善了车体在高速运行时的共振和气动变形问题，并且对转向架二系悬挂进行了改进，另外列车也加强了减少阻力的设计，减少了头车车顶的信号天线。

4. CRH_2E 型动车组

铁路企业在 CRH_2B 大编组座车的基础上实行自主创新，设计了 16 节长大编组的 CRH_2E 型卧铺电力动车组，标称速度 200 km/h，最高营运速度为 250 km/h。列车设有 13 节软卧车、2 节二等座车和 1 节餐车。软卧车每辆 10 个包厢，共 40 个铺位，每个铺位均装有附耳机的液晶电视，并增加了即时联系乘务员的旅客呼唤系统。餐车内设有休闲酒吧和三台液晶电视机。另外，为方便旅客使用随身电子产品，每个车厢均安装了 AC220 V 家用电源插座。其中二等座车每隔三排座椅下设 1 个插座；软卧车每个包间设 1 个插座，走廊设 2 个插座；餐车酒吧区设 2 个插座。全列车装有四副受电弓。

下面介绍 CRH_2A 型动车组（时速 200 ~ 250 km），以及 CRH_2C 型动车组（时速 300 ~ 350 km）。

（二）CRH_2A 型动车组

图 4 – 16 所示为 CRH_2A 型动车组头车。

图 4 – 16　CRH_2A 型动车组头车

1. 概述

CRH_2A 型动车组头车长度 25.7 m，中间车长度 25 m，总长 201.4 m，车体宽度 3.38 m，车体高度 3.7 m。在 4 号、6 号车设受电弓及附属装置，安装高度 4 m 时，受电弓工作高度最低 4 888 mm，最高 6 800 mm，最大升弓高度 7 000 mm。动车组正常运行时，采用单弓受流，另一台受电弓备用，处于折叠状态。车端设密接式车钩装置、风挡及空气、电的连接设施等，具体包括：列车通信总线连接、制动控制线连接、供电母线连接、直流供电母线连接、列车总风管、电路电气设备连接、电缆连接、高压电线连接。

全列车有1节一等座车和7节二等座车。一等车内座椅2+2布置，二等车内座椅2+3布置，全列车定员610人。

车门处地板距轨面高度1 300 mm，适合1 100～1 200 mm站台。

2. CRH_2A 型动车组内部主要设备

一等座：横排4个座椅，座椅可以旋转，宽敞舒适，过道较二等座稍宽。旁边扶手上，设置有车载电视耳机插孔、手机充电插座。二等座：横排5个座椅，座椅较一等座稍窄，可旋转，有手机充电插座。

卫生间：动车车厢内的卫生间均为坐便器，设有集便箱，不会污染线路。卫生间分为两种：普通卫生间，相对较为狭窄；残疾人卫生间，面积约为4 m^2，安装有各种扶手。

部分车厢门较为宽大，便于把轮椅推进来，宽门车厢内有专门放置轮椅的场所。CRH_2A 型动车组部分车内设施如图4－17所示，CRH_2A 型动车组主要设备布置如图4－18所示。

(a)　(b)　(c)　(d)

图4－17　CRH_2A 型动车组部分车内设施

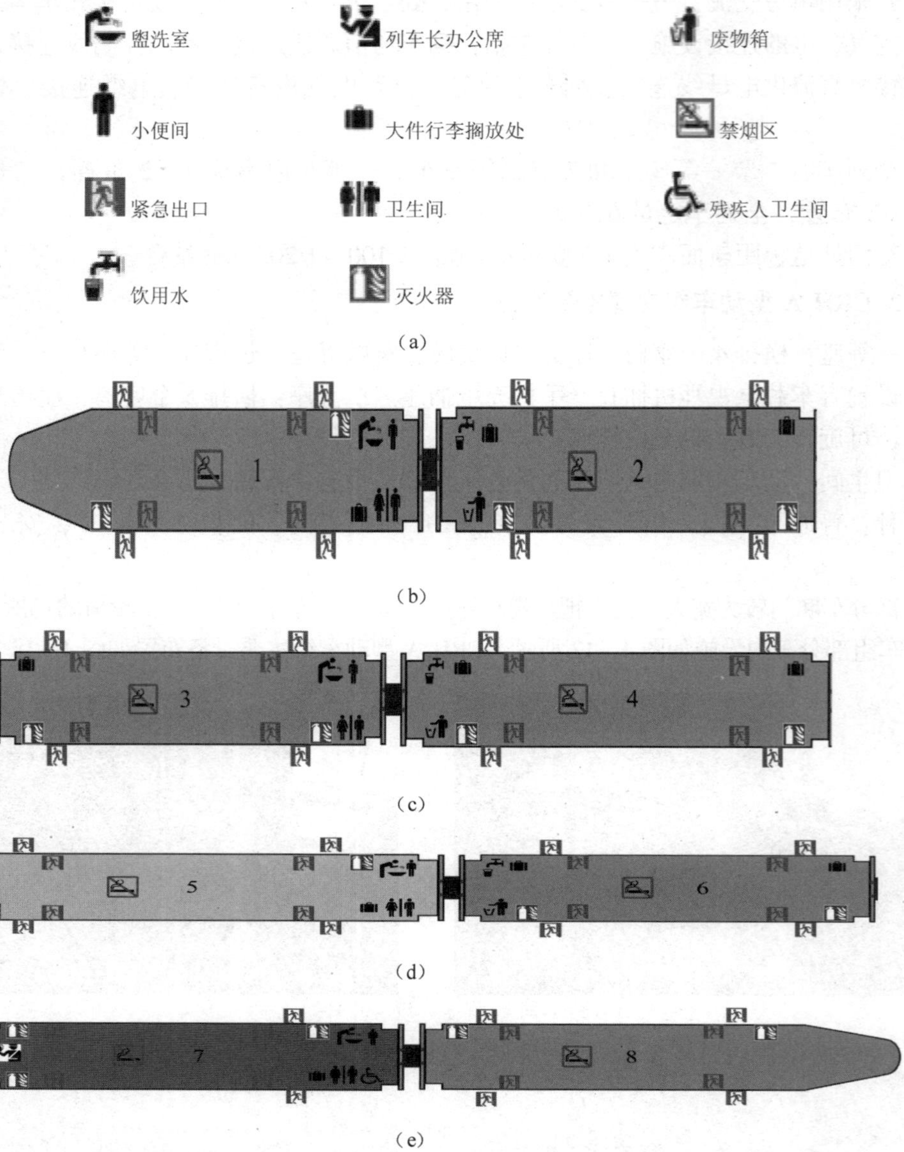

图 4－18　CRH_2A 型动车组主要设备布置

（三）CRH_2C 型动车组

1. 概述

我国在引进技术、消化吸收的基础上，通过自主创新，提升关键技术，将动车组速度等级由时速 200 km 提升至 300～350 km。目前 CRH_2 型适用于我国电气化铁路的 200～250 km/h 既有线和 300～350 km/h 专线，采用动力分散型交流传动方式。

CRH_2C 型动车组采用了 IGBT 大功率模块与变频变压调速等技术，代表了世界高速列车技术的发展方向。该动车组在集成化、车体、转向架、牵引传动与控制、列车网络控制和制动等方面体现了当今铁路机车车辆制造业的先进成果，是高度机电一体化的高新技术产品。图 4－19 所示为 CRH_2C 型动车组头车。

① CRH_2C 型动车组增加了车载影视播放器。在每节二等座车两头板壁及过道顶棚分别增加了影视播放器，目前全列共有影视播放器 56 个，其中设置模式为 1 车 4 个＋2 个、2 车 4 个＋3 个、3 车 4 个＋3 个、4 车 4 个＋3 个、5 车 7 个＋2 个、6 车 4 个＋3 个、7 车 4 个＋3 个、8 车 4 个＋2 个。

② CRH_2C 型动车组增加了 220 V 电源插座。车厢电源插座依据定员不同而进行设置，为方便旅客使用，电源插座由 CRH_2A 型动车组的 31 个增加到 53 个，分别设置在车厢座椅下部及盥洗室内供旅客使用，其中 1 车 4 个＋2 个、2 车 7 个、3 车 6 个＋2 个、4 车 7 个、5 车 4 个＋2 个、6 车 7 个、7 车 7 个＋1 个、8 车 4 个。

③ CRH_2C 型动车组的卫生间设计更符合中国人习惯。CRH_2C 型动车组车厢的卫生间由原来的 2 个坐式＋1 个蹲式改造成 2 个蹲式＋1 个坐式，且新改造的蹲式卫生间面积进一步增大，全列卫生间共计 12 个，分别设置在 1、3、5、7 车，其中 7 车设置有一个残疾人卫生间。

图 4－19　CRH_2C 型动车组头车

2. CRH_2C 型动车组车内设备设施

（1）CRH_2C 车型基本情况。

CRH_2C 型动车组编组结构由 6 辆动车和 2 辆拖车组成，车辆动力配置为 6M＋2T。动车组首尾车辆设有司机室，可双向驾驶。动车组牵引总功率为 7 728 kW，最大轴重 14 t；总长 201.4 m，其中头车长度 25.7 m，中间车长度 25 m，车体宽度 3.38 m，车体高度 3.7 m。车体采用铝合金结构，车门地板距轨面高度 1 300 mm，适合 1 100～1 200 mm 站台。

（2）车内布局及设施。

① 全列 8 辆编组，定员 610 人。其中，一等车 51 人，二等车 559 人。

② 7 号车是一等车，座席按 2＋2 形式设置。另外设有残疾人设施，包括 1 个残疾人卫生间和 1 个可供重点旅客使用的多功能室。CRH_2C 型动车组的一等座、残疾人卫生间、多功能室、二等座、酒吧/餐厅区如图 4－20～图 4－24 所示。

（a） （b）

图 4－20　CRH_2C 型动车组一等座

图 4－21　CRH_2C 型动车组残疾人卫生间

图 4－22　CRH_2C 型动车组多功能室

图 4－23　CRH_2C 型动车组二等座

图 4－24　CRH_2C 型动车组酒吧/餐厅区

③ 1 号、2 号、3 号、4 号、6 号、8 号车是二等车，座席按 2＋3 形式设置。

④ 5 号车是二等车并设有酒吧/餐厅区，酒吧/餐厅区设餐席 16 个。

⑤ 7 号车厢设置 1 个可供残疾人使用的座位。

⑥ 每个车厢两侧各设有两个侧门，全车侧门集中由司机控制。

⑦ 根据旅客需要，座椅朝向可通过踩下座椅下部踏板来调整，座席靠背角度可调整。CRH_2C 型动车组一等座座椅配有车载电视耳机控制面板（见图 4－25），二等座小茶桌如图 4－26 所示。一等座小茶桌如图 4－27 所示。

图 4-25　CRH_2C 型动车组车载电视耳机控制面板

图 4-26　CRH_2C 型动车组二等座小茶桌

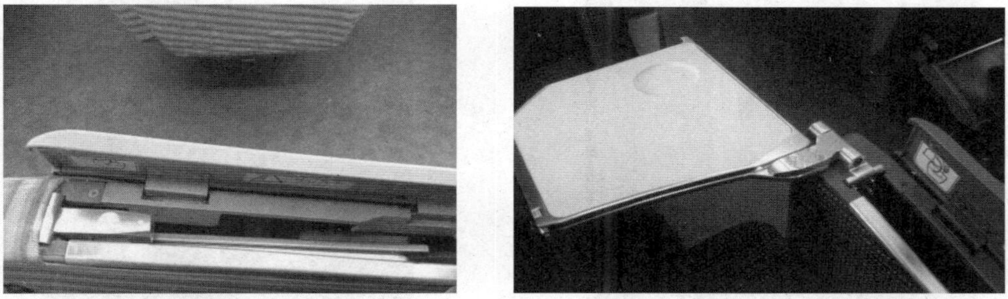

（a）　　（b）

图 4-27　CRH_2C 型动车组一等座小茶桌

（3）乘务员室。

7 号车内设有 2 个乘务室。其中一个乘务室设有联络电话；另一个乘务室内设有联络电话、车载信息装置显示屏、自动广播装置显示器。CRH_2C 型动车组乘务室如图 4-28、图 4-29 所示。

图 4-28　CRH_2C 型动车组乘务室（1）

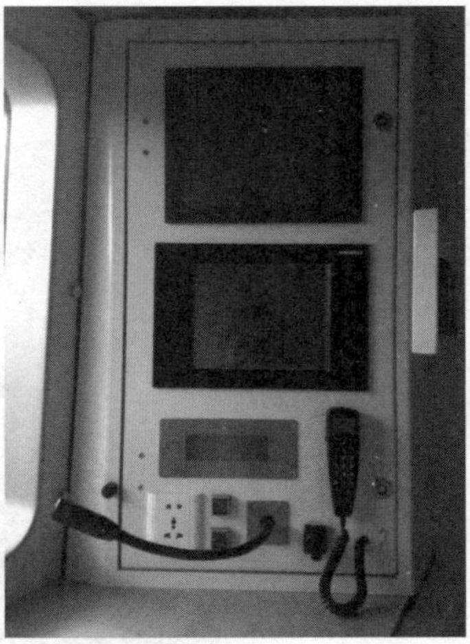

图 4-29　CRH_2C 型动车组乘务室（2）

(4) 乘务服务工作设施设备。

① 备品室。

备品室设置在1号、3号、7号、0号车。

1号、0号车备品室配有紧急用梯子，紧急用梯子是在运营中的列车无法运行时，乘客从车辆上部下到地面时使用的，乘客使用时，要确保地面的安全；3号、7号车备品室配有紧急用过渡板，过渡板是在运营中的列车无法运行时，乘客从车辆换乘至反向列车时使用的，须安装扶手后才能使用。CRH_2C 型动车组备品室内的紧急用梯子和过渡板分别如图4－30和图4－31所示。

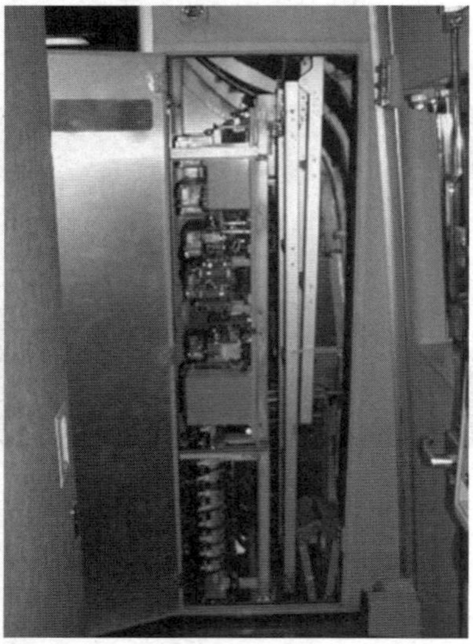

图4－30 CRH_2C 型动车组备品室内的紧急用梯子

图4－31 CRH_2C 型动车组备品室内的过渡板

② 大件行李处。

在2号、4号、6号车的一、二位端，1号、3号、7号车的二位端设有大件行李存放处，用于旅客大件行李的存放。CRH_2C 型动车组大件行李处如图4－32所示。

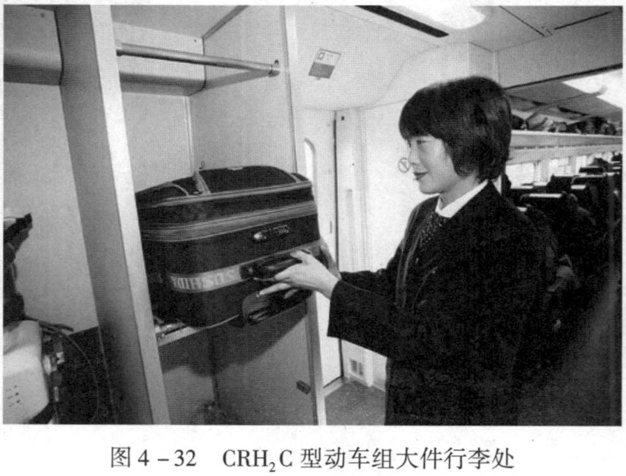

图4－32 CRH_2C 型动车组大件行李处

③ 垃圾箱。

在 2 ~ 4 号、6 ~ 8 号车的一位端，1 号、3 号、5 号车的二位端通过台配电盘下部和 5 号车小卖部处设有垃圾箱。CRH_2C 型动车组垃圾箱如图 4 - 33 所示。

④ 饮水机。

2 号、4 号、6 号、0 号车上各设有一个饮水机，供旅客饮水使用。CRH_2C 型动车组饮水机如图 4 - 34 所示。

图 4 - 33　CRH_2C 型动车组垃圾箱

图 4 - 34　CRH_2C 型动车组饮水机

⑤ 列车服务图形标志。

CRH_2C 型动车组列车服务图形标志如图 4 - 35 所示。

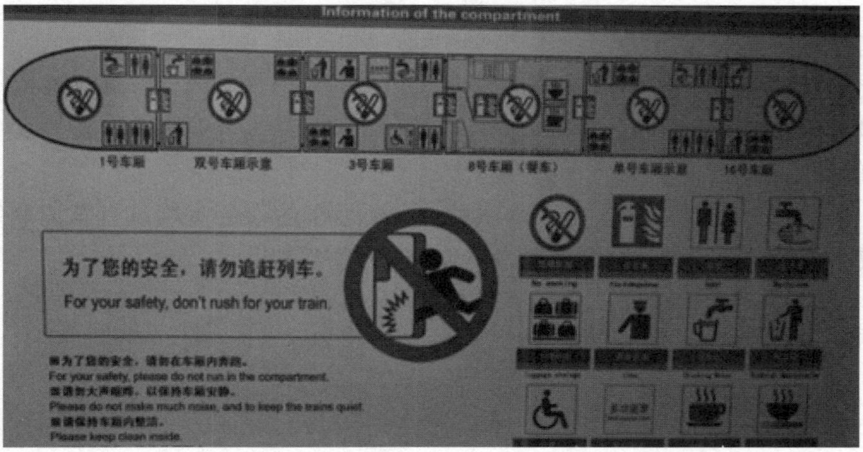

图 4 - 35　CRH_2C 型动车组列车服务图形标志

⑥ 照明。

车内照明设备的操作，可在 1 号、0 号司机室或 7 号乘务室的显示器上进行，可以在这些位置统一进行开、关操作。特殊情况下，可通过每辆车配电柜内的开关单独进行控制。

⑦ 空调。

空调设备的操作在 1 号、0 号车的司机室或 7 号车的乘务室的显示器上进行，相关人员可统一进行开、关操作，统一设定制冷、制热状态，分别设定各车厢的控制温度。特殊情况下，可通过每辆车配电柜内的开关单独进行控制。

⑧ 车内广播装置。

广播系统具备 AM/FM 收音播放功能，能向乘客自动播放音乐及各种服务信息，也可播放预先储存的节目及沿线广播电台的信息。

⑨ 信息显示器（内、外）。

• 信息显示器设置。

每节车厢内两端分别设有车号显示器和信息显示器。车体两外侧面各设有一个车号显示器、一个目的地显示器和一个车门开关显示灯，CRH_2C 型动车组车内信息显示器如图 4－36 所示，CRH_2C 型动车组车外信息显示器如图 4－37 所示。

图 4－36　CRH_2C 型动车组车内信息显示器

图 4－37　CRH_2C 型动车组车外信息显示器

• 信息显示器使用方法。

车内车号显示器可通过各车内开关设置，信息显示器显示内容需用专用 IC 卡设置。车外车号显示器按编组顺序自动显示，目的地显示器显示内容需用专用 IC 卡设置。

⑩ 车内联络电话。

在 1 号、0 号车的司机室、5 号车的吧台、7 号车的乘务室均设有车内联络电话，根据需要，每部电话均具备全列广播、单独拨号对讲功能。

五、CRH_3 型动车组

（一）CRH_3 简介

CRH_3 型动车组，主要有时速为 200～250 km 的 CRH_3A 型动车组、时速为 300～350 km 的 CRH_3C 型动车组和时速为 200～250 km 的 CRH_3G 型动车组。

1. CRH_3A 型动车组

CRH_3A 型动车组由原中国北车主导，原中国北车所属长客股份公司和唐车公司联合设计生产，并于 2013 年 6 月 8 日在长客亮相。CRH_3A 型动车组是在借鉴了多种型号动车组优点的基础上，由我国研制开发的具有自主知识产权的动车组。这一新型动车组可根据不同运营线路的需求，分别以时速 160 km、时速 200 km、时速 250 km 三个速度等级运行，是目前国内唯一既适合时速 200 ~ 250 km 之间客运专线，又适合时速 160 ~ 250 km 之间城际铁路运行的动车组。CRH_3A 型动车组能充分考虑中国复杂的地理气候条件和运营环境，根据各地的区域特点量身打造。相对于此前国内运行的同等级的其他型号动车组，该型动车组还有较强的成本优势和售后维护优势。图 4 - 38 所示为 CRH_3A 型动车组头车。

图 4 - 38　CRH_3A 型动车组头车

CRH_3A 型动车组采用 4 动 4 拖 8 辆编组，牵引总功率 5 120 kW。为了给乘客带来更加舒适的乘车感受，设计人员对 CRH_3A 型动车组进行了全方位人性化设计。车头采用漂亮的流线型设计，在满足空气动力学要求的基础上显得动感十足；车门车窗均采用拓宽设计，满足乘客快速上下车，并能为乘客提供更好的观光视野；密闭的车厢结构将行车噪声降至最低；而更加先进的空调系统能让车内温度更加舒适；全新设计的座椅和大空间过道给乘客带来了全新的乘车体验。

2. CRH_3C 型动车组

CRH_3C 型动车组采用动力分散式设计，每列 8 辆编组，分 4 辆动车和 4 辆拖车（4M4T），最高运营速度达 350 km/h。列车设有一等座车（ZY）1 辆、二等座车（ZE）6 辆和带酒吧的二等座车（ZEC）1 辆。其中一等座采用 2 + 2 方式布置，二等座为 2 + 3 方式布置。除了带酒吧的二等座车外，其他车厢所有座位均能旋转。图 4 - 39 所示为 CRH_3C 型动车组头车。

图 4 - 39　CRH_3C 型动车组头车

由唐客股份制造的第一列国产化 CRH_3C 于 2008 年 6 月 24 日上午 9 时 13 分在京津城际铁路的试验中创下了 394. 3 km 的最高时速。在当天的试验中，CRH_3C 仅用了 5 min 左右，速度就提升至 300 km/h。CRH_3C 于 2009 年 12 月 9 日在武广客运专线进行试验，最高时速达到了 394. 2 km，创下了两车重联情况下世界已运营高速铁路的最高速度纪录。

3. CRH_3G 型动车组

CRH_3G 动车组是我国在充分消化吸收时速 350 km 动车组研发制造技术的基础上，自主集成及创新的新型动车组。CRH_3G 动车组采用 4 动 4 拖 8 辆编组形式，最高运营时速 250 km，填补了我国在时速 200 ~ 250 km 动车组列车速度等级中城际动车组产品的空白。CRH_3G 动车组具有极高的安全性设计水平，符合欧洲相关标准，具有良好的耐撞、防火、制动性能，采用创新设计的外部造型，减低了运行阻力和车外噪声，相对于时速 350 km 动车组，人均能耗更低，实现了平稳舒适、节能环保。图 4 –40 所示为 CRH_3G 型动车组头车。

图 4 – 40　CRH_3G 型动车组头车

下面介绍 CRH_3C 型动车组。

（二） CRH_3C 型动车组

1. CRH_3C 型动车组基本概况

CRH_3C 型动车组为 4 动 4 拖 8 辆编组，采用电力牵引交流传动方式。该动车组具有良好的外形，两端为司机室，列车正常运行时由前端司机室操纵。两列动车组可以连挂运行，自动解编。动车组总功率为 8 800 kW，动力单元牵引功率为 4 400 kW，单轴功率为 550 kW，目前为同类动车组世界之最，这为高速度运行提供了动力保障。

为满足动车组高速运行的需要，根据空气动力学原理，列车外形的设计呈流线型，降低了动车组的空气阻力和噪声。

采用世界上最先进的电空制动，保障列车在规定的距离内停车，制动方式分常用制动、司机紧急制动、乘客紧急制动。在电空制动失效后，还有备用的自动空气制动，确保制动万无一失。

动车组 8 辆车分为 5 种不同的车厢类型，即端车（头车和尾车）、变压器车、中间变流器车、餐车和一等车。从车种上可分为一等车、二等车，以及餐车和二等车的合造车；从动力配置上可分为动力车和非动力车。端车上设司机室、观光一等客室和二等客室，还设有电热饮水机，配有一个动力单元；变压器车设两个标准卫生间、电热饮水机和二等客室，并安装牵引变压器；中间变流器车设有两个标准卫生间、电热饮水机和二等客室，并安装牵引变流器和压缩空气单元；一等车设有一个标准卫生间和一个残疾人卫生间、电热饮水机和一等客室，在车端靠近车门处设有残疾人轮椅存放区，车下安装有辅助变流器；餐车和二等车的合造车设有厨房、吧台、就餐区、多功能乘务员室和二等客室，车下设有辅助变流器。动车组外形一致，车顶空调和电气设备设有导流罩，车下设有封闭的设备舱。两端设有车钩导流罩，采用流线形设计，降低了空气阻力和噪声。列车是按照“一切导向安全”的理念设计制造的，它的车上、车下所有设备，都有严格的安全管控保障措施。即使列车的单个设备出现故障，列车也将会自动检测，并处于安全保护状态，必须由技术人员将故障完全排除后才能开行，以确保绝对安全。CRH_3C 型动车组列车为全封闭式车厢，全列车禁止吸烟。即使在车厢连接处或洗手间吸烟，列车监控系统也会报警甚至引发设备故障，导致列车停运。

2. CRH_3C 型动车组车内设备设施

1）车型编组、车种和定员

CRH_3C 型动车组为 8 辆编组的交流传动电动车组，分为两个牵引单元，每个牵引单元又包括两个动力单元，两端为带司机室控制车。CRH_3C 型电力动车组采用动力分散式动力模式，每列 8 辆编组，分 4 辆动车和 4 辆拖车（4M4T），列车设有一等座车（ZY）1 节、二等座车（ZE）6 节和带酒吧的二等座车（ZEC）1 节。其中一等座采用 2 +2 方式布置，二等座为 2 +3 方式布置。除了带酒吧的二等座车外，其他车厢所有座位均能旋转。

2）CRH_3C 型动车组布局及设备

（1）车门。

CRH_3 型动车组车门共 22 扇，其中端车和一等车两侧各配置一扇门，餐车没有门，其余车厢为方便乘客上下车，在两侧各设置两扇门。所有门控器从列车控制单元接收信号和指令，主门控器将有关的所有车门的各种状态和诊断信号的信息传送给列车控制单元。图 4 –41 所示为 CRH_3C 型动车组车门控制开关。

图 4 –41　CRH_3C 型动车组车门控制开关

（2）座席。

在全列 8 辆车中，有 1 节一等车和 7 节二等车（含 1 节酒吧车），全列车定员 557 人。5 号车是一等车，座席按 2 +2 形式设置；1 号、2 号、6 号、7 号、8 号车是二等车，座席按 2 +3 形式设置；4 号车是二等座车与餐车的合造车。客室设有旋转可调靠背座椅，车厢两侧各设有两个侧门，全车侧门由司机集中控制。车窗均采用依据光学折射原理设计的减速玻璃，减小了因动车组列车高速运行产生的视觉冲击，给旅客带来更舒适的感受，车窗内部设有半透明内嵌下拉式窗帘。

乘务室数量为 1 个，位于 4 号车二位端。室内设有列车广播通信设备 2 台、紧急制动阀 1 个、列车乘务控制系统 1 台。图 4 – 42 所示为 CRH_3C 型动车组车内座席设置形式。

（a）　　（b）

图 4 – 42　CRH_3C 型动车组车内座席设置形式

3. 服务设备

卫生间数量为 10 个，2 号、3 号、5 号、6 号、7 号车每车设置坐式卫生间（其中 5 号车设 1 个残疾人卫生间），卫生间内配有触摸式冲水阀、洗手盆、烟火报警装置等。墙板距地板 600 mm 高度上设有 SOS 呼叫按钮，当乘客发生意外时，可以通过该按钮发出求救信号，便于及时救护。残疾人卫生间内部空间较大，采用自动门，便于残疾人出入。卫生间内的许多细节设置充分体现了人性化服务的原则。图 4 – 43 所示为 CRH_3C 型动车组卫生间部分设施。

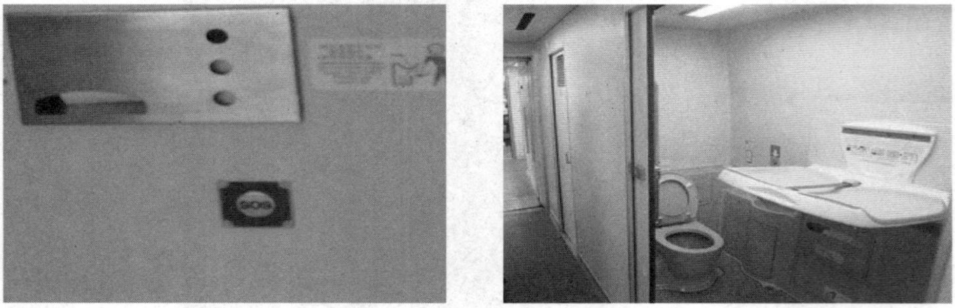

（a）　　（b）

图 4 – 43　CRH_3C 型动车组卫生间部分设施

4. 消防安全设备

1 号、8 号车厢配备有两台灭火器，此外，还在司机室配备了一个灭火器。在 2 号、7 号车厢的车厢末端配备有两台灭火器，在 3 号、6 号车厢的车厢末端配备有两台灭火器，在 4 号车厢的车厢末端和厨房中各配备有一台灭火器。图 4 – 44 所示为 CRH_3C 型动车组车内灭火器设施。

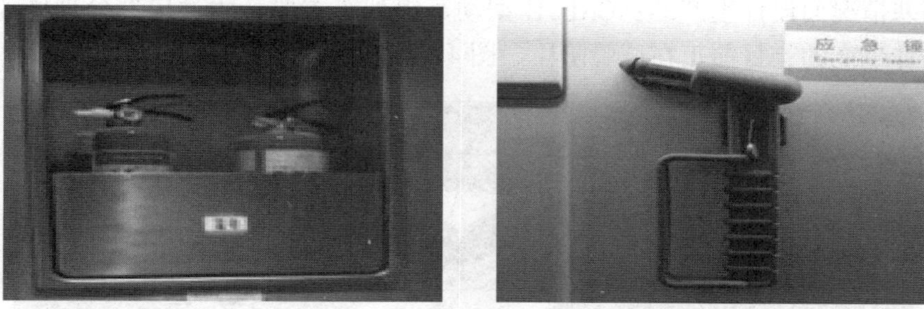

（a）　　（b）

图 4－44　CRH_3C 型动车组车内灭火器设施

车厢之间通过门被设计为防火门，也就是说它们有相应的边框、耐火面，且它们都进行了适当密封。所有舷梯门的设计都确保其具备 15 min 的耐火性，但其本身并不满足绝缘标准，也就是说，每个门都构成一个挡火墙。这样，关上两扇门就能实现更高的安全性。万一发生火灾，在受影响车厢被清空后，手动开启的车门能被铁路工作人员关闭。

所有紧急出口窗都在里面和外面进行了明确标识。如果遇到紧急情况，可以用悬挂在列车内的安全锤（每节车内配备 6 个）敲碎紧急出口窗，然后将其作为一个逃生出口。司机室的活动侧窗也必须配合救生梯作为安全出口窗。图 4－45 所示为 CRH_3C 型动车组车内部分安全设施。

（a）　　（b）

图 4－45　CRH_3C 型动车组车内部分安全设施

在司机室的司机座椅下面的箱子中放有卷式救生梯，它可以挂在司机室的左侧和右侧窗户的框架上。救生梯使得司机可以在外门被阻塞的情况下，从司机室上通过救生梯进行逃生。

所有外车门都被设计为紧急出口门，一旦外车门发生故障，在列车静止时可将外车门解锁并打开。

六、CRH_5 型动车组

（一）CRH_5 简介

CRH_5 型动车组目前运营的型号有 CRH_5A 型和 CRH_5G 型两种。目前中国铁路总公司及相关部门正在研发 CRH_5H 型动车组列车。CRH_5G 型动车组列车主要是为适应部分地区的高寒情况而设计生产的；CRH_5H 型动车组列车主要是为适应部分地区风沙大的情况而设计生产的，目前正在试验阶段。图 4－46 所示为 CRH_5 型动车组头车。

图 4－46　CRH_5 型动车组头车

1. CRH_5A 型动车组概述

CRH_5A 由长春轨道客车股份有限公司负责在国内生产，为 8 辆车厢编组座车动车组，最高营运速度 250 km/h，具备时速 300 km 的提速能力。CRH_5A 型动车组采用动力分散式设计，共 5 节动车和 3 节拖车（5M3T）。列车可通过两组联挂方式增至 16 节。列车设有一等座车（ZY）、二等座车（ZE）、一等包座/二等座车（ZYE）和带酒吧的二等座车/餐车（ZEC）。其中一等座采用 2＋2 方式布置，二等座为 2＋3 方式布置。该系列动车组有 23 列车（编号为 CRH_5A－5001～CRH_5A－5012、CRH_5A－5043～CRH_5A－5053）的一等、二等座椅不可回转。图 4－47 所示为 CRH_5A 型动车组座椅分布。

车号	1	2	3	4	5	6	7	8	全列定员
固定座椅	74	93	93	93	93	42	74	60（一等）	622
旋转座椅	56（一等）	90	90	90	90	40	74	56（一等）	586

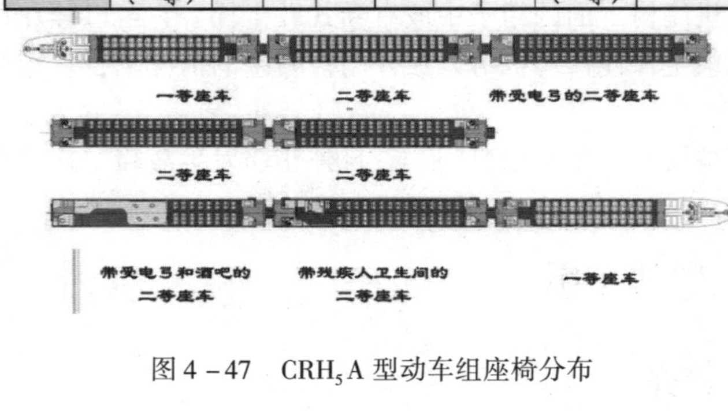

图 4－47　CRH_5A 型动车组座椅分布

2. CRH_5G 型动车组概述

CRH_5G 型动车组以 CRH_5A 型动车组为基础，在抗高寒方面有了多方面的优化和适应性设计。列车采用 8 辆编组，5 动 3 拖，为降低空气阻力，车头采用仿生学的流线型设计。CRH_5G 型动车组特别针对材料的低温适应性、防雪密封技术、保温防冻技术、“跳出冷凝水陷阱”等方面进行研究，通过使用耐严寒的材料，优化转向架、给水卫生系统、空调系统、电气结构等多种措施，解决积雪和结冰等情况对车辆的不利影响。在雨雪天气时，轨道与车轮之间的摩擦系数减小，车轮可能出现空转和滑行现象。CRH_5G 型动车组设有撒砂装置，通过激活撒砂装置，向轨道上喷洒砂粒以增加轨道与车轮间的摩擦系数，提高轮轨黏着，保证雪天车轮不打滑，有利于行车安全。图 4－48 所示为 CRH_5G 型动车组头车。

CRH_5G 型动车组在设施方面进行了人性化的优化布置和设计，整列车的座椅都可 180°旋转，还可以调整倾斜度，乘客只需用脚轻踩座椅下的脚踏板，就可以将座椅 180°调整，这样可以和对面乘客打牌休闲。每排座椅设有安全插座，可以随时为手机充电。窗户下面设有小窗台，便于旅客放置水杯、手机等小件物品。

由于运行沿线温度较低，CRH_5G 型车采用车顶单元式空调，遵循国际先进标准，不管是严寒还是酷暑，车内始终保持 20～24℃的舒适乘坐温度，确保乘客有良好的乘坐体验。

图 4－48　CRH_5G 型动车组头车

CRH_5G 型动车组采用了先进的航空隔声材料和结构，有效控制了车外辐射噪声和司机室、客室内噪声，以 250 km 的时速运行时，客室内噪声指标远低于飞机和小汽车的内部噪声指标。

在安全性能方面，CRH_5G 型动车组列车控制与监控系统标准高，全车设有 2 000 多个传感器，对 32 个设备进行监控，监控点达 1 000 多个。该套系统对动车组的主要系统或零部件的工作状态进行实时监控，如电机、齿轮箱、走行部轴承温度等。另外，动车组还设有远程专家故障诊断系统，保证行车安全。

CRH_5G 型车检修周期长，是动车组里的“经济适用型车”，运行达 120 万 km 后进行三级修，240 万 km 进行四级修，480 万 km 进行五级修，极大降低了后期维修成本。

下面介绍 CRH_5A 型动车组。

（二）CRH_5A 型动车组

1. 总体概述

车体采用轻质铝合金型材和板材制成，各车能在 5 km/h 速度的调车冲击下保持正常状态。为最大限度地减少辅助构件的焊接，底架型材的下部设有“形槽”，便于固定底架设备并能增加底架的刚度。CRH_5A 型动车组头车如图 4－49 所示。

图 4－49　CRH_5A 型动车组头车

全列车设动力转向架 10 台，非动力转向架 6 台，其中动轴 10 根，拖轴 22 根。动力转向架为单动力轴形式，采用空心车轴、整体车轮、磨耗型踏面、SKF－TBU 锥形滚珠轴承，构架采用焊接结构。

电动机向车轴的传动是通过齿轮箱和万向轴实现的。牵引系统采用交流传动方式，动力配置为 5 动 3 拖的动力分散式形式，分成两个牵引单元，第一动力单元为（M＋M＋T＋M），第二动力单元为（T＋T＋M＋M）。在 3 号、6 号车上设有受电弓，动车组运行时采用单弓受流方式，一个受电弓备用。在车顶设置贯通的高压母线，分别向两个牵引单元供电。牵引单元由主变压器、牵引变流器、异步牵引电机组成。主变压器使用油冷方式，牵引变流器使用成熟的 IGBT 技术。

牵引总功率为 5 500 kW，轮周牵引力为 302 kN，最高运营速度为 200 km/h，最高试验速度为 250 km/h。客室空调系统采用车顶单元式空调机组，由两套独立的冷却电路构成（除冷却扇以外）。

空调系统配有一个压力保护系统，可保护乘客在列车进入隧道或两列车交会时免于压力波动的影响。系统通过关闭空调系统的新风口和排风口，保证动车组外部压力波不在车内传播。采暖系统由空调机组中安装的热阻器和分隔间、通过台及卫生间内的电热器构成。电热器的布置可以保证在车内形成空气对流状态，以充分利用加热功率。司机室设独立的空调系统，受客车空调系统控制器的控制。司机可以通过安装在驾驶台上的开关设定司机室的温度，设定值在 18 ~ 24 ℃之间。当整个列车设置成停止加热模式时，即使列车不运行，且室外气温在 - 36 ℃时，司机室内的温度仍可通过散热器保持在 18 ℃。

司机室外部门采用铝制带隔热层的折页门，带有微动开关可检测此门的开关状态。前窗玻璃采用多层结构，安装带有恒温装置的电加热器，前窗最内层为塑料防碎层。司机室照明采用车顶安装的日光灯，另外还安装了小的卤素灯供司机做时刻表的照明用。

播音系统由扬声器网络、电话和车用放大器等部分组成，既可选择向自己所在的单元车组广播，也可选择向全部的车组广播。车外显示系统可显示列车到达方向、中间站、列车编号和车厢编号等内容。到达方向显示器设置在车厢外部靠近旅客进出的车门处。每个客室还配备 2 个车内 LED 显示屏，LED 显示屏为单排、滚动式设计，可视面积约为 480 mm × 80 mm，将显示下一到站、时刻表、运行速度、车内外温度和可编辑的其他信息。

2. CRH_5A 型动车组设施设备

1）CRH_5A 型动车组车门

每节车厢两侧各设有一个集控车门，车门外侧主要控制装置包括：触摸式开门按钮、车门紧急解锁拉手、手动车门锁。在车门外开门时，将车门紧急解锁拉手扳至 90° 位置，同时拉动车门即可开启；司机释放后可以使用触摸式开门按钮开门，上部按钮供成人使用，下部按钮供儿童及残疾人使用。图 4 – 50 所示为 CRH_5A 型动车组车门按钮。

（a）　　（b）

图 4 – 50　CRH_5A 型动车组车门按钮

每节车厢的入口处均设有一个车门踏板，其基本结构为由两个铰链支撑的踏板。这两个铰链将根据站台高低升降车门踏板，低站台情况下将车门踏板提升，高站台情况下将车门踏板降下。

车门踏板装有一个电驱动可伸缩站台补偿器，用于搭接在高站台和门口之间。站台补偿器位于车门踏板边缘，列车停稳并开门后，站台补偿器自动伸出。图 4 – 51 所示为 CRH_5A 型动车组车门踏板。

当列车加速至 5 km/h 及以上时，由乘务员操作车门开启授权，车门开启控制可自动取消；当列车减速至 5 km/h 或该速度以下时，必须重新进行操作授权。

速度为 5 km/h 或超过该速度时，车门自动关闭。如果关闭过程中，站台补偿器未返回至其原始位置，则会阻止车门关闭。

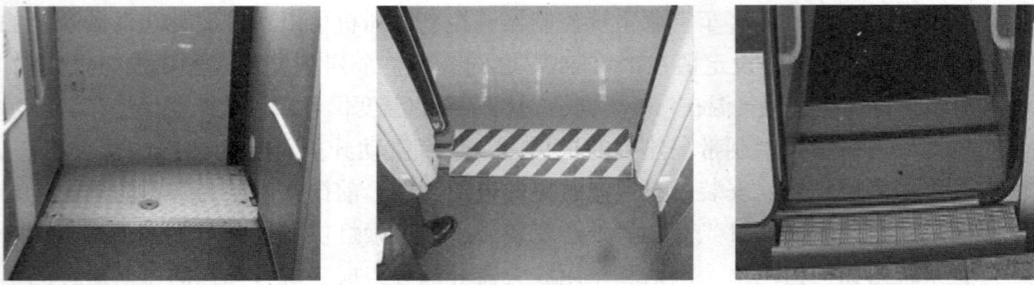

(a) (b) (c)

图 4－51 CRH_5A 型动车组车门踏板

车开启过程中，如站台补偿器未处于正确位置，则会阻止车门开启。

车门上设有若干敏感边条，如关闭过程中在车门和门框之间碰到任何人或物体，则敏感边条会使车门重新完全开启，约 5 s 后，车门将自动重新关闭。该循环会重复操作，直至障碍物品处理完毕。站台补偿器设有收回装置，当作用于其上的力超过 300 N 时，会阻止站台补偿器关闭。如果关闭过程中检测到站台补偿器上有障碍物，则踏板会打开至完全开启位置并尝试重新关闭。

车门指示灯是车门关闭和开启的信号显示装置，有红色、绿色、白色三种显示颜色。绿灯表示车门正常，车门完全关闭、锁定且补偿器收回；红灯表示车门故障，车门未完全关闭或站台补偿器未收回；白灯表示车门隔离、停用。

2）CRH_5A 型动车组座席

一等车座椅为 2＋2 布置，主要包含织物衬套、头枕片、扶手、小方桌、杂志网、脚踏板等，座椅上方设有阅读灯。二等车座椅为 3＋2 布置，主要包含设备有织物衬套、扶手、小方桌、杂志网等。

座椅的扶手处设有一个调节按钮，用于调节座椅靠背的角度。扳动座席拉手，同时身体向前滑动即可进行座席的调整。图 4－52 所示为 CRH_5A 型动车组座椅设施。

(a) (b) (c)

图 4－52 CRH_5A 型动车组座椅设施

背靠折叠桌展开即可使用，位于扶手内的折叠小桌需打开扶手活动盖板，向上取出后打开使用。7 号车二位端设有残疾人专用区域及残疾人弯道，以供残障人使用。残疾人座椅位于 74 号座位，座椅靠墙壁一侧有紧急求助按钮。残疾人轮椅可存放在 1 号车厢残疾人专用区域（设有防护带），使用时需将防护带轻轻拉出然后扣紧将轮椅固定。

动车组由于速度高，所以车窗采用减速玻璃。车窗处设有半透明内嵌下拉式遮阳幕。车厢座席上方设有行李架、空调口，在部分车厢二位端设有大件行李存放处，其为三层结构，大件行李可存放于此，高铁快件也可存放。

3）客运服务设施设备

（1）卫生间。

卫生间分蹲式便器和坐式便器两类，均为真空集便器。卫生间设有洗手盆、感应器、干手器、烟雾感应装置、电源插座、扶手、垃圾箱、触摸式冲水按键、纸、坐便垫储放箱等设施，卫生间门设有“有/无人”显示装置。图 4－53 所示为 CRH_5A 型动车组卫生间设施。

（2）餐车。

餐车设餐桌、依靠栏、吧台、陈列柜、微波炉、冷藏柜、储藏柜、电茶炉、水槽、售货车、垃圾箱等，CRH_5A 型动车组餐车设施如图 4－54 所示。

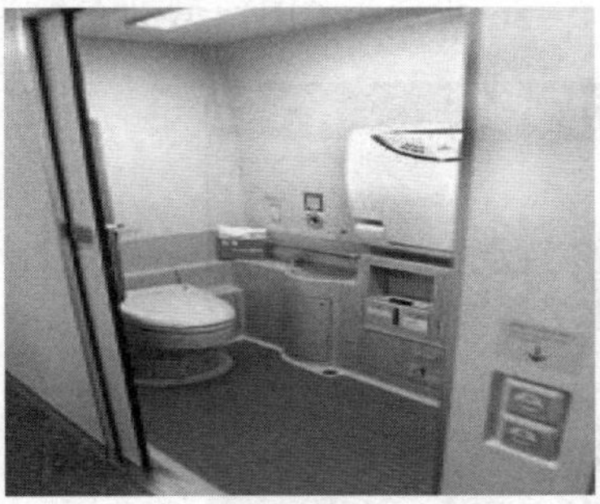

图 4－53　CRH_5A 型动车组卫生间设施

图 4－54　CRH_5A 型动车组餐车设施

（3）列车长室。

列车长室安装有乘客信息系统（PIS）管理单元，执行多层菜单人机界面。其主要功能如下。

① 插入行程/进路信息（由车组编码和进路编码识别）。如需要，可针对运营车站/非运营车站修改信息（未规定的临时停站或无法在一个或多个应到站停车）。

② 开始任务指令。接收到该指令后，系统以全自动模式生成并显示下列信息：

所有“下一站”音频/视频信息（在距下一站预定距离处）；

系统允许开启车门前，内部 LED 显示屏单元显示的当前站信息；

内部 LED 显示屏单元上显示的速度、车内外温度、终到站、日期和时间；

外部 LED 显示屏单元上显示的车号、车次号、始发站、终到站；车速超过 45 km/h 时，外部 LED 显示屏单元关闭。图 4－55 所示为 CRH_5A 型动车组列车长控制室。

图 4－55　CRH_5A 型动车组列车长控制室

七、CRH_6 型动车组

（一）CRH_6 简介

CRH_6 型动车组是由青岛四方机车车辆股份有限公司和南车南京浦镇车辆有限公司共同研制开发的 CRH 系列电力动车组。列车由四方任技术总负责，浦镇四方联合设计，并分别在两公司及广东（新会）基地生产。CRH_6 型动车组适用于城市间及市区和郊区间的短途通勤客运，满足载客量大、快速乘降、快启快停的运营要求。

CRH_6 型动车组采用 8 辆标准编组，编组长度 201.4 m。根据运输距离、站点和乘客群的不同，CRH_6 型动车组分为两大类型，运营速度分别为时速 200 km 和 160 km 两个等级。时速 200 km 的 CRH_6 型动车组最高运营速度 200 km/h，试验速度 220 km/h，以“大站停”的模式运营；而时速 160 km 的 CRH_6 型动车组最高运营速度 160 km/h，试验速度 180 km/h，以“站站停”模式运营。图 4 – 56 所示为 CRH_6 型动车组头车。

图 4 – 56　CRH_6 型动车组头车

CRH_6 型动车组装备有轻量化大功率牵引设备，采用交流传动技术。由于通勤铁路站间距较小、客流量较大，因此 CRH_6 型动车组具有快速停车启动、大载客容量的特点。时速 200 km 的车型由静止加速到 200 km/h 需时 183 s，加速距离 6 697 m；时速 160 km 的车型由静止加速到 160 km/h 需时 102 s，加速距离 2 843 m。列车采用计算机控制的电空复合制动、高热容量的盘式制动装置，并按高减速度设计，确保动车组在最短的时间和最小的距离内实现快速停车；同时设有再生制动，最大常用制动时产生的可再生电能可以 100% 回馈接触网。CRH_6 型动车组采用轻量化设计，降低运行能耗，轻量化转向架重量比同类车型轻 25%，牵引设备重量平均比同类车型轻 43%。CRH_6 型动车组均根据站台屏蔽门设置需要，采用等距侧门设计。

1. CRH_6A（200 km/h）

CRH_6A 型动车组定员载客量达 557 人（座席），超员载客量达 1 488 人（按每平方米站立 4 人计算）。座位采用 2 + 2 布置，座椅可调节，局部设茶桌。

2. CRH_6F（160 km/h）

CRH_6F 型动车组定员载客量达 1 502 人（包括座席及站席，按每平方米站立 4 人计算），超员载客量达 1 998 人（包括座席及站席，按每平方米站立 6 人计算）。列车座位同样采用 2 + 2 布置，但座椅不可调节或翻转。列车在 3 号、6 号车设卫生间。与 CRH_6A 不同，车门采用宽阔的对开塞拉门，每节车两侧设有 3 个塞拉门。该车牵引制动性能比 CRH_6A 更优。载客量更大，更适合较短站间距的城际线路和站站停模式使用。

3. CRH_6S（140 km/h）

CRH_6S 车型定员载客量达 765 人（包括座席及站席，按每平方米站立 4 人计算），超员载客量达 1 322 人，为地铁式座椅。列车在 5 号车厢设残疾人乘坐空间，列车不设洗手间。

下面介绍 CRH_6A 型动车组。

（二）CRH_6A 型动车组

1. 编组概况

CRH_6A 型动车组为 8 辆编组，其中 2 节、3 节、6 节、7 节为动车，1 节、4 节、5 节、8 节为拖车。CRH_6A 型动车组每节车厢为 3 对车门，车厢内部十分宽敞，每节车厢只设置 11 ~ 13 排座位，局部设有茶桌。与其他动车组不一样的是，CRH_6A 型车过道左右两侧分别为两个座椅，其他动车组则是一侧两个、一侧三个。如此一来，车厢内部空间就被节约起来。每个车门对应处设有扶手，类似地铁，在车厢两头还有可以折叠的座椅，可乘坐也可收起来释放空间。CRH_6A 车长 201.4 m，整列列车共有 8 节车厢，每节车厢的固定座位从 45 个到 66 个不等。在车厢两头，每边有一个大的行李架，用来存放大件行李。CRH_6A 型动车组每节车厢前后两端都设有 2 个厕所，一节车厢就有 4 个厕所。由于 CRH_6A 载客量大，多设立厕所可以为乘客提供更多的方便之处。图 4 - 57 所示为 CRH_6A 型动车组车内卫生间与行李架设施。

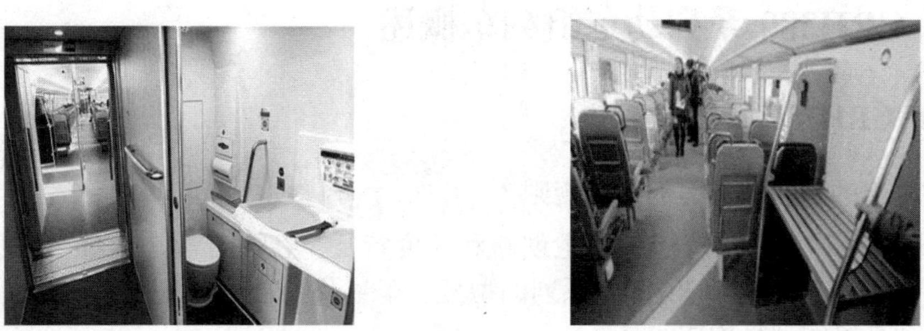

（a）　　　　　　（b）

图 4 - 57　CRH_6A 型动车组车内卫生间与行李架设施

由于 CRH_6A 动车组是中短途的城际列车，所以每节车厢里没有设置开水间，旅客无法在列车上打开水。同时，CRH_6A 也没有餐吧，无法提供饮料、水果等特色餐饮服务。车站和列车要同时提醒有需求的旅客上车前准备好饮料和食品。

2. 座席概况

CRH_6A 型动车组每节车厢两头的站票乘客区域大概各有 3 m 长的空间，这两个区域没有固定座椅，只有两排折叠椅子。

车厢中间是固定座席区域。CRH_6A 型动车组中部的 6 节车厢各有 13 排座位。与原来的动车车座朝一个方向不同，CRH_6A 型动车组的车座是两种围绕“小桌子”的“相对座席”设计：一种是 4 排座位向后，3 排座位向前，中间“夹”1 个小桌子（即“4 排向后 +3 排向前”）；另一种则是“3 排向后 + 小桌子 +3 排向前”。

在每排座位的数量上，CRH_6A 型动车组区别于以往动车组一排 5 个座位（“3 +2”型），改为一排 4 个座位（“2 +2”型）。一排只安排 4 个座位，每个座位的空间将更大。图 4 –58 所示为 CRH_6A 型动车组车内载客区域。

（a）

（b）

图 4 –58　CRH_6A 型动车组车内载客区域

为了保证乘客上下车的自由便捷，列车的每节车厢都安装有 3 对共 6 个车门。一般动车组每节车厢只有两个门，中间的乘客需要走到车厢两边才能下车，而 CRH_6A 动车组车厢前、中、后都有车门，旅客上下车更加方便。

八、CRH380 系列动车组列车概述

（一）CRH380 简介

1. 动车组的型号和车号的编制规则

为体现新一代高速动车组的自主创新和速度特征，在原有动车组编号规则的基础上，对新一代高速动车组 CRH380 系列的型号、车号及座席号的编制重新进行了规定。

（1）动车组的型号构成。

CRH380A –6001L 的型号构成如下：

CRH——中国高速铁路；

380——时速特征代码，体现最高运营时速 380 km；

A——型号代码，以大写英文字母 A、B、C 表示不同型号动车组；

6001——制造序列代码，以四位阿拉伯数字表示，新一代动车组统一编号，以 6 字开头；

L——编组数量代码，以一位大写英文字母表示，L 表示 16 辆编组，8 辆编组时不带标号。

（2）动车组中车辆的车种和编号的构成。

ZY600102 的代表含义如下：

ZY——车辆车种代码，以大写拉丁字母表示；

6001——动车组制造序列代码；

02——车辆编组顺位代码，以两位阿拉伯数字表示，由 1 位头车至 2 位头车的代码分别为 01，02，03，…，10。

2. 各型新一代高速动车组型号和车号的类型

（1）型号代码。

380A——四方新一代高速动车组；

380B——长客/唐山新一代高速动车组；

380C——青岛庞巴迪新一代高速动车组。

（2）制造序列代码。

不同技术平台车组号统一编号，以 6 字打头。各制造厂制造序列号按已签订合同数量以百位间隔分配不同的号段，并按出厂时间顺序编排。具体分配如下：

① 中车四方股份公司（140 列 CRH380A）：6001～6140；

② 中车长客股份公司（110 列 CRH380B）：6201～6310；

③ 中车唐车公司（70 列 CRH380B）：6401～6470；

④ 青岛庞巴迪股份公司（80 列 CRH380C）：6601～6680。

3. 座位编号规则

为体现人性化的服务，直观显示座椅的具体位置（靠窗、中间、走廊），采用数字和字母组合的方式表示座椅号，数字表示排号，字母表示位置。

座椅排号从车辆一位端开始按顺序编排，用阿拉伯数字表示。每排座椅位置用 5 个字母 A、B、C、D、F 表示，其中 3＋2 座椅排列中，3 人座椅用 A、B、C 表示，分别代表靠窗、中间和走廊位置，2 人座椅用 D、F 表示，分别代表走廊、靠窗位置；2＋2 座椅排列分别用 A、C 和 D、F 表示；2＋1 座椅排列分别用 A、C 和 F 表示。这样，无论是何种座椅排列，A、F 代表靠窗座椅，C、D 代表走廊座椅，具体说明如下。

（1）客室座席编号。

座席编号构成如下。

如 16A：

16——排数代码，表示第 16 排；

A——位置代码，表示靠窗座椅。

（2）包间座席编号。

一等座包间的座椅排号从一位端按 1、2 排列。位置代码采用 A、B、C 表示；商务包间的座椅排号从一位端按 1、2 排列，位置代码用 A、C 表示。对观光区、贵宾包间内座椅不编号，一位头车观光区包间为“观光区 1”，二位头车观光区包间为“观光区 2”。

4. CRH380 系列动车组基本类型和功能特点

CRH380 系列动车组基本是原中车南车和原中车北车公司在 CRH_1 至 CRH_5 系列动

车组基础上自主研发的CRH系列高速动车组，也是“中国高速列车自主创新联合行动计划”的重点项目，最高营运速度380 km/h。

（1）CRH380A系列动车组列车。

CRH380A系列主要由中车四方股份研发生产的，其中8辆编组的动车组被命名为CRH380A，而16辆编组的动车组被命名为CRH380AL。图4－59所示为CRH380A型动车组头车。

图4－59 CRH380A型动车组头车

CRH380A列车总数为40列（CRH380A－6001～CRH380A－6040），采用6动2拖的编组方式，牵引功率为9 600 kW，使用DSA350型高速受电弓，在受电弓的两侧设有挡板。列车设有带一等包厢座位的一等座车（ZY）2辆、二等座车（ZE）3辆、带观光座的二等座车（ZEG）2辆和带酒吧的二等座车（ZEC）1辆。其中一等座采用2＋2方式布置，二等座为2＋3布置。除了带酒吧的二等座车、一等包厢座位外，其他车厢所有座位均能旋转。列车设有观光座定员12人，一等包座定员6人，一等座定员89人，二等座定员373人，全列定员480人。

在CRH380A型列车的基础上，中车四方股份又开发了CRH380AL型动车组列车。CRH380AL列车总数为100列（CRH380AL－2541～CRH380AL－2640），采用了14动2拖的编组方式，牵引功率为20 440 kW，共7个动力单元，56台牵引电动机，使用DSA350型高速受电弓，在受电弓的两侧设有挡板。列车设有带VIP座席的商务车（SW）1辆、一等座车（ZY）2辆、二等座车（ZE）10辆、带观光座的一等座车（ZYG）2辆和餐车（CA）1辆。其中，一等座采用2＋2方式布置，二等座为2＋3布置，商务车和观光座为1＋2布置。除了带酒吧的二等座车外，其他车厢所有座位均能旋转。前期列车商务座定员28人，一等座定员162人，二等座定员838人，全列定员1 028人。后期列车商务座定员26人，一等座定员112人，二等座定员923人，全列定员1 061人。

（2）CRH380B系列动车组列车。

CRH380B型动车组是在CRH_3C基础上研发的新一代高速动车组，与CRH_3C相比，持续运营时速为由300 km提高至350 km，最高运营时速由350 km提高到380 km，最高试验时速为400 km以上。性能优化以提高牵引功率，降低传动比及动车组气动外形减阻为主；而列车舒适度优化方面主要采取提高列车减震性能、车厢降噪、加强车内气压控制等方式。

CRH380B 系列动车组列车由唐车公司（CRH380B－3571）和长客股份（CRH380B－5637～CRH380B－5681）生产，采用 4 动 4 拖的编组方式。CRH380B 为非高寒型动车组，主要为京沪高铁、京广高铁等大部分除东北以外的地方使用。图 4－60 所示为 CRH380B 型动车组头车。

图 4－60　CRH380B 型动车组头车

CRH380B 型动车组设有一等座、二等座、观光座、VIP 座等座席等级。二等座车座席采用 2＋3 方式布置；一等座车座席采用 2＋2 方式布置，每组列车其中一辆一等座车设有一个 4 人包间及两个 6 人包间；VIP 座位于商务车车厢（又称 VIP 车），采用 1＋2 方式布置，设置类似民航客机头等舱的高级可躺座椅。与 CRH_3 型动车组一样，CRH380B 型动车组两端头车后方也设有包间，称为观光区，但旅客不可以通过透明的玻璃幕墙看到驾驶室的操作。

CRH380BL 型动车组列车总数为 115 列，其中 45 列由长客股份生产（CRH380BL－5501～CRH380BL－5545），另外 70 列由唐车公司生产（CRH380BL－3501～CRH380BL－3570）。采用了 8 动 8 拖的编组方式，牵引功率为 18 400 kW，列车由 1 辆商务车（又称 VIP 座车）、4 辆一等座车、10 辆二等座车和 1 辆餐车组成，其中商务车定员 28 人，一等座车定员 186 人，二等座车定员 791 人，总定员为 1 005 人。

CRH380BG 型动车组列车全部由长客股份生产，其是根据中国铁路总公司的要求采用根据目前运营经验和乘客乘坐需求，在各型动车组技术平台上，对列车的车型、定员、旅客服务设施、司机操作设施、列车的主要性能进行统一规范而设计出来的动车组车型。该型车为高寒型，主要为津秦客运专线提供。

（3）CRH380C 系列动车组列车。

CRH380C 型动车组，是中国铁路总公司为营运新建的高速城际铁路及客运专线，由中车长客股份在 CRH_3C、CRH380BL 型动车组的基础上自主研发的 CRH 系列高速动车组。图 4－61 所示为 CRH380C 型动车组头车。

图 4－61　CRH380C 型动车组头车

CRH380CL 型动车组列车总数为 25 列（CRH380CL－5601～CRH380CL－5625），全部由长客股份生产，采用了 8 动 8 拖的编组方式，牵引功率为 19 200 kW，采用了新头型及基于日立技术的永济牵引系统。列车由 2 辆商务车（又称 VIP 座车）、2 辆一等座车、11 辆二等座车和 1 辆餐车组成，定员为 1 015 人。其中 CRH380CL－5601 的头型与其余 24 列的头型有区别：除 CRH380CL－5601 之外其余车型车头增加了银色装饰板，且车两侧车窗范围的黑色涂装并非一体式而是分体式。

下面对 CRH380A 系列动车组进行详细介绍。

（二）CRH380A 型动车组

1. 车外标记

车体外部设置有动车组车型车号、列车长度、顶车、检修、自重、定员、制造厂铭牌等标记。制造厂铭牌为铸铝结构，采用螺钉安装在车体端部。图 4－62 所示为 CRH380A 型动车组车外标记。

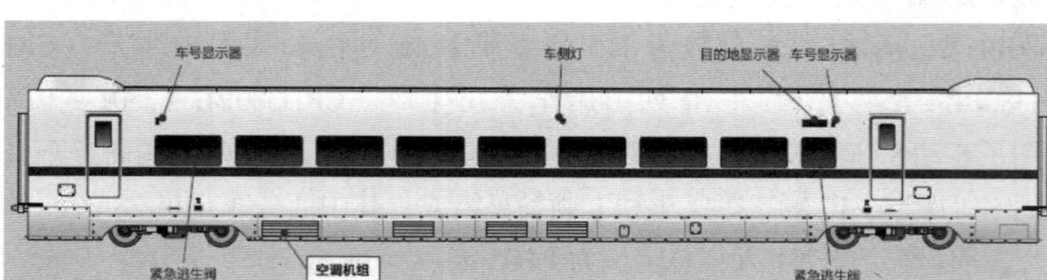

图 4－62　CRH380A 型动车组车外标记

2. 车厢内的主要设备

1）客室内设备

客室内设有座椅、行李架等设施。行李架采用铸铝托架、夹层圆弧钢化玻璃、双拉杆结构，更换玻璃时需拆卸行李架后的压条。车上物品存放处在通过台处设置放置手持行李的空间，中间设置隔板。

2）侧墙设备

侧墙设有衣帽钩、广播系统用扬声器等设施。

3）端部设备

在内端墙上，设有车内信息显示器、车号显示器、禁烟标记、洗手间使用显示灯、紧急按钮、脚踏、桌板等设施。

4）顶部设备

车顶设 LED 照明顶灯带等设施。

5）通过台及走廊

在通过台及走廊处设有电茶炉、卫生间、盥洗室、备餐区、配电盘、垃圾箱、灭火器等。

（1）电茶炉。

电茶炉数量为 7 个，分别在 1 号、2 号、3 号、4 号、6 号、7 号、8 号车厢。

（2）垃圾箱。

垃圾箱数量为 8 个。

图 4－63 所示为 CRH380A 型动车组部分车内设施。

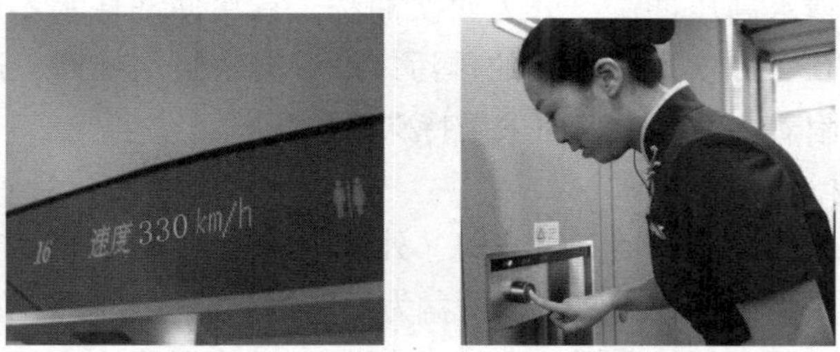

（a）　　　　（b）

图 4－63　CRH380A 型动车组部分车内设施

（3）给水系统与盥洗室。

CRH380A 型动车组每车均设置给水系统，分为车上水箱供水系统及车下水箱供水系统两种方式。其中 2 号、4 号、6 号车配置 400 L 车上水箱，5 号餐车配置 700 L 车下水箱，其他车设置 400 L 车下水箱，采用电动水泵供水为盥洗室水阀、卫生间水阀、电开水炉供水。图 4－64 所示为 CRH380A 型动车组给水系统。

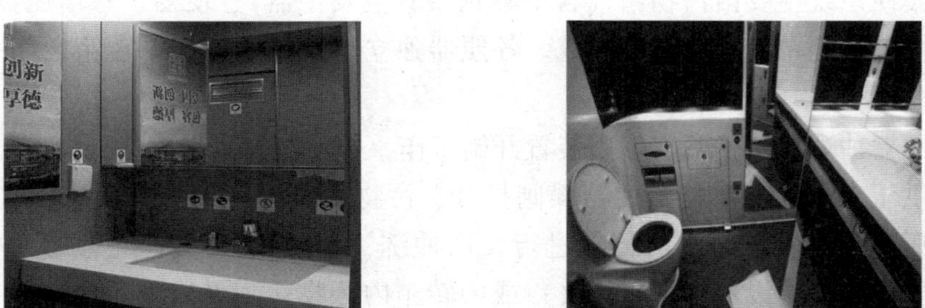

（a）　　　　（b）

图 4－64　CRH380A 型动车组给水系统

（4）卫生间。

动车组在1号、8号车均设有一个坐式卫生间，2号、3号、4号、6号、7号车均设有1个坐式卫生间和1个蹲式卫生间。除5号车外，每车均设有1个盥洗室，供乘客盥洗、清洁使用。

① 坐式卫生间。

二位侧坐式卫生间门为拉门，门是从内侧能够锁上的结构（外侧为暗锁，能从外面打开实施救援）。坐式卫生间为男女共用，采用真空保持式便器。

坐式卫生间安装了大理石台面、按压延时洗手装置、便器冲洗按钮、紧急呼叫按钮、坐垫盒、扶手、镜子、便纸支架等设施。为消减臭味，便器为真空保持式。按压便器冲洗按钮时，便器排污管内抽真空，将污物吸入车下中转箱内并在便器部分设置了瓣阀防止污物箱内的臭气回流。在卫生间顶部增加了开孔，为卫生间提供新风；卫生间内通过排气格栅持续排气时，卫生间内的气压与风道内的气压相比为负压。

残疾人卫生间的拉门设置了按钮式的自动门，卫生间内安装了坐便器、婴儿尿布床、可折叠扶手等设施。

坐式便器使用清水高压冲洗，分为两次冲洗，首次冲洗耗水不超过0.4 L/次，二次冲洗耗水不超过0.2 L/次。在便器的排污口设置有密封用蝶阀，通常为“关闭”状态。为减少污物的附着，便器内表面采用特殊涂层。

② 蹲式卫生间。

蹲式卫生间门为内侧能够锁上的结构（外侧为暗锁，能从外面打开实施救援）。蹲式卫生间内安装了真空保持式蹲便器，便盆为不锈钢制品，外表面抛光处理。

蹲式便器便斗采用不锈钢材质，与坐式便器一样使用清水高压冲洗，分为两次冲洗，首次冲洗耗水不超过0.4 L/次，二次冲洗耗水不超过0.2 L/次。在便器排污口设置有密封用蝶阀，通常为“关闭”状态。为减少污物的附着，便器内表面也采用了特殊涂层。

③ 排污系统。

卫生系统采用独立控制式真空集便系统收集来自便器的污物，车上盥洗废水通过排水管路经车底水封装置排至车外。

真空集便系统主要由污物箱（含中转箱及真空发生器）、便器、水增压器、气动控制单元、电气控制单元、管路等组成。各便器独立工作，便器与中转箱之间一一对应，且各自独立。

按动便器冲洗按钮，真空发生装置开始工作，中转箱内真空度达到设定值后，水增压单元提供压力水冲洗便器，便器蝶阀打开，污物在负压作用下进入中转箱，蝶阀关闭，水增压单元提供压力水对便器进行二次冲洗，水增压单元补水，1次冲洗循环结束。当便器连续使用设定次数（6次）或中转箱内污物达到设定液位时（约7 L），系统会向中转箱注入压力。

6）座席

动车组设VIP观光区、一等座车及二等座车，以满足运送中短途旅客的需要，其中

1 号车（T1）和 8 号车（T8）为带观光区的二等座车，3 号车为带 VIP 包间的一等座车，4 号车为带残疾人使用设施的一等座车，其余为二等座车。

车内设施及配置主要包括车内设备件、车内供水供热及配电盘设备。设备件主要包括客室座椅、行李架、内部门等设施；车内供水供热主要包括了开水炉、车内卫生间、盥洗室和小卖部等设施；配电盘设备布置有车辆控制用的开关、继电器、接触器等电气元件及控制装置。

（1）观光座席。

1 号车及 8 号车端部靠近司机室部位各设置一个观光区。观光区主要设置了观光区边柜、VIP 座椅、观光区沙发，每个区内设 6 个座椅，乘客可通过透明的玻璃幕墙看到驾驶室的操作。如果按下座椅上的玻璃色控制按钮，透明玻璃幕墙会立即变成磨砂玻璃。观光区的座椅亦有声音按钮，可通过这个按钮控制车内广播音量。图 4－65 所示为 CRH380A 型动车组观光座席。

（a）

（b）

图 4－65　CRH380A 型动车组观光座席

（2）一等座席。

3 号、4 号车是一等座车，座席按 2＋2 形式设置。其中 3 号车厢定员 44 人，包括 1 个包厢，每个厢内设 6 个座位和一张大办公桌，装设有自动门，形成一个封闭的会议室，可用于进行商务洽谈。图 4－66 所示为 CRH380A 型动车组一等座包厢、图 4－67 所示为 CRH380A 型动车组一等座车厢。

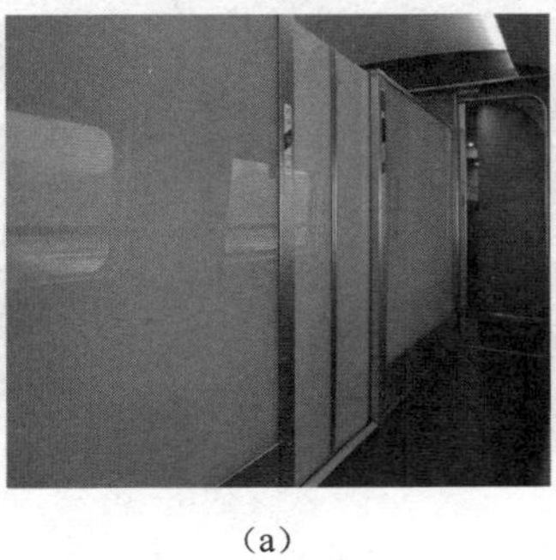

（a）

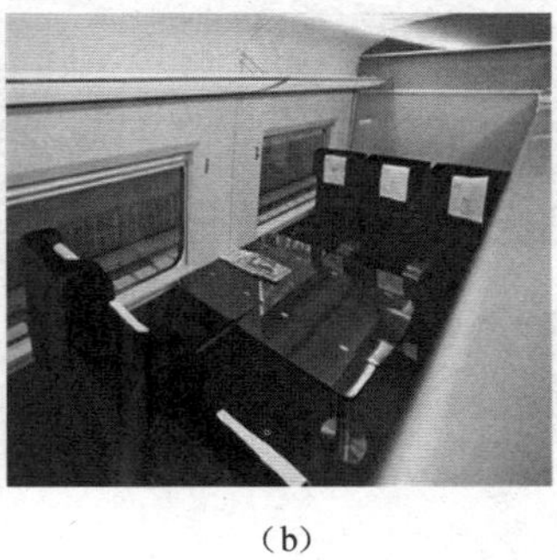

（b）

图 4－66　CRH380A 型动车组一等座包厢

（a）　　（b）

图 4－67　CRH380A 型动车组一等座车厢

（3）二等座席。

2 号、6 号、7 号是二等座车，座席按 2＋3 形式设置。图 4－68 所示为 CRH380A 型动车组二等座车厢。

图 4－68　CRH380A 型动车组二等座车厢

7）餐饮服务设施设备

5 号车设有餐厅。餐厅配备 4 张固定桌子、两个二人座椅、两个四人座椅、两个单人座椅，供旅客入座就餐。与餐厅相邻的走廊设走廊扶手、吧台、吧桌等设施，供乘客休息使用。图 4－69 所示为 CRH380A 型动车组餐厅设施。

（a）　　（b）

图 4－69　CRH380A 型动车组餐厅设施

（1）配餐室、厨房设备。

动车组的 5 号车二位端设有配餐室。配餐室内设有提供冷、热链配餐的厨房设备。

厨房设备主要包括洗池模块、操作台模块、加热区橱柜及微波炉模块、冷藏模块及保温模块。图 4－70 所示为 CRH380A 型动车组配餐室。

（a）　　（b）

图 4－70　CRH380A 型动车组配餐室

（2）供热水设备。

开水炉控制电路主要由 8 位单片微处理器及外围数字电路、脉冲驱动电路、水位传感器、逆变器、温度传感器、稳压电源、指示灯、继电器及控制进水的电磁阀等部分组成。在微处理器的程序作用下，能根据水箱水位的变化，控制电磁阀的开/关，逆变器的启/停，进行断水保护、缺水自动进水、水位显示等功能，并且当逆变器发生过流、过热等异常情况时自动保护停机，等恢复正常且延时一段时间后再启动逆变器。另外微处理器能根据逆变器输出的电流、电压相位信号调整工作频率，使逆变器工作在最佳谐振状态。电开水炉具有自动保温、水位控制、二次保护（防干烧）、漏电保护等控制功能。

冬季寒冷季节，在列车长期停放或停运期间，须对电开水炉内存水排空，操作方法如下：打开电开水炉中部检查门，打开 3 个排水阀，进行排水，水排尽以后，将阀门恢复关闭状态。

8）安全及应急救援设备

（1）报警按钮。

报警按钮位于每节车厢两端的顶上，其中左边是烟火报警钮，右边是遇到其他紧急情况时的报警按钮。如果乘客发现危险，认为需要停车时，可以按这两个按钮。此时司机会得到信息，并判断目前运行区段是否适合停车。如果司机在几秒内没有做出反应，列车将会自动停车。图 4－71 所示为 CRH380A 型动车组报警按钮。

图 4－71　CRH380A 型动车组报警按钮

（2）防火隔断门。

在发生意外火灾时，车厢防火系统自动启动，列车员会迅速拉下防火墙，保证在 15 min 内火势不会蔓延到相邻车厢，以方便疏散乘客，同时保证列车在发生火灾的 10 min 内仍可以每小时 80 km 的速度驶离难以救援的桥、隧区段，最大限度地保障旅客的生命财产安全。2 号、3 号、5 号、6 号、7 号、8 号车各设置 1 个隔断门，4 号车设置 2 个。图 4－72 所示为 CRH380A 型动车组防火隔断门。

（3）紧急破窗锤、紧急敲击点。

全列设置 32 把紧急破窗锤，每车配备 4 把。紧急敲击点 32 处，每车 4 处。图 4－73 所示为 CRH380A 型动车组紧急装置。

图 4－72　CRH380A 型动车组防火隔断门

图 4－73　CRH380A 型动车组紧急装置

（4）紧急用梯。

全列共 2 个紧急用梯，各放置在头车和尾车。

（5）安全渡板。

全列共 4 个安全渡板，放置在 3 号、7 号车。

（6）安全防护网。

全列共 8 个安全防护网，放置在 5 车。

9）辅助设备

车厢每一个座椅底部都设一个插座（220 V），方便旅客乘车时使用。盥洗室内设置电动剃须刀用插座。乘务员室内设置业务用插座，5 号车（M4 车）一位端的餐饮区设置 4 个设备用插座。

通过台及走廊车顶设 LED 筒灯（应急灯在 2、4 位侧）及扬声器。洗手间使用 3 W 的筒灯和 4 W 的 LED 筒灯（残疾人用）。侧出入口部作为行动不便者使用的无障碍区域，装有开关门预告声音装置。

10）服务室设备

（1）乘务员室。

乘务员室设置了办公桌、转椅和电器柜。办公桌设置了抽屉，方便文件等物品的放置。此外，乘务员室还安装了扬声器架和备用灯架，在配电柜门上还设置了衣帽钩。

（2）机械师室。

在 5 号车设置了机械师室，在室内设置了办公桌、转椅和电器柜。

九、CR 系列动车组的研制背景和研制过程

（一）CR 系列动车组的研制背景

为了能够适应中国的高速铁路运营环境和条件，满足复杂多样、长距离、长时间、连续高速运行等需求，打造适合中国国情、路情的高速动车组的设计、制造平台，实现高速动车组技术全面的自主化，在中国铁路总公司的召集下，国内有关企业、高校、科研单位等优势力量开展了中国标准动车组的研制工作。研制 CR 系列动车组是统一标准，降低成本的需要。针对不同型号的动车组，建立统一的技术标准体系，实现动车组在服务功能、运用维护上的统一，以提高效率，降低成本。

（二）CR 系列动车组的研制过程

（1）2013 年 6 月，中国标准动车组项目正式启动，中国铁路总公司要求：中国标准动车组要综合国内各型动车组的优点，建立统一的技术标准体系，实现动车组在服务功能、运用维护上的统一。

（2）2013 年 12 月，中国标准动车组总体技术条件、标准制定完成。

（3）2014 年 9 月，中国标准动车组方案设计完成。

（4）2015 年 6 月 30 日，中国标准动车组正式下线。2015 年 9 月至 2016 年 5 月，中国标准动车组在大同至西安高铁原平至太原高速综合试验段，开展了相关型式试验和运用考核。

（5）2017 年 6 月 26 日，中国标准动车组在京沪高铁首发。

（三）CR 系列动车组的特点

中国标准动车组指中国标准体系占主导地位的动车组（在 254 项重要标准中，各种中国标准占 84%），其功能标准和配套轨道的施工标准都高于欧洲标准和日本标准，具有鲜明而全面的中国特征。

2017 年 1 月 3 日，国家铁路局正式向四方和长客颁发了中国标准动车组“型号合格证”和“制造许可证”。中国标准动车组也正式获得型号命名。中国标准动车组采用 CR400/300/200 命名，分别对应最高时速 400、300 和 200 km/h，数字代表最高时速，例如，400 代表最高速度可达 400 km/h 及以上，持续运行速度为 350 km/h。

如图 4－74 所示，四方生产的“蓝海豚”命名为 CR400AF，长客生产的“金凤凰”被命名为 CR400BF。

CR 是 China Railway 的缩写，即中国铁路；“A”和“B”为企业标识代码，代表生产厂家；F 为技术类型代码，表示动力分散式动车组，区别于“J”所代表的动力集中式电力动车组和“N”所代表的动力集中式内燃动车组。如图 4－75 所示，“蓝海豚”CR400AF 头部玻璃平，侧面有一条凸尖线，最前部尖出如“►”，如图 4－76 所示，“金凤凰”CR400BF 头部玻璃凸，侧面比较平缓，最前部如“◣”。

图 4－74　中国标准动车组 CR400AF、CR400BF

图 4－75　“蓝海豚”CR400AF

图 4－76　“金凤凰”CR400BF

中国标准动车组有一个响亮的名号——复兴号动车组。中国标准动车组的特点如下。

（1）首次实现了动车组牵引、制动、网络控制系统的全面自主化，标志着我国已全面掌握高速铁路核心技术，高速动车组技术实现全面自主化。

（2）中国标准动车组采用的标准涵盖了动车组基础通用、车体、走行装置、司机室布置及设备、牵引电气、制动及供风、列车网络标准、运用维修等 10 多个方面。大量采用中国国家标准、行业标准、中国铁路总公司企业标准等技术标准，同时采用了一批国际标准和国外先进标准，使中国标准动车组具有良好的兼容性能。中国标准动车组在运用安全、节能环保、降低全寿命周期成本、特别是进一步提高安全冗余等方面加大了科技创新力度。

（3）为了确保运行安全，中国标准动车组进一步增加了主动安全与被动安全措施：一是列车设计严格遵循安全标准，包括防火、防碰撞、动力学等方面，提高列车可靠性，具备失稳检测、烟火报警、轴温监控、受电弓视频监视等安全防护功能，安全防护设计更为完善。二是按照“故障导向安全”的原则，优化了智能化感知系统，能全面监测列车运行状况，实时感知列车状态，列车出现异常时，可自动报警或预警，并能根据安全需求自动采取限速或停车措施。

（4）为改善旅客乘车体验，中国标准动车组的设计充分贯彻了人性化设计理念，进一步优化了旅客界面与司乘界面，在乘车空间、空调系统、行李架设置、车厢照明、无障碍设施等方面进行了完善。

① 中国标准动车组车厢内二等座椅间距统一加大到 1 020 mm、一等座椅间距统一加大到 1 160 mm，座椅色彩搭配更有特色，时尚活泼，每个座椅都配有 220 V 电源插座。中国标准动车组商务座如图 4－77 所示，中国标准动车组二等座如图 4－78 所示，中国标准动车组车厢连接处如图 4－79 所示。

图 4－77　中国标准动车组商务座

图 4 - 78　中国标准动车组二等座

图 4 - 79　中国标准动车组车厢连接处

② 中国标准动车组设置了十几种车内照明模式，每个旅客都能使用阅读灯，亮度和色温都可以手动或自动调节。

③ 中国标准动车组全列车实现了 Wi-Fi 网络覆盖，旅客可随时上网，旅途不再寂寞。

（5）为适应节能环保要求，中国标准动车组整车采用全新低阻力流线型头型设计和车体平顺化设计，降低气动阻力，减少持续运行能量消耗，并统一零部件技术标准，实现各型号动车组相同零部件的互换使用，有效降低运用、检修等方面的成本。

（四）CR400AF、CR400BF 型动车组的编组情况

1. CR400AF 型动车组的编组情况

CR400AF 型动车组的编组情况如表 4 - 2 所示。

表 4－2　CR400AF 型动车组的编组情况

车厢号	1	2	3	4	5	6	7	8
车型	一等/商务座车	二等座车			二等座车/餐车	二等座车		二等/商务座车
车厢编号	CR400AF－2××× ZYS 2×××01	ZE 2×××02	ZE 2×××03	ZE 2×××04	ZEC 2×××05	ZE 2×××06	ZE 2×××07	CR400AF－2××× ZES 2×××00
动力配置	有动力，带驾驶室（Mc）	无动力，带受电弓（Tp）	有动力（M）		无动力（T）	有动力（M）	无动力，带受电弓（Tp）	有动力，带驾驶室（Mc）
定员	28＋5	90	90	75	63	90	90	40＋5
动力单元	单元 1				单元 2			

2. CR400BF 型动车组的编组情况

CR400BF 型动车组的编组情况如表 4－3 所示。

表 4－3　CR400BF 型动车组的编组情况

车厢号	1	2	3	4	5	6	7	8
车型	一等/商务座车	二等座车			二等座车/餐车	二等座车		二等/商务座车
车厢编号	CR400BF－5××× ZYS 5×××01	ZE 5×××02	ZE 5×××03	ZE 5×××04	ZEC 5×××05	ZE 5×××06	ZE 5×××07	CR400BF－5××× ZES 5×××00
动力配置	有动力，带驾驶室（Mc）	无动力，带受电弓（Tp）	有动力（M）		无动力（T）	有动力（M）	无动力，带受电弓（Tp）	有动力，带驾驶室（Mc）
定员	28＋5	90	90	75	63	90	90	40＋5
动力单元	单元 1				单元 2			

任务三　动车组的运用与检修

【技能目标】

掌握动车组的运用方法与使用特点；

掌握动车组的运用检修要求。

【知识点】

动车组的运用原则；
动车组的检修要求。

【任务的提出】

要想运用好动车组，首先要了解动车组的检修要求，通过制订合理的动车组运用计划，使设备的使用效率最高。

【相关知识】

动车组既有列车的牵引动力装置，又有载客装置，是将两者固定为一体的特殊车体。动车组集动力与车厢于一体，不需要途中换挂机车，减少了车站调车作业。这既有利于提高列车的运行速度，又减少了作业环节。动车组的一次运用里程为其一级修里程，此里程远大于普通机车一次运用里程，运用里程的提高减少了检修整备次数，提高了动车组运用效率。因此动车组的运用和整备、检修计划是统一编制、统筹安排的。动车组的运用与普通铁路客车运用的不同之处体现在动车组可以根据客流需求在区间站进行重联与分解作业。

一、动车组的运用

动车组的运用主要是指动车组运用计划的编制，是根据给定的列车运行图，对动车组的修程、修制和检修基地的限制条件等做出具体安排。动车组运用计划包括动车组交路计划、动车组分配计划、动车组检修计划和动车组接运回送计划。动车组交路计划不涉及动车组实体，而分配计划和检修计划涉及动车组实体，与动车组的归属段所、状态和检修基地的检修能力有关。动车组运用计划是动车组运用和维修的综合计划，也就是根据给定的列车运行图，对动车组在什么时刻、在哪个车站、担当哪次列车，以及在什么时间、什么地点、进行哪种类型的检修作业等做出具体安排，以确保运用状态良好的动车组去实现列车运行图。显然，动车组运用计划作业是运输组织的基本计划，当列车运行图调整时，动车组运用计划也将被重新编制。

（一）动车组运用计划分类

1. 根据运用计划编制部门、编制内容分

（1）动车组运用基本计划。动车组运用基本计划是由相关计划编制部门（铁路总公司计划编制部门或调度所计划编制部门）编制。动车组运用基本计划与列车运

行基本计划相对应，当列车运行基本计划发生变动时，动车组运用基本计划也要随之变化。

（2）动车组运用实施计划。动车组运用实施计划是由调度所计划编制部门编制的。动车组运用实施计划与列车运行实施计划相对应，调度所计划编制部门每编制一次列车运行实施计划，也要相应的编制动车组运用实施计划。动车组运用实施计划除了编制动车组周转接续关系外，还要根据动车组修程、修制和动车组履历信息编制动车组分配计划与动车组检修计划。

（3）动车组运用调整计划。动车组运用调整计划是由调度所动车调度员负责编制的。当动车组出现故障或列车运行计划发生调整影响到动车组周转接续时，动车调度员根据实际情况编制动车组运用调整计划。动车组运用调整计划主要用于动车组的更换、动车组备用与解除备用、动车组检修调整。

2. 根据运用与整备要求分

（1）固定运行区段的运用计划。这种方式与普通铁路客车的运用方式一致，高速动车组只在固定的区段内往返运行。固定方案又分为站间固定周转方式和两区段套跑周转方式。

（2）不固定运行区段的运用计划。不固定运行区段的运用计划以全线（或高速线路网）为系统，统筹考虑动车组的使用与维修来安排动车组的运用。在假定各动车组无差别的前提下，不固定各动车组的运行区段，而是根据需要和可能，可以在任何高速区段之间运行。

（3）半固定运行区段的运用计划。半固定运行区段的运用计划是一些动车组采用固定使用方式，而其余动车组采用不固定使用方式。它是介于固定运行区段的运用计划和不固定运行区段的运用计划之间的一种计划。

3. 按照旅客需求与动车组种类分

（1）日常与假日动车组运用计划。旅客在日常和节假日的需求不同，这些不同体现在出行的时间、密度、方向等各个方面，为适应这种需求，须在日常和节假日分别采用不同的运行图，因此动车组运用计划也自然地被分为日常和节假日运用计划，动车组在日常按日常计划运用，在节假日按节假日计划运用。

为保证动车组在平日计划和节假日计划之间过渡和检修计划的实施，先编制日常计划；编制节假日计划时，保证节假日计划的交路段内容（始发车站、终到车站及检修的种类）与平日计划的相应交路段内容一致。

（2）单车种与多车种动车组运用计划。列车运行图上的列车采用同一种类型的动车组担当时，所对应的计划为单车种动车组运用计划。如果运行图上的列车由不同种类的动车组担当，所对应的计划为多车种动车组运用计划。在编制多车种运用计划时，运行图中的哪次列车由哪种动车组担当没有完全规定，一般由编制人员综合考虑各基地的情况和动车组的运用效率，决定由不同种类的动车组担当运行图中相应的列车车次。

（二）动车组运用计划的构成

动车组的运用主要由动车组周转计划、动车组分配计划和动车组检修规定。周转计划主要规定了按什么顺序担当列车，但并不规定具体的动车组；分配计划指定具体的动车组担当周转计划中的具体交路，保证每个交路有状态良好的动车组完成；检修计划规定了动车组在基地检修的时间、内容、检修线等具体内容，供动车组基地检修使用。

1. 动车组周转计划

动车组周转计划中对列车周转接续进行了安排，形成了周转交路，但没有指定具体的动车组。

2. 动车组分配计划

动车组分配计划要充分考虑动车组的位置、累计走行公里、已进行过的各类检修情况等条件，一般是在模拟未来使用的基础上编制而成。动车组分配计划的编制过程如图 4－80 所示。

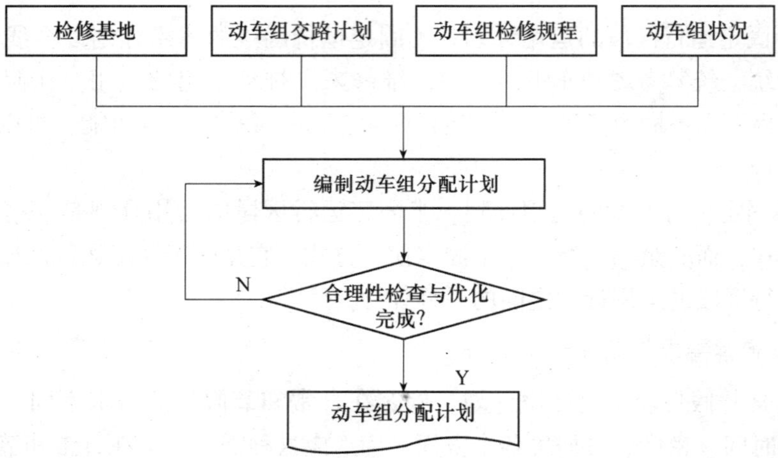

图 4－80　动车组分配计划的编制过程

动车组分配计划的编制结果必须以适当形式表示，并明确动车组编号、初始位置、担当的交路编号、运用后的驻留位置、运用后的状态等内容。

3. 动车组检修计划

对动车组的检修地点、检修项目等做出规定的计划称为动车组检修计划。动车组检修计划根据交路计划、车辆分配计划、动车设备履历、修程、修制、动车走行统计数据和列车故障情况、检修基地的作业能力等实际情况编制。动车组检修计划的主要依据为：动车组检修的长期规划、检修基地的检修能力、动车组的实际状态。动车组检修分配计划的编制结果必须以适当形式表示，并明确动车组编号、检修项目、检修地点、检修时间等内容。

（三）动车组运用计划的编制

在编制动车组运用计划时，考虑到列车运行图结构及动车组的检修体制，动车组运用计划必须符合以下运用规则：任意一个车次必须有且仅有一列动车组担当运输任务；动车组的日常运转必须与列车运行图一致；动车组达到修程规定，必须到相应的检修场所检修，并且保证一定的检修时间；动车组在进行列车接续的时候需要进行一定的整备作业，动车组所担当列车运行线之间的接续必须满足整备时间标准。动车组本身比较昂贵，检修费用较高，因此一般采用下面几个指标评价动车组运用计划：使用的动车组数，定期检修次数和日常检修次数。

（1）动车组运用基本计划编制。列车运行基本计划编制完成后，需要编制相应的动车组运用基本计划。铁路总公司下达编制基本计划的命令后，相应计划编制部门（调度所）根据列车运行基本计划，按照动车组信息，动车组修程、修制，检修地点，检修能力限制条件等要求，编制动车组运用基本计划。

（2）动车组运用实施计划编制。动车组运用基本计划编制完成后，客运专线调度所计划编制人员根据铁路部门相应列车运行实施计划，动车组运用基本计划，动车组修程、修制要求，检修地点、检修能力等信息，负责编制管辖范围内的动车组运用实施计划，包括动车组周转接续实施计划、动车组分配实施计划和动车组检修实施计划。

（四）乘务员运用计划

1. 乘务运用计划的基本概念

乘务运用计划是动车组乘务员（组）的综合乘务计划，也就是根据给定的列车运行图、乘务员乘务规程、乘务基地条件等，对乘务员（组）在什么时间、什么地点出乘；在什么时刻、担当哪次列车；在什么时间、什么地点退乘等做出具体安排，以确保列车开行计划的实现。

乘务计划主要分为乘务日计划及月度计划。

（1）日计划由全体乘务交路构成，表示完成一日的运行图任务需要的乘务员数量及各乘务员担当的乘务交路。

（2）乘务交路就是一个乘务员（组）一日的工作计划，每一行是一个乘务交路，每条线段上的字符表示车次。

（3）月度计划描述各乘务员（组）在指定月度中各日担当的乘务交路及休息计划。

2. 乘务运用计划的编制

动车组采用不固定区段使用的方式，与之相对的乘务员运用方式也与普通列车乘务员运用方式略有不同。在乘务基地的乘务范围内，只要满足乘务规则，乘务员可以担当任意列车的乘务任务。

二、动车组的检修

动车组运行速度高、连续运行的里程长，这使动车组经过一段时间的运行后，其各零部件必然会有一定程度的损伤，如机械部分会发生零件的磨损、连接件的松动、密封件的失效等，电气部分会出现触头接触不良、绝缘老化等。所以必须适时地对动车组进行维护保养和检修，及时发现故障，并予以消除和恢复零部件及动车组的技术状态。动车组的运用特点决定了必须强化其维护保养工作，所以在我国制定的动车组五级修程中，前两级为维护性修程，后三级为定期检修修程。

（一）动车组检修制度

目前世界上列车的维修理论和制度可分为两大体系，一个是在预防为主的维修思想指导下，以磨损理论为基础的计划预防维修制；另一个是在以可靠性为中心的维修思想指导下，以故障统计理论为基础的预防维修制。两种制度在一定时期内将同时并存，计划预防维修制较适合于机械设备维修的宏观管理，而以可靠性为基础的预防维修制较适合于机械设备维修的微观管理。

我国动车组采用的是计划预防维修制度。动车组实行计划性的预防检修，检修分为五个等级，一级和二级检修为运用检修（维护），三级、四级、五级检修为定期检修。运行检修在动车组运用所内进行，定期检修在动车段（检修基地）内进行。动车组检修是以先进的检修、检测装备为基础，以高信息化的管理系统为支撑，以全面有效的检修人员为前提，引进国外动车组先进的检修理念、检修标准和检修方式，确保实现动车组安全运行，高效实用为目标。根据以上要求，确定了我国动车组修程、修制框架（见图4－81）。

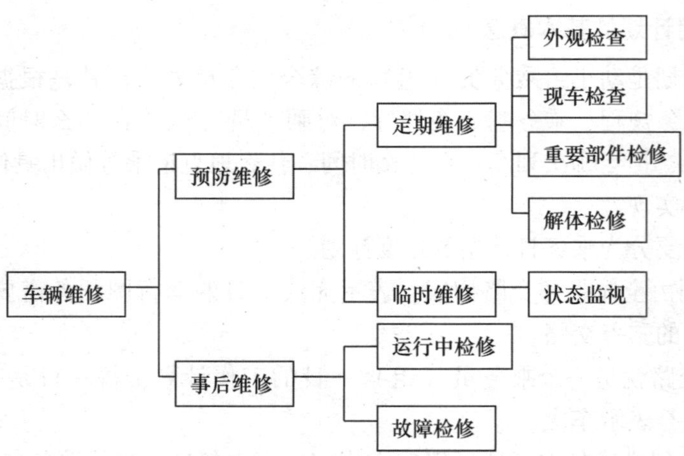

图4－81　动车组修程、修制框架

（二）动车组的检修范围

动车组各级修程必须确定合理的检修范围。检修范围编制的依据有检修周期、各机组部件的技术要求、质量变化规律可靠性及使用运行区段的自然条件和水质情况等。一般情况下，在完成规定的检修周期和保证动车组运用安全可靠的基础上，尽量减少“过剩”修理。我国动车组的检修范围如表4－4所示。

表4－4　我国动车组检修范围

部件系统修程	转向架	牵引系统	制动系统	车钩系统	空调装置	编著形式
一级	外观检查	一般动作检查	外观检查	外观检查	性能检查	不解编
二级	外观检查，轮对超声波探测	动作性检查	性能检查	外观检查	性能检查	不解编
三级	分解检修	齿轮箱、牵引连接分解检修	空气与基础制动组件检查	自动车钩分解检修	性能检查	解编
四级	分解检修	牵引电机分解检修	空气与基础制动组件分解检修	自动车钩分解检修	空调机组分解检修	解编
五级	分解检修	系统主要组成部件分解检修	系统组件、电气指令与控制元件分解检修	车钩全数分解检修	空调机组分解检修	解编

（三）动车组的检修设备与检修修程

1. 动车组检修基地和运用所

整备、检修基地的建设数量和设置地点要充分考虑高速铁路客流特点、高速铁路车站的分布情况、铁路周围环境条件及相关的既有铁路的情况来确定。

我国的动车组检修基地分为检修基地动车段和运用所。检修基地动车段担负动车组的所有定期维修作业和日常整备、维修和临时性的维修工作。检修基地功能先进，设备齐全，维修能力大。运用所主要负责高速动车组的日常整备和日常维修工作，以及其他临时性的维修工作。依据路网布局与发展规划，结合动车组的配属和使用方案，不同的检修基地有其辐射范围，如：北京基地重点辐射东北、华北及京津环渤海地区，包括天津、沈阳、长春、哈尔滨、大连、石家庄、太原、济南、青岛，覆盖京广、京津、京哈、石太、京沪、胶济、客运专线。

2. 检修基地和运用所的基本配置

动车组运用所的基本设备配置要求：车体自动清洗设备，地面吸污设施等，必要时还要配置移动设备，不落轮镟装置，轮对踏面检测设备，列车监控系统地面接收及信息处理设备。动车组运用所还须有足够的存放线路，检修库与临修库，必要的系统检测设备和机械动力设备，生产及安全信息管理系统。

动车组检修基地基本设备配置要求：车体自动清洗设备，地面吸污设备，不落轮镟装置，轮对踏面检测设备，列车监控系统的地面接收及信息处理设备，足够的存放线路，车体检修库、油漆库，转向架检修库及试验设施，轮对、轴承检修库及检修试验设备，辅助供电系统检修库及检测试验设备，车钩及缓冲装置检修库和检修检测设备，车体气密性试验设备，其他部件检修场所及检修、检测、试验设备，单车试验设施，ATC 试验设施。

3. 我国各型号动车组检修周期

（1）CRH_1 型动车组。

一级检修周期：运行里程 4 000 km 或 48 h。

二级检修周期：运行里程 2 万 km 或 15 天。

三级检修周期：运行里程 120 万 km。

四级检修周期：运行里程 240 万 km。

五级检修周期：运行里程 480 万 km。

（2）CRH_2 型动车组。

一级检修周期：运行里程 4 000 km 或 48 h。

二级检修周期：运行里程 3 万 km 或 30 天。

三级检修周期：运行里程 45 万 km 或 1 年。

四级检修周期：运行里程 90 万 km 或 3 年。

五级检修周期：运行里程 180 万 km 或 6 年。

（3）CRH_3 型动车组。

一级检修周期：运行里程 4 000 km 或 48 h。

二级检修周期：运行里程 2 万 km。

三级检修周期：运行里程 120 万 km。

四级检修周期：运行里程 240 万 km。

五级检修周期：运行里程 480 万 km。

（4）CRH_5 型动车组。

一级检修周期：运行里程 5 000 km 或 48 h。

二级检修周期：运行里程 6 万 km。

三级检修周期：运行里程 120 万 km。

四级检修周期：运行里程 240 万 km。

五级检修周期：运行里程 480 万 km。

（5）CRH380 型动车组。

一级检修周期：运行里程 4 000 km 或 48 h。

二级检修周期：运行里程 10 万 km。

三级检修周期：运行里程 120 万 km。

四级检修周期：运行里程 240 万 km。

五级检修周期：运行里程 480 万 km。

动车组检修周期可在以上要求下根据实际情况，缩短或增加 10%。

项目五

高速铁路的牵引供电系统

任务一　认识牵引供电系统

【技能目标】

了解高速铁路的牵引供电方式；
掌握高速铁路的牵引变电系统；
掌握高速铁路对接触网与受电弓的基本要求。

【知识点】

牵引供电方式概况；
牵引变电系统；
接触网与受电弓。

【任务的提出】

高速铁路牵引供电系统是高速铁路运输系统的重要组成部分，是高速铁路列车接收电能的重要组成部分。

【相关知识】

一、牵引供电方式概况

高速铁路的牵引供电系统，其本身没有发电设备，而是从电力系统获取电能。目前牵引供电系统的供电方式有直接供电方式、BT供电方式、AT供电方式、同轴电缆和直供加回流线供电方式等。

（一）直接供电方式

直接供电方式是指牵引变电所通过接触网直接向动车组供电，回流经钢轨及大地直接返回牵引变电所。这种供电方式的电路构成简单、设备少，施工及运营维修都较方便，造价也低。但由于接触网在空中产生的强大磁场得不到平衡，对邻近的广播、通信干扰较大，所以一般不采用。

（二）BT供电方式

所谓BT供电方式就是在牵引供电系统中加装吸流变压器（3 ~ 4 km安装一台）和回流线。这种供电方式由于在接触网同高度的外侧增设了一条回流线，回流线上的电流与接触网上的电流方向相反，这样大大减轻了接触网对邻近通信线路的干扰。

BT供电的电路是由牵引变电所、接触悬挂、回流线、轨道及吸上线等组成的。牵引变电所作为电源向接触网供电；动车组列车运行于接触网与轨道之间；吸流变压器的原边串接在接触网中，副边串接在回流线中。吸流变压器是变比为1∶1的特殊变压器。它使流过原、副边线圈的电流相等，即接触网上的电流和回流线上的电流相等。因此可以说是吸流变压器把经钢轨、大地回路返回变电所的电流吸引到回流线上，经回流线返回牵引变电所。这样，回流线上的电流与接触网上的电流大小基本相等，方向却相反，故能抵消接触网产生的电磁场，从而起到防干扰作用。理论上的理想情况是这样的，但实际上由于吸流变压器线圈中总需要励磁电流，所以经回流线的电流总小于接触网上的电流，因此不能完全抵消接触网对通信线路电磁感应的影响。另外，当机车位于吸流变压器附近时回流还是从轨道中流过一段距离，至吸上线处才流向回流线，则该段回流线上的电流会小于接触网上的电流，这种情况称为“半段效应”。此外，吸流变压器的原边线圈串接在接触网中，所以在每个吸流变压器安装处，接触网必须安装电分段，这样就增加了接触网的维修工作量和事故率。当高速大功率机车通过该电分段时产生很大电弧，极易烧损机车受电弓和接触线。BT供电方式的牵引网阻抗较大，造成较大的电压和电能损失，故已很少采用。

（三）AT供电方式

随着铁路电气化技术的发展，动车组的投入运行，传统的供电方式已不能适应铁路发展的需要，各国开始采用AT供电方式。所谓AT供电方式就是在牵引供电系统中并联自耦变压器的供电方式。实践证明，这种供电方式是一种既能有效地减弱接触网对邻近通信线的电磁感应影响，又能适应高速、大功率电力机车运行的一种比较先进的供电方式。

AT 供电方式的电路包括牵引变电所 S、接触悬挂 T、轨道 R、自耦变压器 AT、正馈线 AF、电力机车 EL 等。牵引变电所作为电源向牵引网输送的电压为 25 kV，因而接触悬挂与轨道之间的电压为 25 kV，正馈线与轨道之间的电压也是 25 kV。自耦变压器是并联在接触悬挂和正馈线之间的，中性点与钢轨（保护线）相连接。彼此相隔一定距离（一般间距为 10 ~ 16 km）的自耦变压器将整个供电区段分成若干个小的区段，叫作 AT 区段。从而形成了一个多网孔的复杂供电网络。接触悬挂是去路，正馈线是回路。接触悬挂上的电流与正馈线上的电流大小相等，方向相反，因此其电磁感应影响可互相抵消，故对邻近的通信线有很好的防护作用。

AT 供电方式与 BT 供电方式相比具有以下优点。

（1）AT 供电方式供电电压高。AT 供电方式无须提高接触网的绝缘水平即可将电压提高一倍。BT 供电方式牵引变电所的输出电压为 27.5 kV，而 AT 供电方式牵引变电所的输出电压为 55 kV，线路电流为负载电流的一半，所以线路上的电压损失和电能损失大大减小。

（2）AT 供电方式防护效果好。AT 供电方式，接触悬挂上的电流与正馈线上的电流大小相等，方向相反，其电磁感应相互抵消，所以防护效果好。并且，由于 AT 供电的自耦变压器是并联在接触悬挂和正馈线间的，不像 BT 供电的吸流变压器，串联在接触悬挂和回流线之间，因此没有因励磁电流的存在而使原副边绕组电流不等，不会产生短路时吸流变压器铁芯饱和导致防护效果很差等问题，另外也不存在“半段效应”问题。

（3）AT 供电方式能适应高速大功率电力机车运行。因 AT 供电方式的供电电压高、线路电流小、阻抗小（仅为 BT 供电方式的 1/4 左右）、输出功率大，使接触网有较好的电压水平，能适应高速大功率电力机车运行的要求。另外，AT 供电也不像 BT 供电那样，在吸流变压器处对接触网进行电分段，当高速大功率电力机车通过时产生电弧，烧坏机车受电弓滑板和接触线，对机车的高速运行和接触网，以及接触网的运营维修极为不利。

（4）AT 供电牵引变电所间距大、数量少。由于 AT 供电方式的输送电压高、线路电流小、电压损失和电能损失都小、输送功率大，所以牵引变电所的距离加大为 80 ~ 120 km，而 BT 供电方式牵引变电所的间距为 30 ~ 60 km，因此牵引变电所的数量大大减少，同时运营管理人员也相应减少，建设投资和运营管理费用都会减少。

（四）同轴电缆供电方式

同轴电力电缆供电方式（简称 CC 供电方式），是一种新型的供电方式，它的同轴电力电缆沿铁路线路埋设，内部芯线作为供电线与接触网连接，外部导体作为回流线与钢轨连接，每隔 5 ~ 10 km 作一个分段。

由于供电线与回流线在同一电缆中，间隔很小，而且同轴布置，使互感系数增大。由于同轴电力电缆的阻抗比接触网和钢轨的阻抗小得多，因此牵引电流和回流几乎全部经由同轴电力电缆中流过。同时由于电缆芯线与外层导体电流大小相等，方向相反，二者形成的磁场相互抵消，对邻近的通信线路几乎无干扰。由于电路阻抗小，因而供电距离长。同轴电缆供电方式造价高、投资大，很少采用。

（五）直供加回流线供电方式

直供加回流线供电方式结构比较简单。这种供电方式由于在接触网同高度的外侧增设了一条回流线，回流线上的电流与接触网上的电流方向相反，这样大大减轻了接触网对邻近通信线路的干扰。与直供方式相比，能防止对沿线通信的干扰；比 BT 供电减少了 BT 装置，降低了建设投资，又便于维修。与 AT 供电方式比较，减少了正馈线，也减少了投资，还便于接触网维修。所以自大秦线以后的电气化铁道，基本都采用了直供加回流线的供电方式，京沪、沪昆等高铁线路也都采用这种供电方式。

（六）单边供电和双边供电方式

接触网在牵引变电所处及相邻的两个变电所中央是断开的，将两个牵引变电所之间的接触网分成两个独立的供电分区，又叫供电臂。每个供电臂只从一端的牵引变电所获得电能的供电方式称为单边供电。每个供电臂同时从两侧变电所获得电能的供电方式称为双边供电。

双边供电可提高供电质量，减少线路损耗，但继电保护等技术存在问题，所以我国及多数国家均采用单边供电。在发生事故情况下，位于两变电所之间的分区亭可将两个供电臂连接进来，实行越区供电。越区供电是在非常状态下采用的，因供电距离过长，难以保证末端的电压质量，所以只是一种临时应急措施，并且在实行越区供电时，应校核供电末端的电压水平是否符合要求。

在复线区段同一供电臂上、下行接触网接的是同相电，但在牵引变电所及分区亭内设有开关装置，可将上、下行接触网连通，实行并联供电，以减小线路阻抗，降低电压损失和电能损失，提高接触网的电压水平。在事故情况下，又可将上、下行接触网分开，互不影响，使供电更加灵活可靠。

牵引变电所馈电线馈出的两供电臂上的电压是不同相位的。为了减少对电力系统的不平衡影响，不同相位的接触网间要设置电分相装置。为了灵活供电和缩小事故范围，便于检修，接触网还设置了许多电分段装置。

二、牵引变电系统

在电气化铁路沿线，为了保证可靠供电、检修方便，每隔一定的距离就会分布具有一定功能的所亭，如牵引变电所、分区亭、开闭所等。

（一）牵引变电所

牵引变电所是电气化铁道的心脏，其作用是将 110 kV（220 kV）三相交流电变换成 27.5（或 55）kV 单相工频交流电，并供给电力牵引网和电力机车。此外，有少数牵引变电所还需担负 10 kV 动力负荷。所以，牵引变电所具有三个主要功能：接受三相电能；降压分配电能；减相以单相馈出供给牵引网。

（二）分区亭

在电气化铁道上，为了提高运行可靠性，增加供电工作的灵活性，在相邻变电所供电的相邻两供电分区的分界处常用分相绝缘器断开，若在断开处设置开关设备和相应的配电装置，则组成分区亭。

在复线电气化区段，分区亭的主要功能如下。

(1) 使同一供电臂上的上、下行接触网并联工作或单独工作。当并联工作时，分区亭内的断路器闭合以提高接触网的末端电压；单独工作时，断路器打开。

(2) 同一供电臂上的上、下行接触网（并联工作）发生短路事故时，由牵引变电所相应的馈线断路器和分区亭中的断路器配合动作，切除事故区段，缩小事故范围。非事故区段仍可正常供电。

(3) 当某牵引变电所全所停电时，可闭合分区亭中的越区隔离开关，由相邻牵引变电所向停电牵引变电所进行越区供电。

总之，分区亭的作用是：对单线牵引网，使两相邻供电臂单独工作或实现越区供电；对双线牵引网，使上、下行接触网并联，提高末端电压，缩小事故范围和必要时的越区供电。

（三）开闭所

在远离牵引变电所的枢纽站、电力机务段等大宗负荷单位，需要多条馈电线向这些接触网分组供电时，一般采取建立开闭所的办法进行解决。

所谓开闭所，是指不进行电压变换而用开关设备实现电路开闭的配电所，一般有两条进线，然后多路馈出向枢纽站场接触网各分段供电，进线和出线均经过断路器，以实现接触网各分段停、供电灵活运行的目的，又由于断路器对接触网短路故障进行保护，从而可以缩小事故停电范围。

开闭所的作用是增加馈线数目，将主线接触网与分支接触网分开，缩小事故范围，提高供电可靠性，保证枢纽站、站场装卸作业和接触网分组检修的灵活性和安全性；降低牵引变电所的复杂程度，还可实现上、下行纽接，保证在事故情况下供电，正常情况下纽接有利于改善牵引网电压水平，降低电能损失。

三、接触网与受电弓

接触网与受电弓密切相关，要了解接触网不能抛开受电弓；要了解受电弓不能抛开接触网。为保证接触线与受电弓间的相互作用不出现故障、受电弓滑板与接触线匹配、降低弓线间的磨损，接触线的布置必须横向偏移于线路中心线。为使接触线和受电弓滑板磨损降到最低程度，应对接触线和受电弓滑板提出要求，这些要求应在设计受电弓和接触网时予以考虑。

受电弓的作用是将电能传输到电动牵引装置上。受电弓包括主架、臂、弓头和传动装置。

受电弓和接触网相互作用的基本要求是：由于受电弓在运行中相对于接触网做横向

运动，而受电弓弓头必须总是超出接触线最不利的位置，只有在运行中接触线不离开受电弓弓头的工作范围才能使系统顺利运行。在正常运行时，接触线在滑板上的滑行是最重要的。受电弓有上、下两个工作位置，这两个位置之间的范围便是工作范围。

（一）接触网的要求

接触网设备必须能可靠地将电流传输给牵引车辆，机械设计尺寸一定要特别适合于运行速度。接触线是接触网的重要成分。刚性接触网的接触线由于汇流排的作用，几乎无张力。接触线起到接触滑道的作用，它保证将电能不间断地传输到车辆受电弓上。为了使受电弓滑板的磨损均匀，接触线与受电弓中心线形成交角，以之字形或S形布置。由于铜或铜合金有较高的导电性、硬度及良好的承受温度变化和抗腐蚀的能力，硬拉电解铜和铜合金已成为全球广泛使用的导线材料。暴露在空气中的铜的表面形成一层硬的、能导电且不会阻止电流流动的氧化层。这就是为什么铜比具有较差导电氧化层的铝来说更适合作为滑动接触材料的原因。银（0.1%）或镁（0.5%）的合金添加剂用来进一步改善铜线的机械和热性能，从而成为具有较高张力的铜线。接触线是被滑过的受电弓磨损的。此外，用于受电弓和接触线接触的材料的组合也对这些部件的磨损率有影响。铜接触线与碳滑板的组合使磨损率达到最低。钢和铜滑板会导致相当高的磨损率。由于磨损使接触线截面积减小，从而使载流量下降，并使导线的抗拉强度下降。确定是否达到磨损限度的标准是在磨损最严重的点上测量其截面积，若接触线磨损均匀则使用寿命较长。架空接触网和受电弓之间良好的相互作用，是由设计、运行速度及精确安装和充分维护来决定的。

（二）受电弓的要求

经验和理论研究均已证明不可能为了优化与特定接触网的相互作用而单纯设计受电弓，况且标准的接触网设计没有均衡的动态特性，因为跨距、质量和张力均会随线路实际情况和运行条件发生变化。然而，受电弓必须具有一定的基本特性，并适合于规定的应用范围。完善的受电弓设计应能保证其在各种不同的接触网系统上均能实现良好的运行性能。为了实现令人满意的受流质量，受电弓作用的静态接触压力及平均空气动力接触压力应该遵循相关标准的要求。标称静态接触压力应在以下范围内：交流供电系统：60~90 N；直流1.5 kV供电系统：70~110 N。在直流系统中，需要改进碳滑板与接触线的接触，为避免列车停车时其附属设备运转引起接触线变热的危险，静态接触压力通常为140 N。考虑到空气动力的作用，在交流系统中，受电弓的接触压力应能在40~120 N的范围内可调；在直流系统中，受电弓的接触压力应能在50~150 N的范围内可调。在列车多弓同时运行的情况下，任何受电弓的平均接触压力不应大于规定值，因为每个单独的受电弓均应满足受流标准的要求。平均接触压力是力的平均值，因为有静态力和空气动力的作用，它相当于静态力和一定速度条件下气流作用于受电弓元件上引起的空气动态力。平均接触压力是受电弓弓头与接触网接触的情况下测得的压力，此时后弓不与接触网接触。为了遵守这些规定，在交流系统中，受电弓的接触压力应能在40~120 N的范围内可调，在直流系统受电弓的接触压力应能在50~120 N的范围内可调。

以京沪高铁为例，由于京沪高速铁路的高、中速列车均采用交—直—交动车组，列车在各种工况下的功率因数较高，牵引网末端电压水平不再是制约牵引变电所间距的主要因素；而牵引网各导体的载流量和电力系统的负载承受能力成为限制牵引变电所间距的主要因素。京沪高速铁路接触网的标称电压为 25 kV，长期最高电压为 27.5 kV，短时（5 min）最高电压为 29 kV，设计最低工作电压为 20 kV。在京沪高速铁路的电气化工程中，除新建李营牵引变电所为直接供电方式的变电所外，其余均为 AT 供电方式的牵引变电所。高速正线接触网除北京南—魏善庄牵引变电所和在本线初期虹桥牵引变电所—虹桥段采用带回流线的直接供电方式外，其余均采用 AT 供电方式；各枢纽和地区内的高中速联络线、动车组走行线及动车段（动车运用所）车场线均采用带回流线的直接供电方式。

任务二　牵引变电所

【技能目标】

了解牵引变电所主接线方式；
掌握牵引变压器的基本组成。

【知识点】

牵引变电所主接线方式；
牵引变压器。

【任务的提出】

高速铁路牵引变电所是高速铁路牵引供电系统的重要组成部分，是完成高压输电系统向接触网输电的转换环节。

【相关知识】

一、牵引变电所主接线方式

（1）内桥接线。

在电气化铁道中，线路故障远比变压器故障多，内桥接线时，当任一线路故障或检修时，不影响变压器的并列工作，故内桥接线在牵引变电所应用较广泛。

内桥接线如图 5－1 所示，正常工作时用隔离开关将跨条断开。安装两组隔离开关的目的是便于它们轮流停电检修。

(2) 外桥接线。

线路故障或检修时，将使与该线路连接的变压器短时中断运行，须经转换操作后才能恢复工作。

外桥接线适用于电源线路较短、负荷不恒定、变压器要经常切换（例如两台主变压器中一台要经常断开或投入）的场合，也可用在有穿越功率通过的与环形电网连接的变电所中。外桥接线如图 5－2 所示。

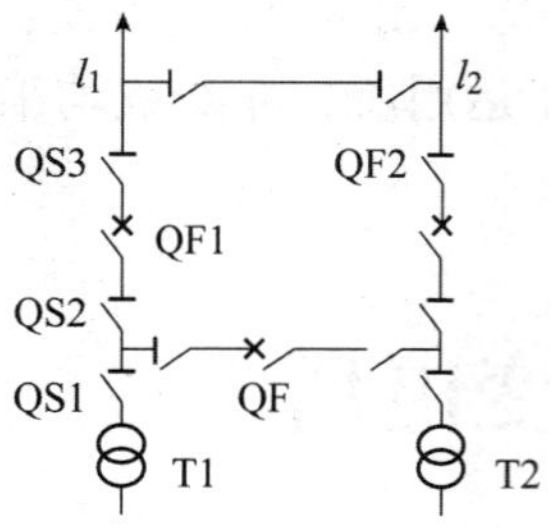

图 5－1 内桥接线

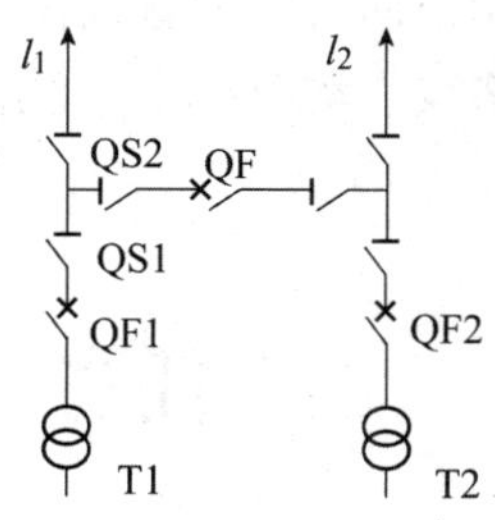

图 5－2 外桥接线

(3) 双 T 形接线。

某些中间式（或终端式）牵引变电所，如采用从输电线路分支连接（又称 T 形连接）的电源线路，且进线线路较短，变电所高压母线无穿越功率通过，在这种情况下桥形接线的桥路断路器没有任何作用，考虑到运行的灵活性，可在两电源线路间保留带有隔离开关的跨条，形成双 T 形接线。双 T 形接线如图 5－3 所示。

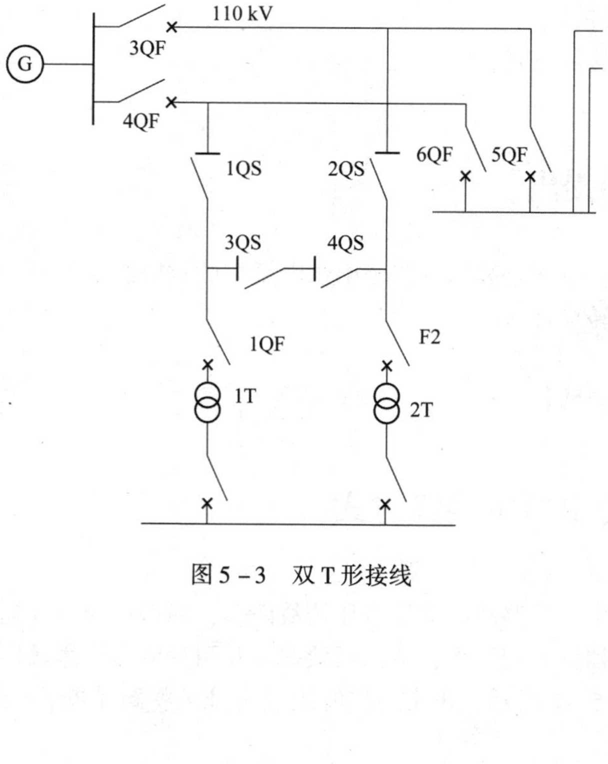

图 5－3 双 T 形接线

二、牵引变压器

牵引变压器是将三相电力系统的电能传输给两个各自带负载的单相牵引线路。两个单相牵引线路分别给上、下行机车供电，在理想的情况下，两个单相负载相同。

我国牵引变电所分为三相、三相—二相和单相三类。牵引变压器是牵引供电系统的重要设备，担负着将电力系统供给的110 kV或220 kV三相电源变换成适合电力机车使用的27.5 kV的单相电。由于牵引负荷具有极度不稳定、短路故障多、谐波含量大等特点，运行环境比一般电力负荷恶劣得多，因此要求牵引变压器过负荷和抗短路冲击的能力要强。

容量过小会使牵引变压器长期过载，将造成其寿命缩短，甚至烧损；容量过大将使牵引变压器长期不能满载运行，从而造成其容量浪费，损耗增加，运营费用增大。

牵引变压器主要部件：铁芯，一、二次线圈，油箱，高、低压绝缘套管，油枕，呼吸器，防爆管，散热器，瓦斯继电器，温度计等部分组成。

（1）铁芯。铁芯是变压器最基本的组成部分之一，它由硅钢片叠装而成，变压器的一、二次线圈都绕在铁芯上。

（2）线圈。线圈是用铜线或铝线绕成圆筒形的多层线圈，有一次侧线圈和二次侧线圈，都绕在铁芯柱上。导线外面用纸或纱布等绝缘。

（3）油箱。油箱是变压器的外壳，内部充满变压器油，铁芯与线圈浸在变压器油内。变压器油的作用是绝缘与散热。

（4）绝缘套管。变压器各侧引线必须使用绝缘套管，通过绝缘套管将线圈的引出线从油箱内引到油箱外，使带电的引线穿过油箱时与接地的油箱绝缘。绝缘套管有纯瓷和充油等不同种类。

（5）油枕。变压器油因温度变化会发生热胀冷缩现象，油面也将随温度变化而上升或下降。油枕的作用就是储油与补油，使油箱内保证充满油，同时油枕缩小了变压器与空气的接触面，减少油的劣化速度。油枕侧面的油位计，还可以监视油的变化。

（6）呼吸器。油枕内空气随变压器油的体积膨胀或缩小，排出或吸入的空气都经过呼吸器。呼吸器内装有干燥剂（硅胶）来吸收空气中的水分，过滤空气，从而保持油的清洁。

（7）防爆管。防爆管现在多用压力释放器替代，装于变压器顶盖上。变压器内部故障时，油箱内温度升高，产生大量气体，压力也增大，油和气体便冲破防爆管口薄膜向外喷出，防止变压器油箱爆炸或变形。

（8）散热器。当变压器上层油和下层油产生温差时，通过散热器形成油的对流，经散热器冷却后流回油箱以降低变压器温度。为提高冷却效果可采用风冷、强迫油循环风冷、强迫油循环水冷等措施。

牵引变压器多采用风冷式，在散热器框内，装上冷却风扇，以加速散热器内油的冷却。

（9）瓦斯继电器。瓦斯继电器装在油箱与油枕的连接管上。当变压器内部严重故障时，接通跳闸回路；当变压器内部故障不严重时，接通信号回路。

（10）温度计。温度计用来测量油箱上层油温，监视变压器是否正常运行。

任务三 接触网与受电弓

【技能目标】

了解接触网的组成与结构；
掌握受电弓的基本结构。

【知识点】

接触网；
受电弓。

【任务的提出】

接触网和受电弓是高速铁路动车组接收电能的重要组成部分，同时弓网系统也是制约高速铁路运输系统的一个关键环节，掌握其结构与组成是本任务的重点内容。

【相关知识】

一、接触网

接触网是沿铁路线上空架设的向动车组供电的特殊形式的输电线路。由接触悬挂、支持装置、定位装置、支柱与基础组成。

接触悬挂包括接触线、吊弦、承力索及连接零件和绝缘子。接触悬挂通过支持装置架设在支柱上，其功用是将从牵引变电所获得的电能输送给动车组列车。

支持装置用以支持接触悬挂，并将其负荷传给支柱或其他建筑物。根据接触网所在区间、站场和大型建筑物而有所不同。支持装置包括腕臂、水平拉杆、悬式绝缘子串，棒式绝缘子及其他建筑物的特殊支持设备。

定位装置包括定位管和定位器，其功用是固定接触线的位置，使接触线在受电弓滑板运行轨迹范围内，保证接触线与受电弓不脱离，并将接触线的水平负荷传给支柱。

支柱与基础用以承受接触悬挂、支持装置和定位装置的全部负荷，并将接触悬挂固定在规定的位置和高度上。我国接触网施工中采用预应力钢筋混凝土支柱和钢柱，基础是对钢支柱而言的，即钢支柱固定在下面的钢筋混凝土制成的基础上，由基础承受支柱传给的全部负荷，并保证支柱的稳定性。预应力钢筋混凝土支柱与基础制成一个整体，下端直接埋入地下。

(一) 接触悬挂

接触悬挂的种类较多，一般根据其结构的不同分成简单接触悬挂、弹性接触悬挂和链形接触悬挂。

简单接触悬挂是指无连续承力索、结构非常简单的系统。与链型接触悬挂相比较，简单接触悬挂的接触线弛度较大，支柱间距离必须小以使接触高度尽可能接近一致。弹性接触悬挂是将接触线通过呈三角形状的吊索（也称为跨接线）与支持装置相连接的接触悬挂设计。

链型接触悬挂的特点是在接触线上方悬挂一根或两根承力索，承力索通过吊弦悬挂接触线。由于其相对简单的设计和良好的运行特性，带承力索的架空接触网已在世界上广泛使用。链型接触悬挂的支持装置距离比简单悬挂大，并减少了接触部件的磨损，在城市公共交通运输系统中得到了普遍使用。

1. 接触线

接触网导线也称为电车线，是接触网中重要的组成部分之一。电力机车运行时，受电弓滑板直接与接触线摩擦，并从接触线上获得电能，接触线截面积的选择应满足牵引供电运行的要求。

接触线一般制成两侧带沟槽的圆柱状，沟槽是为了便于安装线夹并按技术要求悬吊固定接触线而又不影响受电弓滑板的滑行取流。接触线下面与受电弓滑板接触的部分呈圆弧状，称为接触线的工作面。

我国采用的铜接触线多为 TCG－110 和 TCG－85 两种型号，其字母 T 表示铜材，C 表示电车线，G 表示带沟槽形式，后面的数字表示该型铜接触线的截面积。近年来我国也引进使用日本的铜接触线。

我国也研制和使用了钢铝接触线。钢铝接触线以铝和钢两种金属压接制成。以铝面作为导电部分，与受电弓滑板接触摩擦的是钢面，既保证了导电性能又提高了工作面的耐磨性，我国采用的钢铝接触线有 GLCA100/215 和 GLCB80/173 两种型号。字母 GLC 表示钢铝电车线，A、B 表示线型。

2. 吊弦

在链形悬挂中，接触线通过吊弦悬挂在承力索上。按其使用位置是在跨距中、软横跨上或隧道内有不同的吊弦类型，吊弦是链形悬挂中的重要组成部件之一。在链形悬挂中安设吊弦，使每个跨距中在不增加支柱的情况下，增加了对接触线的悬挂点，这样使接触线的弛度和弹性均得到改善，提高了接触线的工作质量。另外，通过调节吊弦的长度，保证接触线对轨面的高度，使其符合技术要求。

普通环节吊弦以直径 4 mm（一般称为 8 号铁线）的镀锌铁线制成，高速铁路采用不锈钢直吊弦，不锈钢直吊弦是一个整体吊弦，减小了检修工作量，提高了接触悬挂的工作特性。

3. 承力索

接触网承力索的作用是通过吊弦将接触线悬挂起来。承力索还可承载一定电流来减小接触网阻抗，降低电压损耗和能耗。承力索根据材质可分为铜承力索、钢承力索、铝包钢承力索，钢承力索需采取防腐措施。

（二）支持装置

支持装置用以支持接触悬挂，并将其负荷传给支柱或其他建筑物。根据接触网所在区间、站场和大型建筑物而有所不同，支持装置包括腕臂、水平拉杆、悬式绝缘子串，棒式绝缘子及其他建筑物的特殊支持设备。

1. 腕臂

腕臂安装在支柱上部，用以支持接触悬挂，并起传递负荷的作用。腕臂按其与支柱之间是否通过绝缘装置分为绝缘腕臂和非绝缘腕臂。在我国电气化铁道中，广泛采用的是旋转绝缘腕臂。

绝缘腕臂根据其在线路中的作用和性质，分为中间柱、非绝缘转换柱、绝缘转换柱、中心柱、锚柱和道岔柱等。

（1）中间柱支持装置。

在中间支柱上，只安装一个腕臂，悬吊一支接触悬挂，并把承力索和接触线定位在所要求的位置上，这种支持装置称为中间柱支持装置。在线路的直线区段，支柱一般立于线路的同一侧，但是接触线需要按之字形布置，其拉出值一般在支柱点处要变换方向，所以定位为一正一反。

（2）非绝缘转换柱支持装置。

对于三个跨距的非绝缘锚段关节，中间的两根支柱称为转换柱，它悬吊两支接触悬挂，其中一支为工作支，另一支为非工作支。工作支的接触线与受电弓接触；非工作支的接触线抬高约 200 mm，不与受电弓接触，通过转换柱拉向锚柱。因此，转换柱需要安装两组定位器。

（3）绝缘转换柱支持装置。

绝缘转换支柱的装配应能满足被衔接的两个锚段，在电气上应是互相绝缘的，所以工作支和非工作支的接触线之间、承力索之间在垂直方向和水平方向的投影都必须保持 500 mm 的绝缘距离以保证在风力作用下及导线振动、摆动情况下，均不得小于最小的绝缘空气间隙。

（4）中心柱的支持装置。

位于四跨绝缘锚段关节的两转换柱之间的支柱，称为中心柱。在中心柱上同样要安装两套支持装置，悬吊的两支接触悬挂均为工作支，两根接触线等高。

2. 绝缘子

接触网上所用的绝缘子一般为瓷质的，即在瓷土中加入石英和长石烧制而成，表面涂有一层光滑的釉质。接触网上使用的绝缘子按结构分成悬式和棒式绝缘子两类，按绝缘子表面长度（即泄漏距离）可分成普通型和防污型两种。

近年来，铁路部门大量推广采用了钢化玻璃悬式绝缘子，这种绝缘子机械强度高(为瓷质绝缘子的2～3倍)、电气性能好（在冲击波作用下，其平均击穿强度为瓷绝缘子的3.5倍)、使用寿命长、不易老化、维护方便。它的最大特点是“零值自破”，即当绝缘子失去绝缘性能或机械过负荷时，伞裙就会自动破裂脱落，容易发现，方便及时进行更换。

3. 硬横梁和软横跨

硬横梁在高速铁路中具有明显的优点，它不仅具有机械上独立，股道间不产生影响，事故范围小，结构稳定，抗震动，抗风性能好，稳定性强等优点，而且具有较好的刚度，稳定性高，能改善弓网受流，因而又具有磨耗小，可降低离线率等一系列优点。同时，硬横梁具有模块化的结构，互换性强，又利于机械加工和机械化安装作业。硬横梁外观一致，简洁，匀称，美观。

软横跨是多股道站场接触悬挂的横向支持设备。在站场上，多股道的接触悬挂借助于单根或数根横向线索悬挂到布置在这些线路两侧的两根支柱上，这种装置成为软横跨。在一组软横跨中，有三根横向索道，即横向承力索、上部定位索及下部定位索。横向承力索是软横跨受力的主要构件，它承受链形悬挂的垂直负荷。横向承力索一般由单根或数根钢绞索组成，对于跨越3～4股道的情况，通常使用单根横向承力索，而跨越股道较多、负载较大时，则由两根或四根钢绞索组成。

(三) 定位装置

定位装置包括定位管和定位器。其功能是固定接触线的位置，使接触线在受电弓滑板运行轨迹范围内，保证接触线与受电弓不脱离，并将接触线的水平负荷传给支柱，定位器有直管定位器、弯管定位器。提速后采用带减振阻尼装置的多功能定位器，改善了受电弓的取流特性。

根据支柱设置的位置不同，即支柱是在直线区段还是曲线区段上，在曲线的内侧还是外侧，在锚段中还是在锚段关节处，是否在道岔处等，支柱所采用的定位方式也不相同，常用的定位方式如下。

(1) 硬定位。硬定位是接触线的固定形式，通常把硬定位也称作正定位。

(2) 反定位。反定位多用于曲线内侧支柱上和直线区段“之”字形方向与支柱位置相反的支柱上。

(3) 双定位。双定位用于锚段关节中的转换柱、中心柱、站场线岔处的道贫柱，站场线岔处的软横跨及特殊支柱定位上。

(四) 支柱与基础

我国接触网施工中采用预应力钢筋混凝土支柱和钢柱。预应力钢筋混凝土支柱，简称为钢筋混凝土支柱，采用高强度的钢筋，在制造时预先使钢筋产生拉力，它与普通钢筋混凝土支柱相比，在同等容量情况下具有节省钢材、强度大、支柱轻等优点。钢筋混凝土支柱本身是一个整体结构，不需另制基础。

钢支柱以角钢焊成架结构，具有支柱较轻、强度高、抗碰撞、安装运输方便等优点。根据安装使用地点不同，钢柱的型号规格及外形结构也不同。

（五）锚段及锚段关节

在站场或区间，为满足供电和机械方面的分段要求，将接触网分成若干一定长度且相互独立的分段称锚段，两个相邻锚段衔接部分称为锚段关节。锚段两端承力索和接触线都直接或间接地通过补偿装置固定到锚柱上。

1. 锚段的作用

（1）缩小事故范围。发生断线或支柱折断等事故时，由于接触网锚段在分段方面的独立性而把事故限制在一个锚段内不再扩大，不致波及相邻锚段。

（2）便于线索两端加张力补偿装置。调整线索张力，使承力索和接触线张力基本保持不变，提高悬挂稳定性，同时调整接触线的弛度，使接触线弛度减小，有利于电力机车取流。

（3）锚段便于供电分段，缩小检修和故障时的停电范围。

2. 锚段长度的确定

接触网锚段长度确定时主要考虑以下几个方面的因素：首先，考虑到发生事故时，使事故范围缩小，因此锚段长度不宜过长；其次，要考虑在温度变化时，由于线索的伸缩而引起的吊弦、定位器及腕臂等处的偏移不得超过允许值；最后，要考虑在极限温度下，承力索和接触线在补偿器处与在中心锚结处的张力差不能超过允许值。

3. 锚段关节

两个相邻锚段衔接部分称为锚段关节。在锚段关节处，两锚段的接触悬挂是并排架设的，对它的基本要求是当机车通过时，应保证受电弓平滑地由一个锚段过渡到另一个锚段。

锚段关节仅起接触悬挂在机械分段方面的分段作用，电气方面仍然相连接，不进行电的分段，此时用电连接将工作支和非工作支连接起来，保证电流畅通。

绝缘锚段关节除要机械分段外，主要用于同相之间的电分段，一般又称为电分段关节。在绝缘锚段关节中，承力索和接触线也各有重叠的两支，分为工作支接触线和非工作支接触线。

（六）中心锚结

在锚段的适当位置将接触悬挂固定，这种固定装置称为中心锚结。在两端装有补偿器的锚段里，必须加设中心锚结，其布置原则是尽量使中心锚结两端张力相等，直线曲段中心锚结设在锚段中部，曲线曲段、曲线半径相同的整个锚段仍设在锚段中部，当锚段处于直线和曲线共有区段且曲线半径不等时，应设在靠曲线多，半径小的一侧。

安设中心锚结后，由于接触线和承力索在中心锚结处系死固定（防串中心锚结除外），因此，当温度变化时，锚段两端的补偿器只能使线索由中心锚结处分别向两端移动，不致向一端滑动，保证线索张力均匀，并使接触线工作状态良好，同时能缩小事故范围。当锚段一端的接触线发生断线时，不致影响锚段另一端接触线，以利于抢修和缩短事故停时。

（七）线岔

列车在运行中，当运行到两条铁路交叉处，由一股道过渡到另一股道上运行时，在两支汇交接触线的相交处用限制管连接并固定的装置称为线岔，又称架空转辙器或空中转换器。

1. 线岔的作用

线岔的作用是在转辙的地方，当一组接触悬挂的接触线被受电弓抬高时，另一组悬挂的接触线也能同时被抬高，从而使它与另一接触线产生高差。高差随着受电弓靠近始触点而缩小，到达始触点时，高差基本消除而使受电弓顺利交接，以使接触线不发生刮弓现象。线岔使电力机车受电弓由一条股道上空的接触线平滑、安全地过渡到另一条股道上空的接触线上，从而使电力机车牵引的列车完成线路转换运行的目的。

2. 线岔的结构

接触网线岔是由一根限制管、两个定位线夹和固定限制管的螺栓组成的，其结构是用一根限制管将相交的两支接触线上下相互贴近，限制管的两端用定位线夹和螺栓固定在下面那根接触线上。如果是非正线相交，一般是交叉点距中心锚结或硬锚近者在下面；若是和正线相交，正线在下面。上面的接触线应能在限制管和下面接触线间活动。限制管一般用镀锌钢管加工而成，两端扁平，带有 ϕ13 mm 圆孔，限制管用方头螺栓和定位线夹固定在下面的接触线上。

二、受电弓

受电弓是电力牵引机车从接触网取得电能的电气设备，安装在机车或动车车顶上，通过与接触导线的摩擦将变电所的电能转移给机车。

受电弓如图 5－4 所示，其由底架、绝缘子、下臂、上臂、上导杆、弓头、接触滑板等部件组成。

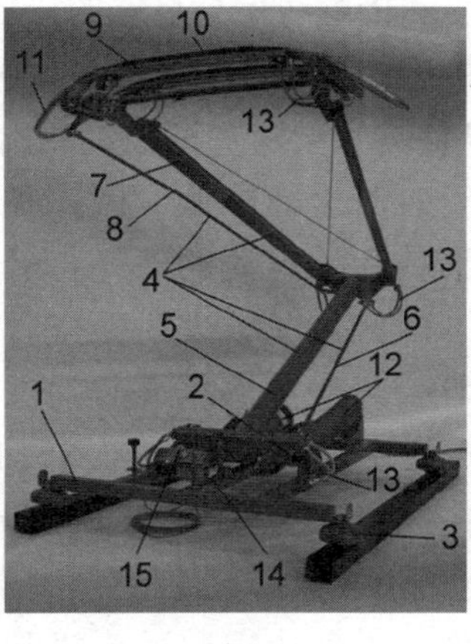

图 5－4　受电弓

1—底架；2—高度止挡；3—绝缘子；4—构架；5—下臂；6—下导杆；7—上臂；8—上导杆；9—弓头；10—接触滑板；11—端角；12—升降装置；13—电流传输装置；14—锁钩；15—最低位置指示器

（一）工作原理

1. 升弓

压缩空气经电空阀均匀进入传动气缸，气缸活塞压缩气缸内的降弓弹簧，此时升弓弹簧使下臂杆转动，抬起上框架和滑板，受电弓匀速上升，在接近接触线时有一缓慢停滞，然后迅速接触接触线。

2. 降弓

传动气缸内压缩空气经受电弓缓冲阀迅速排向大气，在降弓弹簧作用下，克服升弓弹簧的作用力，使受电弓迅速下降，脱离接触网。

弓网实际接触压力由四部分组成：受电弓升弓系统施加于滑板，使之向上的垂直力为静态接触压力（一般为 70 N 或 90 N）；由于接触悬挂本身存在弹性差异，接触线在受电弓抬升作用下会产生不同程度的上升，从而使受电弓在运行中产生上下振动，使受电弓产生一个与其本身换算质量相关的上下交变的动态接触压力；受电弓在运行中受空气流作用产生的一个随速度增加而迅速增加的气动力；受电弓各关节在升降弓过程中产生的阻尼力。

弓网接触压力能直观地反映受电弓滑板和接触线间的接触情况，它必须符合正态分布规律，在一定范围内波动。如果太小，会增加离线率；如果太大，会使滑板和接触线间产生较大的机械磨耗。为保证受电弓具有可靠的受流质量，应尽量减小受电弓的归算质量，增加接触悬挂的弹性均匀性。滑板的质量和机电性能对受流质量影响很大。

（二）受电弓的技术要求

受电弓是靠一定的抬升力让滑板与接触线保持接触的。列车高速运行时受电弓的滑板就像一个小小的飞机机翼，受气流的作用也会产生一个动态的抬升力，抬升力随列车运行速度升高而增大。在列车运行时，接触线在受电弓抬升力的作用下发生上下振动，振动波向前传播，这就给受电弓和接触线保持良好的接触带来了困难。受电弓前进的速度和接触线波动的传播速度越接近，受电弓和接触线就越容易失去接触。受电弓与接触线脱离失去接触的现象称作“离线”，要避免离线现象出现。由于高速列车的受电弓从接触线获取的电流值很大，离线时产生的电弧（就像我们在家中拔出电线插头时会产生电火花一样）会加快受电弓滑板和接触线的磨耗，引起电磁干扰，同时还伴随着噪声污染。离线发生的次数越多，时间越长，表明受流质量越差。所以，一般用“离线率”来评价列车受流质量的好坏。离线率用离线时间占列车区间运行时间的百分比来表示，例如京津城际铁路要求离线率低于 0.14%，离线时间小于 100 ms。

如何才能降低离线率呢？在接触悬挂方式已定的情况下，要从接触线和受电弓两方面进行努力。接触线的波动传播速度和列车速度越接近就越容易发生离线。因此，我们可以提高接触线的波动传播速度，尽量让它远远地“躲开”列车速度，就可以大幅度降低离线率了。波动传播速度要“躲”得多远才好呢？经验表明，列车速度与波动传播速度的比值在 0.6～0.7 之间，就可以保证良好的受流质量。例如，京津城际铁路的列车时速达到 350 km 时，接触线波动传播速度为 569 km/h，两者的比值为 0.62，满足受流质量的要求。在保障良好受流的前提下要提高列车速度，采取提高波动传播速度是一种有力手段，其措施有两个：一是增大接触线的张力；二是降低单位长度的接触线质量，也就是接触线最好采用轻质材料。

增大受电弓的抬升力和减轻受电弓质量也可以提高受流质量。但增大受电弓抬升力有一定的限度，增大抬升力虽然可以让受电弓更好地密贴接触线，但同时也加快受电弓滑板和接触线的磨耗，容易增加接触线金属疲劳，缩短其寿命。因此，受电弓抬升力需要综合考虑，合理选取，才能得到最佳效果。

高速弓与普通弓的最大区别在于高速时的离线率较小，受流较稳定，高速弓主要是靠较轻的弓头质量和较好的弓网接触性能来保证的。当电力机车在常速下运行时，受电弓与接触网之间可以保持可靠的接触，因而能够保证受电弓与接触网间良好的动态受流。然而，随着高速电力机车运行速度的提高，将使受电弓的振动加剧，出现频繁的离线现象，恶化受电弓的受流质量，使机车速度受到限制。随着新材料不断研发成功和开发应用，现在受电弓滑板的材料碳滑板、铜基粉末冶金滑板和浸金属碳滑板等，必将逐步向碳纤维、金属纤维、带有润滑功能的金属基和无机非金属基复合材料发展。目前广泛使用的接触网导线铜银、铜锡、铜镁接触线，将向铜合金化和复合金属化方向发展。在接触网一定的前提下，受电弓滑板一般应具备良好的导电性，抑制离线电弧的产生，满足良好的耐磨性，足够的强度和对自然环境强的适应性等性能要求。

项目六

高速铁路的信号与控制系统

任务一　认识高速列车运行控制系统

【技能目标】

掌握高速铁路信号与控制系统的发展过程；
掌握高速铁路信号与控制系统的组成；
掌握我国高速铁路列车运行控制系统体系结构的分级及其特点。

【知识点】

高速铁路信号与控制系统的发展历史；
高速铁路信号与控制系统的组成；
我国高速铁路列车运行控制系统的体系结构。

【任务的提出】

高速铁路列车运行控制系统是高速铁路运输控制的关键环节，高速铁路的列控系统明显区别于普速铁路，因此了解列控系统是完整地学习高速铁路运输系统的一个重要环节。

【相关知识】

一、高速铁路信号与控制系统的发展历史

高速铁路的信号与控制系统，是高速列车安全、高密度运行的基本保证。因此，世界各国发展高速铁路，都十分重视行车安全及其相关支持系统的研究和开发。高速铁路的信号与控制系统是集计算机控制与数据传输于一体的综合控制与管理系统，是当代铁路适应高速运营、控制与管理而采用的最新综合性高技术系统，一般通称为先进列车控制系统（advanced train control systems，ATCS）。典型的高速铁路列车控制系统如欧洲列车控制系统（ETCS），法国的实时追踪自动化系统（ASTREE），日本的计算机和无线列车控制系统（CARAT），等等。

近年来，许多国家为先进列车控制系统研制了多种基础技术设备，如列车自动防护系统、卫星定位系统、车载智能控制系统、列车调度决策支持系统、分散式计算机联锁安全系统、列车微机自动监测与诊断系统等。世界上许多国家如美国、加拿大、日本等国都已逐步推广应用这些新技术。

高速铁路发展较快的日本、法国和德国等国，在地面信号设备及区间设备都采用了符合本国国情的可靠性高、信息量大、抗干扰能力强的微电子化或计算机化的不同形式的自动闭塞制式；车站联锁正向计算机集中控制方向发展；为了实现高速铁路道岔转换的安全，转辙装置也向大功率多牵引点方向发展，同时开发研究了道岔装置的安全监测系统。在列车上，世界各国的高速铁路都积极安装了列车超速防护和列车自动控制系统。

日本在东海道新干线采用了列车自动控制（automatic train control，ATC）系统，法国 TGV 高速线采用了 TVW300 和 TVM430 系统，德国在 ICE 高速线上采用了 LZB 系统。这些系统的共同点是新系统完全改变了传统的信号控制方式，可以连续、实时监督高速列车的运行速度，自动控制列车的制动系统，实现列车超速防护；通过集中运行控制，系统还可以实现列车的速度自动调整，使列车保持在最优运行状态，在确保列车安全的条件下，最大限度地提高运输效率，系统还可以发展为以设备控制全面代替人工操作，实现列车控制全盘自动化。这些系统的不同点主要体现在控制方式、制动模式及信息传输的结构方面。

德国的 LZB 连续式列车运行控制系统是目前世界上唯一采用以轨道电缆为连续式信息传输媒体的列车控制系统，可实现地面与移动列车之间的双向信息传输，同时还可利用轨道电缆交叉环实现列车定位功能，控制方式是以人工控制为主。LZB 系统首先将连续式速度模式曲线应用于高速列车的制动控制，打破了过去分段速度控制的传统模式，可以进一步缩短列车运行的间隔时分，因此能更好地发挥硬件设备在提高线路运输效率方面的潜在能力。

法国的 TVM300 系统是早期产品，TVM430 系统是在 TVM300 系统的基础上进行

数字化改造后的列车控制系统，在TGV北方线上采用。TVM430系统的地面信息传输设备采用UM71型无绝缘数字式轨道电路，由地面向移动列车之间实现地对车信息的单向传输。信号编码总长度为27个信息位，其中有效信息为21位。列车的定位功能也是由轨道电路完成的。TVM430型系统制动模式采用的是分段连续式速度监督曲线，控制方式以人工控制为主。只有当司机没有按要求操作时，控制设备才自动完成其应执行的任务。

当列车时速提高到300 km以上时，由于模拟式轨道电路由地面向列车的传输的信息量不够，而增设了地面与机车之间的应答器设备作为辅助信息传输装置。

日本ATC系统的安全信息传输媒介采用有绝缘模拟式轨道电路，因此地面与移动列车之间为单向信息传输，信息量较少。近年来，日本对原有ATC系统进行了数字化改造，使地面向移动列车传输的信息量增加到40~60位bit（比特）数据。因此使新的日本高速铁路列车运行控制系统能够适应更高的列车运行时速的要求。

日本新干线的信号与控制系统、法国TGV的信号与控制系统，都保持了良好的安全运行纪录，从未发生过一起有关人员伤亡的行车重大事故，为世界高速铁路的发展展现了一幅美好的前景。

目前，世界高速铁路列车自动控制系统的控制方式主要分为两类。一类是以设备为主、人控为辅的控制方式，这种方式以日本为代表。另一类是人机共用、人控为主的方式，以法国为代表。

高速铁路的信号与控制设备，分为行车指挥自动化与列车运行自动化两大部分。信号显示应以机车自动信号为主，车站与区间的地面信号为辅。

从20世纪60年代起，电子设备开始引入铁路信号及控制系统。例如，大站与小站电子集中及移频自动闭塞等制式，由于这类系统动作速度加快，可靠性提高，为发展高速铁路的信号与控制设备奠定了技术基础。

信息技术沿着信息化、自动化、最优化与智能化四个层次发展。信息化是把客观的物理概念进行数字化，便于计算机处理，这是最初层次；自动化是按某一固定规则进行重复处理，达到预期的目的；最优化是按某种预定指标，在一定约束条件下求得最优解；智能化是信息处理的最高层次，包括理解、推理、分析、判断等步骤。智能化的标志是知识的表达与应用。

由于新技术及微型计算机的发展及应用，高速铁路信号与控制系统的主要特点如下。

（1）管理集中、控制分散的计算机综合列车自动控制系统。

（2）具有较高的容错能力及安全性，即使调度中心计算机发生故障，各站计算机也能按计划很好地完成各项控制功能。

（3）具有较强的信息处理能力及系统运用上的灵活性，可以构成包括行车指挥、运行控制和运营管理在内的综合控制系统。

（4）人—机关系合理，构成系统的主要设备及计算机的软、硬件都已模块化，功能综合，设备一体化。

二、高速铁路信号与控制系统的组成

（一）高速铁路信号与控制系统的基本组成

世界各国采用的高速铁路信号控制系统都称为列车自动控制系统（ATCS），列车自动控制系统（ATCS）包括行车指挥自动化系统或称列车自动控制与监视（ATS）系统、列车自动防护（ATP）系统和列车自动驾驶（ATO）系统。

1. 行车指挥自动化（ATS）系统

行车指挥自动化系统根据运行图计划及列车控制信息，通过控制中心计算机输入列车运行程序，实时控制、调整列车运行状态，指挥列车运行。各站的控制计算机实行车站区域进路排列、道岔转换、信号开放等。根据列车的运行情况，中心计算机实时采集相关数据，在显示屏上集中显示出全线信号设备的运行状态和列车位置信息，列车编号等信息，并将各种数据进行统计、打印，汇成编制报表等。

2. 列车自动防护（ATP）系统

列车自动防护系统是保证列车按照设定速度安全运行，防止列车超速运行，并能防护列车迎面冲突和追尾冲突的系统，系统具有故障—安全技术的特点，主要功能是检测列车当前运行速度和位置信息，并将速度信息实时与区域设定速度比较，决定是否实行制动；通过检测列车位置信息，并发送至控制中心，控制后续列车的运行速度，保证后续列车安全进入指定区域，保证列车安全运行和一定的制动距离。

3. 列车自动驾驶（ATO）系统

通过数字轨道电路或应答器等轨旁设备将调度中心或车站的控制命令传输给车载系统，车载系统接收到控制信息后，经过运算、比较，结合列车自身的控制、制动条件，给出安全、合理的运行速度，列车的运行信息、状态信息、制动性能等技术指标均可在调度中心显示出来，以便对运行的列车实时控制，实现列车的安全、自动驾驶运行。人工介入设备控制后，取得优先权，实现司机监督、按照设定的速度曲线自动运行，保证进站后定点停车，并可根据调度中心的指令实时调整列车速度，确保列车的最小追踪间隔，提高列车的运行效率。

（二）高速铁路信号与控制系统功能的实现

1. 行车指挥自动化（ATS）系统

随着计算机应用技术和信息化技术的快速发展，数据通信网络技术的提高，目前，以铁路局、铁路总公司为行车运营指挥中心的行车自动化体系已经建立，为高速铁路的运行提供了良好的行车自动化指挥平台。

2. 高速铁路列车指挥系统的基本结构

1）控制中心计算机

控制中心计算机是高速铁路指挥控制系统的核心，目前一般采用三取二的冗余系统，三台计算机中有两台计算机用于重要操作，采用交叉比较输出，第三台计算机用于热备份。

控制中心还具有数据传输、处理系统，即用一台高速数据传输设备进行信息处理与传递，与管线车站、区间、列车等进行双向数据传输，实现全线调度监控等。

调度集中采用全线连续自动列车控制，调度中心计算机中固定存有被控制区域的各种数据，如线路坡度、曲线限速数据等；还有轨道电路运用状态、信号机位置、显示等信息，应答器设置位置及工作状态等；运行列车的车辆信息、运行速度、制动效果等都将通过各站计算机传送到中心计算机。

控制中心计算机根据各种数据运算出指挥行车的控制命令，通过数据传输设备和轨旁单元传送到车载计算机中，通过车载计算机算出运行列车的目标速度、到达下一停车点的目标距离、限速运行曲线、实际行驶速度曲线、制动曲线编号等，根据最大允许速度实行自动驾驶。

高速铁路行车指挥系统的设备结构特点：减少分散安装在线路旁边的地面信号机，加装应答器等装置，实现调度中心对管内信号设备的集中控制与监督。调度中心计算机在调整列车运行过程中，向车站各控制分机分区、分时地下达列车运行计划。各站的控制分机根据中心计算机的运行计划，直接控制现场的有关联锁设备与进路。调度中心计算机自动跟踪列车运行并向列车传递运行计划与控制命令，调度员监督计算机工作状态并给予必要的运行辅助调整。利用有线、无线的数据传输网络为调度中心与列车之间进行双向信息传递。实现调度中心与列车车载信息的互动，控制指挥列车运行，并能实时了解列车运行状态，车载计算机能够辅助司机进行人工操作。

2）计算机联锁系统

随着微电子技术及计算机技术的发展，用电子器件及微电子器件代替继电器实现联锁功能，具有控制信息量大、成本低的优点、提高了系统安全性、可靠性，也提高了设备可靠性。计算机联锁系统由控制台、监视器、联锁逻辑处理机、控制驱动电路和现场设备等组成。计算机联锁是一个闭环系统，安全控制信息输出和信息输入的局部，以及微机内部的逻辑处理过程，都是按照闭环控制原理设计的，控制监视机与联锁处理机的联系也都遵循闭合工作原理，只要闭环系统中的任何一部分发生故障，系统就能立即诊断出来并采取措施，进行记录报警，直至切断控制输出电源，以确保安全。

为了提高计算机联锁的安全性、可靠性和可维护性，目前广泛采用的主要冗余技术如下。

硬件冗余为三取二的三重冗余系统或二重冗余系统；软件冗余系统运用双通道冗余、双套软件冗余，信息长度冗余和时间冗余等提高系统安全性；运用容错技术、避错技术，提高系统可靠性；运用检测技术，诊断系统故障，进行周期检测，及时报警，系统中设有故障切断器，实时切断控制输出电源或使局部系统停止工作。系统输入、输出接口采用固态元件构成的安全控制电路，确保故障导向安全；信息通道采用编码传输技术和闭环信道，加大电码距离，提高误码检出率。采用严密的组织手段、先进的检测方法和计算机辅助设计系统，提高硬件的可靠性和软件的可信性。

车载计算机同样要采用三取二的冗余结构来保证系统的安全性和可靠性。

列车收到运行信息后，由车载计算机算出列车位置和驾驶信息，经过处理后由列车控制设备执行速度控制，进行必要的启动、制动控制。列车速度信息、位置信息等回传给轨旁设备，进而输送至控制中心及车站分机，报告列车位置、列车车次，列车长度及实际行车速度等，信息的传递是通过应答器和无线通道实现的。

控制中心计算机通过自动控制系统能收到所管范围内每列车的行车特性、线路地形等与列车有关的信息，在行车自动化过程中，可以使得两列车按最小时分或安全间隔运行。

地面处理机向前面和后面两个轨道电路衔接点的两端发送信号，所用的是 3 kHz 的载频频率。处理机在衔接点处接收各点多次测试的电流和电压，用所测的电压值除以电流值就求出了由列车车轴分路后轨道电路上钢轨的阻抗。根据求得的钢轨阻抗可以算出从衔接点到列车的距离。如果钢轨电路上没有列车时，则所测的钢轨阻抗将大于相当于轨道电路长度的钢轨阻抗。这样，地面处理机就能确定出在这个轨道电路上没有列车。

地面处理机首先计算从衔接点到后面轨道电路上后续列车的距离，当后面轨道电路上没有列车时，这个距离就等于轨道电路的长度。其次，地面处理机计算衔接点到前面轨道电路上列车尾部的距离，当前面的轨道电路上没有列车时，则这段距离的长度由前方的地面处理机传来。求出这两段距离之和，系统就能连续地确定两列车之间的运行距离。

机车上的处理机通过安装在机车前部的天线接收由钢轨传来的数据流。天线由两个感应线圈组成。机车上的处理机根据机车制动性能确定其制动模式，控制列车速度。机车上的处理机连续检测前方列车的尾端距离，所以能做到列车以极短的间隔运行，同时可以避免不恰当的列车加速和减速操作，从而达到节省能源和使旅客舒适的目的。

当两列列车同时运行在一个轨道电路上时，由于轨道电路被前行列车车轴分路，后续列车将接收不到地面处理机的控制数据。在这种情况下，后续列车的机车处理机保存它刚刚进入轨道电路前的有关数据，通过对这些数据和机车上的测速机的输出数据进行处理，可检测出它自己的位置和它与前面列车的间隔距离。当前面列车驶出该轨道后，后续的列车就能接收到地面处理机传来的信息，列车运行的控制就可恢复正常。

（三）列车自动防护（ATP）系统、行车指挥自动化（ATS）系统、列车自动驾驶（ATO）系统之间的控制关系

ATP 为整个 ATC 系统的安全核心，是列车运行时必不可少的安全保障。ATS 为 ATC 系统的上层管理部分，是 ATC 的指挥中枢。ATO 是采用 ATCS 的最优体现。一个完整的 ATC 系统依靠各子系统协调工作共同完成，三者之间互有联系、密不可分。

ATO 需在已装备 ATP 子系统的条件下才能使用，并不断接受 ATP 的监视，ATO 通过 ATP 从 ATS 处得到列车运行命令；ATO 获得信息后，结合线路情况计算合适的运行速度，得到控制量，执行控制命令，同时显示有关信息。到站后，经 ATP 检查开门条件满足后，ATO 给出开门信息，同时，列车 ATO 通过列车位置识别系统（PTI）天线，将列车信息传送给地面通信器，然后传送到 ATS，ATS 根据此列车信息确定列车的新任务后再次通过轨道电路传送给 ATO，在区间运行时，每进入新的轨道区段，ATO 便接收新的地面信息，以便进行速度调整，在运行过程符合条件时，可以灵活地进入 ATO 模式。

三、我国高速铁路列车运行控制系统

（一）CTCS 概述

为了适应中国高速铁路、客运专线的迅速发展和保证铁路运输安全的需要，原铁道部研制成功了“CTCS 系统”（chinese train control system）即中国铁路列车控制系统，缩写是“CTCS”。

CTCS 体系的构建原则是以地面设备为基础，车载与地面设备统一设计。

地面子系统可由以下部分组成：应答器、轨道电路、无线通信网络（GSM－R）、列车控制中心（TCC）/无线闭塞中心（RBC）。

应答器是一种能向车载子系统发送报文信息的传输设备，既可以传送固定信息，也可连接轨旁单元传送可变信息。

轨道电路具有轨道占用检查、沿轨道连续传送地车信息功能，应采用 UM 系列轨道电路或数字轨道电路。

无线通信网络（GSM－R）是用于车载子系统和列车控制中心进行双向信息传输的车地通信系统。

列车控制中心是基于安全计算机的控制系统，它根据地面子系统或来自外部地面系统的信息，如轨道占用信息、联锁状态等产生列车行车许可命令，并通过车地信息传输系统传输给车载子系统，保证列车控制中心所管辖列车的运行安全。

车载子系统由以下部分组成：CTCS 车载设备、无线系统车载模块。

CTCS 车载设备是基于安全的计算机控制系统，通过与地面子系统交换信息来控制列车运行。

无线系统车载模块用于车载子系统和列车控制中心进行双向信息交换。

（二）CTCS 系统的发展历程

铁路是国民经济的大动脉，是中国社会和经济发展的先行产业，是社会的基础设施，铁路运输部门又是国民经济中的一个重要部门，它肩负着国民经济各种物资运输的重任，对中国社会主义建设事业的发展有着举足轻重的作用。为了满足国民对铁路运输的要求，进入 21 世纪以后，铁路部门致力于高速铁路和客运专线的建设，并取得了骄人的成绩。

中国人口密集，资源紧张，城市化发展非常迅速。一直处于发展中的中国铁路，始终存在着运量与运能之间的突出矛盾。铁路运输至今仍相当程度地制约着国民经济的快速发展，铁路仍是我国国民经济发展中的一个薄弱环节。为了缓解铁路运输的压力，铁路部门先后实行了六次大提速。

与此同时，高速铁路的蓬勃发展，对铁路的中枢神经——信号系统也提出了新的技术要求。由于历史及技术原因，中国铁路存在多种信号系统，严重影响了运输效率。铁路信号系统迫切需要建立统一的技术标准，确立数字化、网络化、智能化、一体化发展方向，国产高速铁路列车运行控制系统标准的制定迫在眉睫。为实现高速铁路发展战略，原铁道部组织相关专家开始制定适合我国国情的中国列车控制系统 CTCS。

在 CTCS 技术规范中，CTCS 按功能可划分为 5 级。为满足客运专线和高速铁路建设需求，通过对国外相关标准的引进、消化、吸收，并结合成功应用的 CTCS－2 级列车运行控制系统的建设和运营经验，我国构建了具有自主知识产权的 CTCS－3 级列控系统标准。CTCS－3 级列车运行控制系统是基于 GSM－R 无线通信的重要技术装备，是中国铁路技术体系和装备现代化的重要组成部分，是保证高速列车运行安全、可靠、高效的核心技术之一。

（三）CTCS 应用等级

CTCS 系统由 0 到 4 共 5 个等级。

CTCS 应用等级 0：由通用机车信号＋列车运行监控装置组成，为既有系统。

CTCS 应用等级 1：由主体机车信号＋安全型运行监控记录装置组成，点式信息作为连续信息的补充，可实现点连式超速防护功能。

CTCS 应用等级 2：基于轨道传输信息并采用车—地一体化系统设计的列车运行控制系统。可实现行指—联锁—列控一体化、区间—车站一体化、通信—信号一体化和机电一体化。

CTCS 应用等级 3：基于无线传输信息并采用轨道电路等方式检查列车占用的列车运行控制系统。

CTCS 应用等级 4：完全基于无线传输信息的列车运行控制系统。地面可取消轨道电路，由 RBC 和车载验证系统共同完成列车定位和完整性检查，实现虚拟闭塞或移动闭塞。

同条线路上可以实现多种应用级别，等级 2、等级 3 和等级 4 可向下兼容。

1. CTCS－0 级

为了规范的一致性，将目前干线铁路应用的地面信号设备和车载设备定义为 0 级。0 级的控制模式是目标距离式，它在既有地面信号设备的基础上，采取大储存的方式把线路数据全部储存在车载设备中，靠逻辑推断地址调取所需的线路数据，结合列车性能计算出目标距离式制动曲线。如能在每个进出站口增加点式设备，加强核对地址，就能大大减少逻辑推断地址产生错误的可能性。

日本的数字列车运行控制系统 I－ATC 就是采取车载信号设备储存电子电图，通过每一轨道区段的地址编码来调取所需的线路数据，这种方式可以使地—车信息传输的信息的需求量减少。在欧洲列车控制系统 ETCS 规范中也不排斥车载信号设备储存线路数据的方式。

正因为 CTCS－0 级尚未成为安全系统，适用于列车最高运行速度在 120 km/h 及以下的情况，一般自动闭塞设计仍按固定闭塞方式进行，采用四显示自动闭塞，信号显示具有分级速度控制的概念，其目标距离式制动曲线可作为参考，应该说这是一个过渡阶段。

2. CTCS－1 级

CTCS－1 级由主体机车信号＋加强型运行监控装置组成，面向 160 km/h 及以下的区段，是在既有设备基础上强化改造，达到机车信号主体化要求，增加点式设备，来实现列车运行安全监控的功能。CTCS－1 级利用轨道电路完成列车占用检测及完整性检查，连续向列车传送控制信息。

CTCS－1级的控制模式和CTCS－0级一样，也为目标距离式，采取大储存的方式把线路数据全部储存在车载设备中，靠逻辑推断地址调取所需的线路数据，结合列车性能计算出目标距离式制动曲线。

CTCS－1级与CTCS－0级的差别在于全面提高了系统的安全性，是对0级的全面加强，可称为线路数据全部储存在车载设备上的列车运行控制系统。

3. CTCS－2级

CTCS－2级是基于轨道电路和点式信息设备传输信息的列车运行控制系统，面向提速干线和高速新线，适用于各种限速区段，地面可不设通过信号机，是一种功能比较齐全且适合我国国情的列车运行控制系统。

轨道电路完成列车占用检测及完整性检查，连续向列车传送控制信息；点式信息设备传输定位信息、进路参数、线路参数、限速和停车信息。

CTCS－2级采取目标距离控制模式（又称连续式一次速度控制）。目标距离控制模式根据目标距离、目标速度及列车本身的性能确定列车制动曲线，不设定每个闭塞分区速度等级，采用一次制动方式。

CTCS－2级采取准移动闭塞方式，准移动闭塞的追踪目标点是前行列车所占用闭塞分区的始端，留有一定的安全距离，而后行列车从最高速开始一次制动曲线的计算点是根据目标距离、目标速度及列车本身的性能计算决定的。目标点相对固定，在同一闭塞分区内不依前行列车的走行而变化，而制动的起始点是随线路参数和列车本身性能的不同而变化的。

4. CTCS－3级

CTCS－3级是基于无线通信（如GSM－R）的列车运行控制系统，它可以叠加在既有干线信号系统上。

轨道电路完成列车占用检测及完整性检查，点式信息设备提供列车用于测距修正的定位基准信息。无线通信系统实现地—车间连续、双向的信息传输，行车许可由地面列控中心产生，通过无线通信系统传送到车上。

CTCS－3级与2级一样，采取目标距离控制模式（又称连续式一次速度控制）和准移动闭塞方式。由于其实现了地—车间连续、双向的信息传输，所以功能更丰富些，实时性更强些。

5. CTCS－4级

CTCS－4级是完全基于无线通信（如GSM－R）的列车运行控制系统。由地面无线闭塞中心（RBC）和车载设备完成列车占用检测及完整性检查，点式信息设备提供列车用于测距修正的定位基准信息。

CTCS－4级采取目标距离控制模式，列车按移动闭塞或虚拟闭塞方式运行。

虚拟闭塞是准移动闭塞的一种特殊方式，它不设轨道占用检查设备，采取无线定位方式来实现列车定位和占用轨道的检查功能，闭塞分区是以计算机技术虚拟设定的。

移动闭塞的追踪目标点是前行列车的尾部，留有一定的安全距离，后行列车从最高速开始制动的计算点是根据目标距离、目标速度及列车本身的性能计算决定的。目标点是前行列车的尾部，与前行列车的走行和速度有关，是随时变化的，而制动的起始点是随线路参数和列车本身性能不同而变化的。空间间隔的长度是不固定的，所以称为移动闭塞，其追踪运行间隔要比准移动闭塞更小一些。

（四）等级对照

CTCS 的应用等级划分有以下两个特点。

（1）各应用等级均采用目标距离控制模式，采取连续一次制动方式。

由于我国的列控系统应用起步晚，起点高，因此第一步就瞄准了比较先进的控制模式。在我国，阶梯式和曲线式分级速度控制都采用过，取得了经验，好在并未形成规模，CTCS 推荐采用目标距离控制模式是适宜的，符合国际列控系统的发展趋势。由于列控系统的控制模式是其主要特征和性能之一，控制模式决定了闭塞方式和列车运行间隔，从而决定了运输能力，所以说除移动闭塞外，各应用等级的主要功能几乎是一样的。

（2）各应用等级是根据设备配置来划分的，其主要差别在于地对车信息传输的方式和线路数据的来源。

线路数据储存于车载数据库，靠逻辑推算来提取相应数据的方式，用于较低等级列控系统；点式信息设备传输线路数据的方式，增加了线路数据的实时性，用于中等级列控系统，至于采用储存电子地图和点式信息设备提供闭塞区段地址码的方式将在技术发展中比选；无线通信连续、双向信息传输，有大信息量和实时性的优势，用于高等级列控系统。

表 6－1 对 CTCS 不同等级进行了归纳总结。

表 6－1　CTCS 不同等级对照表

应用等级	CTCS－0	CTCS－1	CTCS－2	CTCS－3	CTCS－4
控制模式	目标距离	目标距离	目标距离	目标距离	目标距离
闭塞方式	固定闭塞或准移动闭塞	准移动闭塞	准移动闭塞	准移动闭塞	移动闭塞或虚拟闭塞
制动方式	分级式	分级式	一次连续	一次连续	一次连续
轨道占用检查	轨道电路	轨道电路	轨道电路	轨道电路	无线定位，应答器校正
地对车信息传输	多信息轨道电路＋点式设备	多信息轨道电路＋点式设备	多信息轨道电路＋点式设备或数字轨道电路	无线通信双向信息传输	无线通信双向通信传输
列车运行间隔	按固定闭塞运行，大于对照值 L	L	L	L	小于 L
线路数据来源	储存于车载数据库	储存于车载数据库	应答器提供或由数字轨道电路提供	无线通信提供	无线通信提供

（五）CTCS 工作模式

完全监控模式：车载设备正常获取列车数据、线路数据、移动授权的情况下，由车载设备自动应用的控车模式。此时车载设备监控动态速度曲线，通过人机界面（DMI）显示列车运行速度、允许速度、目标速度和目标距离等信息，监控列车安全运行。

调车模式：调车作业时使用的模式，列控车载设备按固定限制速度 40 km/h 监控列车前进或折返运行。CTCS－3 和 CTCS－3 等级下需要 RBC（无线闭塞中心）给出授权，车载设备监控调车限速，也可同时监控调车区域。

休眠模式：非本务端（驾驶室没有激活）使用的模式。在这种模式下，车载设备不执行列车移动监控功能，执行列车位置功能、无线会话管理功能。

待机模式：车载设备上电并完成自检后自动进入的模式。此时车载设备禁止列车移动。

隔离模式：当列控车载设备停用时，司机停车并操作隔离开关隔离车载设备。在该模式下，车载设备不具备安全监控功能。

部分监控模式（PS）：该模式仅用于 CTCS－2 级列车运行控制系统。在 CTCS－2 级中，当车载设备接收到轨道电路允许行车的信息，而缺少应答器提供的线路数据时，列控车载设备产生一定范围内的固定限制速度，监控列车运行。

机车信号模式（CS）：该模式同样仅用于 CTCS－2 级列车运行控制系统。当列车运行到地面设备未装备 CTCS－3/CTCS－2 级列控系统的区段时，根据行车管理办法（含调度命令），经司机操作后，列控车载设备按固定限制速度 80 km/h 监控列车运行，并显示机车信号。

引导模式（CO）：当引导信号机或出站信号机开放且列车前端距离出站信号机较远发车时，车载设备按照固定限速 40 km/h 监控列车运行，由司机负责检查轨道占用情况。

任务二　高速铁路调度集中及行车指挥自动化

【技能目标】

掌握高速铁路调度系统各个部分的组成、功能与指挥流程；
掌握高速铁路行车指挥自动化的主要条件和实现方法。

【知识点】

高速铁路调度集中管理的功能与作用；
高速铁路行车指挥自动化的技术要求。

【任务的提出】

我国高速铁路调度集中与行车指挥自动化的实现是由那些技术来实现的，是本任务主要介绍的内容，也是高速铁路行车组织的核心内容。

【相关知识】

我国高速铁路运营初期基本按调度集中车站的接发列车作业组织方式指挥行车。调度集中是调度中心（调度员）对某一区段内的信号设备进行集中控制、对列车运行直接指挥、管理的技术装备。分散自律调度集中系统是综合了计算机技术、网络通信技术和现代控制技术，采用智能化分散自律设计原则，以列车运行调整计划控制为中心，兼顾列车与调车作业的高度自动化的调度指挥系统。

一、高速铁路调度集中指挥系统的功能与作用

我国自己研制的调度集中、调度监督设备是利用市场上易得到的、标准的软硬件产品和著名的操作系统按模块化组成的系统。国内的调度集中系统由调度中心子系统、车站子系统和调度中心与车站之间的网络子系统三部分组成，调度中心子系统包括中心机房设备和各应用工作站。中心机房设备包括数据库服务器、应用服务器、调度中心集中装置、表示墙、网络设备、电源设备、防雷设备、综合维修台、网管工作站、电务检测工作站。应用工作站包括调度员工作站、助理调度员工作站、值班主任工作站、控制工作站、计划员工作站等。

车站子系统主要设备包括车站自律机、车务终端、综合维修终端、电务维护终端、网络设备、电源设备、防雷设备、连锁系统接口设备和无线系统接口设备等。

运营调度系统的功能设计需要综合考虑高速铁路运输需求、组织机构、调度管理、基础设施（线、桥、隧）的维护、地面设备（信号、供电等）的维护、动车组运用和维修、行车安全与异常情况的对策及计算机、网络和通信等支撑技术的现状与未来发展趋势。根据国外高速铁路调度系统的情况和发展趋势，我国高速铁路将采用综合调度指挥系统模式。高速铁路调度指挥系统按照功能可以分为运输计划、运行管理、车辆管理、综合维修、客运服务、供电管理六个功能系统，各部门之间通过专用网络连接，传递各种运营所需的信息。调度所直接指挥列车的运行，动车基地、乘务基地、维修基地等为受控部门，按调度所的安排进行工作。调度中心一般情况下只监视各调度所的工作，对跨调度所的业务进行协调；特殊情况下调度中心也可以接管调度所的工作，对列车运行进行直接的指挥。

1．运输计划系统

铁路总公司和各高速铁路调度所运输计划编制部门采用统一的计划编制系统，能随时按业务需求进行权限控制和功能切换。计划编制系统依据计划编制规则要求，提供计算机辅助计划编制方式，具备牵引计算、合理性检查和模拟仿真功能。

（1）基本计划编制。

铁路总公司运输计划编制部门根据不同时期的客运市场需求，组织编制基本计划。基本计划以线路数据、动车组参数、信号系统参数、车站参数等数据为依据，结合客流分析与开行方案进行编制。基本计划包括：基本列车运行计划、基本动车组交路计划、基本车辆分配计划、基本乘务计划。

① 基本列车运行计划。根据不同时期的客运市场需求、客流预测和列车开行方案，编制基本列车运行计划，基本列车运行计划内容包括：列车车次、始发终到站、运行径路、运行进路、各站的到发时刻、占用股道号码等。

② 基本动车组交路计划。根据基本列车运行计划和动车组修程及检修基地布局，编制基本动车组交路计划。基本动车组交路计划包括：列车车次号、始发终到站和时间、接续运行进路等。系统具备按基地、分车型的动车组需求数量的测算功能。

③ 基本车辆分配计划。根据基本列车运行计划、基本动车组交路计划及动车组运用规则，编制基本车辆分配计划。基本车辆分配计划包括：对应动车组所担当的列车车次号、动车组号、编组、接续运行进路和时间，动车组出入段地点和时间等。系统具备按基地、分车种的车辆需求数量的测算功能。

④ 基本乘务计划。根据基本列车运行计划、基本动车组交路计划、基本车辆分配计划及乘务规则，编制基本乘务计划。基本乘务计划包括：司机和乘务人员担当的列车车次号、担当区段和时间、出乘（休乘）地点和时间等。系统具备按基地的乘务组和乘务人员需求数量的测算功能。

⑤ 基本运输计划下达。基本计划编制完成后，生成相关资料。基本计划和已生成的相关资料下达到各高速铁路调度所运输计划编制部门和其他相关部门。

（2）实施计划编制。

高速铁路调度所运输计划编制部门根据铁路总公司下达的计划、市场需求及线路、设备等相关情况，负责编制管辖范围实施日前 7 天内的实施计划。实施计划分为列车运行计划、动车组交路计划、车辆分配计划、车辆检修计划、乘务计划、车站作业计划、综合维修计划、供电计划。

① 列车运行计划。根据基本列车运行计划、高速铁路有关运输需求、现场设备状态、维修施工情况、动车组运用情况、气象灾害情况、既有线列车运行情况和其他必要的参考信息，编制列车运行计划。列车运行计划包括列车车次、始发终到站、运行径路、运行进路、各站的到发时刻、占用股道号码等，还包括基础设施检查和确认列车、维修施工车辆的运行计划。当发生特殊事件（如地震、洪涝灾害、大雪等恶劣气候和自然灾害、列车运行秩序混乱）时，实施计划编制系统可以编制特定的列车运行计划。

② 动车组交路计划。根据列车运行计划和动车组修程、修制、检修基地布局等编制动车组交路计划，包括列车车次号、接续运行的进路、接续地点和时间等。

③ 车辆分配计划。根据列车运行计划、动车组交路计划、动车组检修规程和作业时分标准、动车组履历等，编制车辆分配计划，包括动车组号、编组、运行交路、出入段时间、动车组回送及接运计划，动车组车辆解除备用及转入备用计划等。

④ 车辆检修计划。根据动车组交路计划、车辆分配计划、动车设备履历、修程、

修制、列车走行统计数据和列车故障情况、检修基地的作业能力等，编制车辆检修计划，包括动车检修等级、检修作业内容、等待停留的时间和地点、检修作业起止时间、检修作业具体地点等。

⑤ 乘务计划。根据列车运行计划、动车组交路计划和动车分配计划，编制乘务计划，包括乘务组编号及担当的车次、乘务区段、出退勤地点及时间、轮休/倒休安排等。

⑥ 车站作业计划。根据列车运行计划、动车组交路计划等，编制车站调车作业计划等。

⑦ 综合维修计划。根据各维修部门提报的维修计划，协调确定高速铁路综合维修计划，包括维修地点、维修作业内容、工作量及时间安排，维修车辆的运行径路、维修车辆的上下道时间、安全防护措施等。

⑧ 供电计划。根据列车运行计划、高速铁路综合维修计划和供电设备状况，编制供电计划，包括停送电时间、停送电区段等。

⑨ 实施计划的下达。实施计划编制完成后，发送到铁路总公司、铁路局调度所内相关调度、相邻高速铁路调度所、相关铁路局调度所、动车基地（所）和站、段（所）等。

⑩ 运输统计分析。实施计划完成后，系统能够根据运输情况进行运输统计、分析，并将统计结果发送到相关部门。

2. 运行管理系统

运行管理系统具备实施计划接收、人工和自动列车运行计划调整、列车运行监视、列车运行调整计划下达、人工和自动进路控制、实际运行图描绘、调度命令传送、列车跟踪及车次号校核等功能。在异常情况下，铁路总公司调度指挥中心运行管理系统能接管高速铁路调度所指挥权。

（1）实施计划接收。

接收铁路总公司、调度所内相关调度、相邻高速铁路调度所、相关铁路局调度所传来的实施计划。

（2）列车运行监视。

① 实时显示列车运行位置、列车车次、列车速度、列车早晚点、联锁和列控系统（主要包括轨道电路状态、道岔位置、车站股道及区间封锁、临时限速）信息。

② 列车实际运行图和列车运行调整计划图的显示。运行图的显示符合相关技术标准。

③ 列车出入动车段状态显示。

④ 安全监控及设备故障等报警信息的显示。

⑤ 显示与所管辖高速铁路衔接的相邻线路至少两个车站站场、列车运行位置、信号设备状态、列车运行早晚点信息及预计进入所管辖高速铁路时分的信息。

（3）调度指挥与控制。

① 列车运行调整。当发生列车运行秩序紊乱时，系统能自动调整列车运行计划，或由人工调整列车运行计划。经确认的列车运行调整计划能自动下达到相关车站和处所。系统具备列车晚点预测功能。

② 控制模式。系统具备调度集中控制和非常站控两种控制模式，在调度集中控制模式下，系统具备自动进路控制功能和人工进路控制功能。系统确保两种控制模式转换的安全，控制模式的状态有明确的显示。

③ 列车进路控制功能。系统能够根据列车运行计划、列车运行实际情况、列车车次号等信息，自动设置列车进路，若进路设置失败则进行报警。系统具备人工安排列车进路的功能。

④ 调车进路控制功能。系统能够根据列车运行计划、车站作业计划和列车运行实际情况，自动设置动车组出入段调车进路、动车组折返调车进路等，若进路设置失败则进行报警。系统能够根据列车运行计划、综合维修计划和现场实际情况，自动设置维修施工车辆出入车站（所）、区间运行进路，若进路设置失败则进行报警。系统具备人工排列调车进路的功能。

⑤ 临时限速。系统能根据来自其他系统的临时限速建议或临时限速请求，进行临时速度限制设置或解除，并对临时限速的设置及解除状态有明确显示，确保临时限速设置与解除命令输入的准确性与安全性。

⑥ 区间、股道封锁。系统具备对区间、车站股道进行临时封锁或解除封锁的功能，并对被封锁的位置和状态明确显示。确保区间、股道封锁设置与解除命令输入的准确性与安全性。

（4）调度命令管理。

运行管理系统具备调度命令管理功能，包括调度命令的编制、审批、传送、签收、查阅等。

（5）实际运行图管理。

运行管理系统能生成、描绘列车实际运行图，可实现事故、灾害、施工、维修及其他特殊情况的录入，能存储、查询运行的相关信息。

（6）列车运行历史数据回放。

运行管理系统具有对列车运行历史数据进行回放的功能。

（7）列车车次追踪及管理。

① 系统能自动获得管辖范围内所有列车车次相关信息，实时追踪列车车次。

② 对于跨线运行的列车，系统能和其他线路的系统交换车次信息，确保这些列车车次能够被实时追踪。

③ 系统具备车次号自动校核和人工修改功能。

（8）维修作业时间管理。

① 系统具备维修作业开始时间的下达功能。

② 系统具备维修作业结束时间的确认和检查功能。

3. 车辆管理系统

系统具备接收列车运行计划、动车组交路计划和列车运行调整计划的功能，可实时显示动车组的运行位置、运用情况和动车组状态。根据列车运行调整计划、车载诊断信息等，制订动车组交路和车辆分配调整计划并发送至有关单位。查询动车组的修程、修制和与动车组运用相关资料的功能，接收动车检修部门的动车组相关信息，并在动车组发生故障时，提供紧急处置预案。此外，系统还具备动车组各项运用指标的统计与分析的功能。

4. 供电管理系统

（1）接收列车运行计划、供电计划、综合维修计划、列车运行调整计划和列车运行状态的功能。

（2）实时监视牵引供电系统运行状态、系统设备带电状态的功能，将重要信息发往相关系统。

（3）实时监视牵引供电设备技术状态和故障信息分类归档的功能，将重要信息发往相关系统。

（4）可靠完善的遥控功能，包括单控、程控两种方式，程控内容可由用户根据系统控制需要编制，遥控功能具有严格的防误操作闭锁措施。

（5）事故记录功能。并可实现历史数据回放。

（6）调度事务管理功能。

（7）容错、自诊断、自恢复功能，并能支持远程维护。

（8）实现对无人值班场所的视频监控。

（9）供电设备发生故障时，能提供紧急处置预案。

5. 客运服务系统

接收列车运行计划、动车组交路计划和列车运行调整计划，自动生成相关的旅客服务信息，并发送到站车及有关单位；集中管理旅客服务有关各类信息、实时掌握列车运行实际信息和预测信息，并实时监督管辖范围内高速铁路列车编组、上座率、各站中转旅客人数、动车组周转、中转列车接续及列车乘务组等信息的功能。通过监督晚点列车，制定其运行调整建议方案；查询与旅客服务相关的数据功能；生成相关数据统计和信息汇总。当发生突发事件时，能提出紧急处理预案、旅客疏运方案，提出列车运行调整方案建议，同时对大型车站关键场所进行视频监控。

6. 综合维修系统

综合维修系统具备综合维修管理、防灾安全监控和综合设备管理功能。

（1）综合维修管理。

通过建立基础设备履历，提供维修资源分布情况。对维修作业计划进行汇总和协调，接收列车运行计划、综合维修计划和列车运行调整计划。对维修作业过程进行管理，确认维修作业开始状态和结束状态，下达维修作业开始命令和结束命令，向列车调度发送维修作业结束确认信息。

（2）防灾安全监控。

对管辖范围内的基础设施、自然灾害进行实时监测，或从其他相关系统或部门得到报警信息，对各种监测信息进行汇总、分析、处理，判定设备安全隐患、灾害及故障的类型、性质和级别，对各种不同级别的报警、预警信息提出处理建议，并能发送至相关系统和部门。

① 主要接收的灾害信息：风、雨、洪水和降雪等自然灾害信息；机房、站房等关

键设备火灾报警信息；防坠落物检测信息。

② 报警：根据线路参数、车辆参数等设置各种灾害预警的参数值，通过灾害分析判决模型，对各种灾害可能对列车运行造成的影响做出判断，设定警戒、巡检、限速运行和停车四级报警。提出应急处理建议。将报警信息、行车建议实时发送到相关系统，并具备实时接收报警信息处理情况的反馈信息的功能。

③ 统计与分析：对各种防灾安全监测信息、报警事件处理信息的存储、统计、查询。

(3) 综合设备管理。

监视设备的工作状态，接收对线路、桥梁、隧道及通信、信号、信息等设备的监测数据，监视其工作状态，可查询管辖范围内所有设施和设备技术资料，并将报警信息传送给相关系统或部门。

二、高速铁路行车指挥自动化

(一) 列车运行图的计算机编制

1. 列车运行图的定义与列车运行图的作用

列车运行图是运用坐标原理表示列车运行的一种图解方式，是以表示列车在铁路区间运行及在车站到发或通过时刻的综合性技术文件，它规定了各次列车占用区间的程序，列车在每个车站的到达和出发（或通过）的时刻，列车在区间的运行时间、列车在车站的停站时间及机车、车底的交路和列车的重量和长度等，列车运行图是组织列车运行的基础。

2. 列车运行图的计算机编制

国外对计算机编制运行图的研究从20世纪50年代后期开始。日本从20世纪60年代初开始研究用计算机编制列车运行图，研究的主要目的是尽量减少编制运行图所需要的人员和编制时间，20世纪70年代开始在部分线路上使用计算机编制列车运行图。日本使用计算机编制列车运行图的办法是编图人员利用光笔，根据每一列车运行线的编制要求，向计算机输入信息，通过人机对话进行作业。

我国铁路研究利用电子计算机编制列车运行图始于20世纪60年代初期。几十年来，许多铁路高校和铁道科学研究院、哈尔滨铁路局电子所等科研单位采用不同的方法对不同的问题做了深入细致的研究，无论在理论上还是在实用开发方面均取得了许多成果。其中，比较成熟的、应用效果较好的计算机编制列车运行图的系统有以下三个。

(1) 全路直通客车方案编制系统。铁道科学研究院多年研制完成的全路直通客车方案编制系统是一个比较成熟的软件，该系统多次用于编制全路的直通旅客列车方案。

(2) 列车运行图计算机系统。西南交通大学20世纪70年代中期开始研究计算机编制列车运行图，1989年与济南局合作完成了计算机编制符离集至徐州北复线区段货物列车运行图，1996年来，该系统开始编制京沪线天津至上海间、京广线安阳至蒲圻间、京九线林清至梁提间区段列车运行图，目前基本上实现了计算机编制复线干线上的列车运行图。

（3）网状列车运行图编制系统。北京交通大学利用两年多时间研制完成的网状线路列车运行图编制系统是一个基于路网的计算机编制列车运行图系统，该系统不仅可以完成整个铁路局路网的构建，运行图的编制、输出，时刻表、运输能力等指标的输出，还可以完成自动安排局管内各车站的站线使用，机车交路的铺画和铁路局全部客运报表的输出。在运行图编制完成后，还可以通过列车运行过程仿真，检查运行图编制的质量。由于系统具有实用性强，用户界面友好及易于操作的特点，使编图人员甩掉了铅笔和二分格图纸，并使哈尔滨铁路局成为全路第一家应用计算机完成全铁路局运行图编制，列车运行图及其技术文件和各种客、货列车统计分析报表输出的单位。

3. 计算机编制列车运行图的原则和方法

（1）编制列车运行图的原则。

① 保证列车运行的安全。列车运行必须符合有关规定，严格遵守行车的作业程序和时间标准。

② 迅速、便利地运输旅客和货物。在保证基本均衡的前提下，运行图上铺画的旅客列车应最大限度地为旅客提供方便。

③ 充分利用铁路通过能力，经济合理地运用机车车辆。在铺画列车运行线时，应消除各种不必要的停留时间，提高列车的旅行速度，要合理规定列车重量标准和机车运用方法。对直通列车要注意良好的衔接，以提高机车车辆的运用效率。同时，要妥善安排工务部门的施工计划，保证线路大修施工和日常运输的要求。

④ 列车运行图要与列车编组计划和车站技术作业过程相协调，使列车运行线与车流很好地结合起来。

⑤ 保证各站、各区段间工作上的协调和均衡。对于一个铁路工作日的各个阶段，在铺画列车运行线时，在保证旅客列车铺画的前提下，力求使各种货物列车的铺画大体上均衡，以充分利用车站到发线和咽喉的通过能力、车站改编作业能力，以及区间通过能力。

⑥ 合理安排乘务人员的作息时间，保证不超过规定的劳动时间标准。

（2）计算机编制列车运行图的方法。

利用计算机编制列车运行图可以采用多种方法，就目前的研究成果来看，主要采用下述几种方法：

① 模拟方法。该方法以人工编图的原则和经验为条件，生成计算机编图的判断准则和执行程序，在计算机上实现人工编图过程。该方法的缺陷是很难设计出全面、合理的判断准则和执行过程。

② 移动始发点法。该方法主要用于双线区段，在设定同向列车运行线时，按给定间隔时间确定列车始发点，并对该运行线与其他运行线的列车间隔进行检查，当不满足间隔时间，移动该列车始发点，然后重新检算该运行线，如此反复，直到所有列车运行线被处理完毕。这一方法的缺陷是计算量太大。

③ 逐区间递推铺画法。该方法主要用于单线区段，从区段的一端开始，依次对每

个区间顺序进行检查铺画，或从限制区间开始向区段两端延伸铺画。这种方法的缺陷是基于单向思维的编图思路，缺乏双单线运行图的图形轮廓方案的总体把握。

④ 数学模型法。利用逻辑代数、线性规划、图论、动态规划方法建立描述列车运行图的数学模型，通过编程实现计算机求解。该方法的局限性在于许多影响编图的因素是半结构化、非结构化的，难以用数学方法准确描述。

⑤ 人工智能方法。该方法将编制列车运行图的约束条件及人工编制列车运行图的经验进行整合，建立知识库，用程序语言设计推理机，推理机按照启动条件，按知识库的规则推理，演绎求出各列车在各站的合理发车时间从而得到列车运行图。该方法的难点在于知识获取、知识结构和推理机的设计。

（二）列车进路控制

1. 进路控制

（1）接发列车进路控制是行车指挥自动化的关键内容，是调度升级的重要标志；也是列车运行管理系统或运输管理自动化系统的重要组成部分。进路控制自动化最主要的功能是解决列车进路办理自动化的问题，是把运行图数据与从各车站经由调度集中传送来的列车位置信息（地点信息）相结合，在计算机内部对列车运行进行跟踪，当列车到达应进行进路控制的位置时，进行必要的一致性检验，然后输出进路控制信息，实现对不同列车进路的有序控制，简单地讲就是把目前的继电联锁装置的进路控制按钮的操作，交由计算机代行处理。

（2）一个进路的输出要受到一系列限制条件的约束，只有当所有条件经检查校核都满足后，计算机才能通过调度集中输出控制命令。进路控制输出校核条件主要来自以下几个方面。

① 列车状态，包括列车所在位置及正晚点。

② 设备状况，包括已设进路的确认及对应的敌对、交叉进路的确认。

③ 运行图，包括出发时刻、使用股道及出发顺序等。

进路控制输出时，必须满足列车位置条件、时刻条件、顺序条件、闭锁条件、车次对照条件、站间列车数条件、有无直接输入的列车抑止条件、进站进路输出的股道，有无禁止使用条件及该站的列车跟踪状态应为“正常”状态条件等，由计算机进行进路输出。

2. 列车跟踪

列车跟踪，是利用各种测量设备感知、确定列车位置的动态变化，并将运动变化实时地反映在计算机的文件系统、处理系统和表示系统之中，以实现对列车运行状态的监督和调控。因此，精确、同步的列车跟踪是实现列车运行实时控制的前提和基础。

3. 进路控制

① 始发进路。于列车始发前的一定时分根据始发任务设置输出要求，但当先发列车尚未始发时，则该列车的处理被保留。

② 进站进路。当列车到达接近点并为进站链上首列时，根据列车跟踪处理设置输

出要求，如该列车为非进站链上首列时，待进站中的前行列车进站后，再对后续列车设置输出要求。

（三）列车运行调整自动化

1. 列车运行调整

列车运行调整就是当列车运行实际状态偏离预定值，造成列车运行紊乱时，通过重新规划列车运行时刻表，尽可能恢复列车有秩序运行状态的过程。它的实质就是处理列车与车站、列车与区间及列车之间的关系，规定列车占用区间和站线的合理时机。列车运行调整是实时性很强的问题，调整计划的编制必须在限定的时间内完成。

2. 列车运行调整自动化的必要性

在正常条件下，列车应严格按照运行图运行，但是由于种种原因的随机干扰，列车运行难免偏离基本运行图，尤其是在列车运行密度高的线路上，一个列车晚点，往往波及其他列车，有时受影响的幅度很大，需要调度员调整若干小时，才能恢复正常。当偏离程度不大，只影响到 1 ~ 2 列，可以利用运行图自身的冗余时间，通过一定措施组织列车恢复正点。但当遇到恶劣天气或灾害等情况，列车运行紊乱程度比较严重时，就需要从整体上在大范围内梳理已紊乱的运行线，组织列车配合运行，以便尽快恢复按图行车。

采用自动化调整方法，通过充分发挥计算机逻辑判断能力强等优势，能够比较及时并全面地选出优化的调控方案。利用计算机进行列车运行调整，核心问题是正确地对运行调整进行描述、建立切合实际的模型和算法，使列车运行调整措施模型化、自动化；或者在总结前人经验的基础上，建立运行调整的知识库，利用专家系统使列车运行调整措施智能化，把各种调整措施作为提案，向调度员进行显示，从而起到列车调度员的参谋和助手作用，以弥补人们经验不足的缺陷，同时也可以避免人们采用调度措施的随意性。因此，自动化调整的意义，就在于它不但代替了烦琐的事务性劳动，而且它能从整体上提高调度工作水平，减少调度失误。当然，列车运行调整自动化也决不意味着束缚调度员的能力，限制其发挥主动精神，而是恰恰相反，它为调度员提供一切可能，来发挥他们的主观能动性。调度员可以灵活利用运行图文件变更功能，通过事先改变运行图数据，来主动干预在线列车的运行，以达到运行调整的目的。因此，计算机自动调整列车运行计划的系统是一种智能化的决策支持系统，这种智能化的决策技术和微机化的调度集中技术相结合，构成综合的、高度自动化的行车指挥系统。

3. 列车运行调整自动化的主要问题

编制列车运行调整计划时，考虑的因素众多，涉及面广，内容复杂，工作量大，将这些工作用计算机处理，设计列车运行调整自动化系统时，主要解决以下几个难点问题。

（1）实时信息的采集问题。列车运行调整是实时性极强的工作，也就是要进行大幅度的调整，信息收集的及时性和准确性是列车运行调整的基本依据，因此，必须采用必要的手段加以保证。

（2）人机接口问题。快速、明了、便捷、直观、全面表示列车运行的历史、当前和计划信息，是行车指挥自动化的基本要求，因此，各种信息的表示、基本运行图、日班计划图等的显示和冲突报警所使用的画面，等等，应尽可能简单明确，便于操作，绝对不能由于图形的辨认困难或操作烦琐而成为调度员的负担。

（3）调整计划的算法描述问题。列车运行调整问题具有很强的实时性，因而编制调整计划的时间不能过长。但是用于实际的运行计划调整必须考虑列车种类、机车交路、站线性质、信联闭类型等众多因素，求解调整计划要进行大规模的比较与运算，算法的求解速度和收敛性是影响其实用性的一个重要因素。因此，调整问题的准确描述与求解算法的设计是该问题最重要的难点。

项目七

高速铁路通信系统

任务一　铁路有线通信网络和无线通信网络

【技能目标】

掌握铁路有线通信网络的体系结构；
掌握铁路无线通信网络的体系结构。

【知识点】

铁路有线通信网络的结构；
铁路无线通信网络的结构。

【任务的提出】

通信网络系统是高速铁路运输中重要的信息传输和交互设备，掌握其结构和作用是掌握高速铁路运输系统信息交换的基础。

【相关知识】

铁路通信网历经多年的建设，现已基本形成了由基础网、移动通信网、业务网构成的通信网络架构，能提供基本的语音、数据、图像通信，满足铁路运输生产及运营指挥的通信需求。随着我国电信业再次重组的完成，2009 年 12 月 15 日，中国铁通正式拆分，其固话及宽带等业务划归中国移动；与铁路通信相关的业务及基础传输设施等资产划转至铁路总公司，包括电报网、调度通信、站车广播、同步网、专用电话接入、铁路专用数据通信等。

一、铁路有线通信网络

铁路有线通信网络主要是指基础网，基础网主要包括通信线路（光缆、电缆）、传输网、数据通信网。铁路通信传输网网络基本覆盖 18 个铁路局及铁路沿线车站，由骨干层、汇聚层、接入层组成，基本采用光数字同步传输技术。

（一）铁路有线通信基础网基本结构

铁路传输网按骨干层、汇聚层、接入层三层结构建设。目前传输网已覆盖全路路网。在 2011—2015 年间，覆盖铁路总公司和 18 个铁路局的骨干层传输网更新改造，满足铁路既有业务和新增业务的需求。铁路部门逐步改造完善各路局既有汇聚层传输网，新建线汇聚层传输网随新建线施工同步建设。

铁路数据通信网按骨干网、区域网建设，在 2015 年实现全路覆盖，已完成铁路数据通信网骨干网建设，以及与各路局区域网互联；结合客运专线建设项目，完成了 18 个铁路局（公司）区域网建设；完善了既有数据通信网汇聚层和部分接入层整合改造建设，满足铁路 IP 数据业务的需求。

（二）铁路有线通信基础网存在的问题

（1）骨干层、汇聚层传输网网络结构与铁路运输体系不适应。

现有的骨干层、汇聚层传输网基本上是按照满足铁通公网业务需求设计建设的（省际、省内、城域），其业务流量和流向与铁路运输体系结构（总公司、局、站段）不够匹配，导致业务开通和运营管理等方面存在困难，开通路由复杂，也加剧了资源紧张的状况。

（2）骨干层、汇聚层传输网资源不足、覆盖不够、不能满足铁路应用需求。

现有骨干层既有配置的波道在绝大部分区段已全部使用，而且无法扩容。部分主要干线汇聚层传输系统容量偏小，大量本地通信枢纽机房至信息中心间传输系统容量偏小，现有的传输网已不能支持铁路信息化业务发展。

（3）设备陈旧，部分厂家产品停产，维护困难。

部分通信设备在网运行时间长达 9 年以上，一些设备生产厂家已经破产或设备型号停产。随着设备供应及技术服务支持中断，系统无法扩容，板卡返修无法解决，购买备品、备件非常困难，在网设备老化，故障率呈不断上涨趋势，网络维护运营成本增加。

（4）系统可靠性不适应铁路安全运营需要。

现有骨干层采用点对点方式组网，业务调度、故障定位、网络管理、自愈能力均较弱；汇聚层和接入层未形成有效的传输系统自愈保护；客运专线两条光缆加单节点设备的组网方式，在无其他路由迂回保护的情况下，仍会存在单点设备故障影响业务运用的问题。

（5）铁路和中国移动共用网络资源，存在安全管理隐患。

目前铁路和中国移动共用传输网络通道、机房及设备，在运营管理及网络维护过程中存在安全管理隐患。部分机房面积和环境无法满足需求。

（6）设备制式陈旧，接口种类单一，对铁路多种业务接入的支持能力差。

现有很多设备不具备综合接入能力，仅配置了 2 Mbps 和 155 Mbps 接口，未配置以太网等数据接口，不能适应多业务接入的使用要求。

（7）光缆质量劣化、容量不足。

由于多年来施工、偷盗造成的光缆中断使得纤芯损伤、接头过多，导致部分区段光缆性能指标严重劣化，达不到开通长距离传输系统的技术要求。约 40% 光缆已无可用空闲光纤。

（三）铁路有线通信基础网未来的发展

根据目前铁路传输现状及业务需求与远期发展，新建五个骨干传输环，逐步替代原京沪穗环、西南环、东北环、东南环及部分西北环，并对相关部分进行扩容改造，所涉及的光缆、机房、电源等充分考虑对已有设备的利用。

新网络建成后，新增业务承载在新网络上，原五大环承载的铁路业务根据建设及业务实际需要逐步倒接，原五大环承载的公网业务可继续保留。新五大环骨干传输网上下业务节点 73 个。

二、铁路无线通信网络

铁路无线通信网络主要是铁路移动通信网，由铁路移动通信 GSM－R 系统和无线列调系统组成，铁路移动通信 GSM－R 系统已经建成 12 个核心网节点，GSM－R 无线网主要覆盖高速铁路、青藏铁路和大秦重载铁路线；无线列调系统覆盖铁路线约 7 万 km，主要是普通铁路线；大的站场、编组场基本实现移动通信覆盖。

（一）铁路移动通信 GSM－R 系统结构

GSM－R 移动交换网采用二级网络结构，即移动汇接网和移动本地网，在北京、武汉、西安设置移动汇接网机（TMSC）设备，在 18 个路局及拉萨设置移动本地网交换机（MSC）设备。

目前，已完成全部繁忙干线及部分重要干线的 GSM－R 无线网络建设，共计约 1.8 万 km，建设重载线路 GSM－R 无线网 0.2 万 km；既有线改造建设无线列调约 0.8 万 km。

（二）无线列调系统结构

铁路移动通信网主要包括 GSM－R（铁路数字移动通信）系统、450 M 无线列调系统、站场无线通信系统等。

GSM－R 网络由核心网与无线网组成。全路已在 11 个铁路局所在地（北京、武汉、广州、太原、西安、上海、成都、南昌、济南、西宁、沈阳）及拉萨共 12 处设置了本地移动交换中心（MSC），在北京、武汉集中设置 HLR/AuC、SMSC 等共用设备；其他铁路局所在地核心网均已纳入新建铁路基建工程。已建的 12 个核心网节点中，北京、济南、武汉、广州、西安、南昌、成都、上海、沈阳、太原 10 个节点已实现互联互通，西宁、拉萨 2 个节点独立运营。

调度通信技术主要分电路交换技术调度和 IP 分组交换多媒体调度两种。

数字调度交换机是目前铁路调度通信组网中主要采用的技术和设备。随着多媒体技术的不断成熟，多媒体调度通信将是一个发展方向。然而，铁路调度通信是为铁路运输指挥提供调度通信的业务网，对网络的安全性和可靠性要求很高。对于多媒体调度通信，主要采用 IP 分组交换技术，在网络安全性上不如电路交换调度通信好。

近年来，根据铁路通信发展的需要，各调度设备生产厂商，先后推出交换容量为 4 096×4 096 调度交换机，具有与 GSM－R 通信系统互联互通的能力；在网络组网中可实现主设备双机主备用方式，通过双接口连接调度台，可实现在单点故障状态的无故障通信，满足铁路调度通信网系统组网设备冗余要求。

（三）铁路无线通信网络存在的问题

（1）全路部分无线通信网络功能界面不清晰，维护难度大，网络安全性较差。

（2）部分 GSM－R 本地移动交换中心尚未建立冗余备份机制。

（3）部分 GSM－R 核心网设备功能不完善。

（4）无线列调系统技术落后，可靠性及通信质量较差，不能满足调度集中指挥的需要，设备大部分已到折旧年限，设备老化严重，性能指标下降，维修工作量大。

（5）站场通信系统分散建设，制式繁多，缺乏统一技术导向。

（6）移动通信系统网管和运维支撑系统不健全，有待改善。

（四）铁路无线通信网络未来的发展

（1）GSM－R 核心网在既有 12 个核心网节点的基础上，再建 7 个核心网节点（兰州、乌鲁木齐、哈尔滨、昆明、郑州、南宁、呼和浩特），完成全路 19 个核心网节点的建设及互联互通，研究移动交换网向整网软交换的演进方案。

（2）GSM－R 移动交换网仍采用二级网络结构（移动汇接网和移动本地网），移动汇接节点改为独立设置，在北京、武汉、西安新设移动汇接节点 TMSC，负责各铁路局间话务转接；本地交换节点 MSC 全部实现 1＋1 备份。

（3）GSM－R 信令网仍采用两级网络结构，在北京、武汉独立设置 STP。

（4）智能网网络结构不变，在北京、武汉汇接节点新设智能网 IP 设备。

（5）GPRS 网络仍采用骨干网和本地网二级网络结构。除拉萨外的 18 个核心网节点的 SGSN、GGSN 全部实现邻局热备份。

(6) 除拉萨外的 18 个核心网节点增设 MGRIS 设备，用于连接维护监测系统。

对超过折旧年限、设备质量及性能下降且未规划建设 GSM－R 网络的既有普速线路约 0.8 万 km 的无线列调系统进行更新改造；完成全路机车车载无线通信电台向机车综合无线通信设备（CIR）的更新改造。

根据业务需要，采用数字无线等技术对路网性、区域性、地方性等大型编组站及线路上其他中小型站场进行无线通信系统的相应改造。

铁路总公司级网管及监测系统主要支持局间网络的运维生产及全网技术支援、运维管理工作，设置运行维护、资源管理、数据管理等。铁路局级网管及监测系统主要支持局内汇接网络、本地网络的运维生产和管理工作，具备专业网管、话务统计及质量分析、接口监测、无线频率监测、综合测试、运行维护、资源管理、数据管理等功能。

任务二　高速铁路综合移动数字通信

【技能目标】

掌握高速铁路建设 GSM－R 系统的作用与意义；

掌握我国铁路 GSM－R 系统核心网络系统的组成。

【知识点】

高速铁路建设 GSM－R 系统的必要性；

我国铁路 GSM－R 系统核心网络。

【任务的提出】

高速铁路综合移动数字通信系统是完成高速铁路无线信息传输和交互的具体实施设备，了解相关的技术与设备是掌握高速铁路运输组织工作的基础。

【相关知识】

高速铁路综合移动数字通信是目前国际上高速铁路运输工作中必须要使用的数字通信技术，最早是国际铁路联盟推荐了 GSM－R 全球铁路移动通信系统。GSM－R 是铁路综合数字无线通信系统，通过无线通信方式实现移动话音和数据传输，是基于 GSM（公网）而发展起来的一种数字传输技术体制。

一、高速铁路建设 GSM－R 系统的必要性

既有铁路无线通信系统存在许多问题，具体表现如下。

（1）功能单一、系统分散、相互间无法互通、维护成本高。

各分散系统主要有：无线列调、站场调车、客运、货运、列检、商检、车号、公务维修、公安等。其功能主要为语音业务，少量数据业务。这些系统均为自行投资建设、独立使用、分散维护的，造成设备型号各异，种类繁多，相互间无法互通，维护运营成本较高。

（2）频点固定分配、信道固定使用，频率利用率低，容量有限。

铁路无线通信系统主要使用450 MHz 频段，共58 对频点，固定分配给了无线列调、站调、公安等无线系统使用，各个部门间不能相互共享，造成频率资源的极大浪费。如北京、徐州、郑州枢纽等地已无频点可供申请使用。既有无线通信系统采用频点（信道）固定分配的方式，信道长期指配给某一系统（通常按专业划分）用户使用，当一个信道繁忙时，其他用户只能等待，往往造成该信道上的用户争抢或者出现阻塞，通信质量得不到保证；而信道空闲时，别的系统用户也并不能利用该信道进行通信。这无疑是对频率资源的一种浪费，也制约了用户数量的进一步发展。

（3）话音、数据业务争抢信道，传输可靠性低，数据传输能力差。

当列车运行时速超过 250 km 时，综合考虑调度命令、行车凭证、车次号、进路预告等数据信息传送和车机联控话音通信需求时，业务密度加大，碰撞概率很大。基于无线列调系统的数据传输速率仅达到 1.2 kbps。

（4）枢纽地区干扰严重。

枢纽站往往是多条线路的交汇处，通话的无序性，使各个机车台终端会对无线列调信道进行争抢，造成“大信号抑制小信号”的后果。目前，在枢纽车站设置多套车站电台（每条线 1 套），其中部分车站台使用同频工作，这些电台在车站附近形成一个大范围内的同频干扰，降低了车站值班员的行车指挥效率。

（5）既有铁路无线通信不具备网络能力。

既有铁路移动终端对讲距离受限。铁路各个无线通信系统分散，不能联合组网，使得各系统之间用户无法进行联络。铁路无线、有线调度网基本独立，无法形成有机融合的整体。

（6）系统开放，不具保密性。

无线列调系统是开放系统，并未做任何加密处理，对用户无须进行身份识别，只要无线终端用户频点和调制方式与无线列调相同，便可以加入到无线列调系统内的通信。因此，话音业务可以被接收或窃听，给行车安全带来极大的隐患。此外，公安系统对保

密性的要求也很高，现有系统无法达到。

二、我国铁路 GSM－R 系统核心网络

我国铁路 GSM－R 核心网络包括三个部分，分别是①移动交换；②智能网；③GPRS网络。

1. 移动交换网

GSM－R 核心网络采用二级网络结构，包括移动汇接网和移动本地网，设立 TMSC 和 MSC。我国 GSM－R 核心网络结构如图 7－1 所示。

（1）TMSC：3 个，北京、武汉、西安，兼作 MSC 和 GMSC。

（2）MSC：共计 19 个，在 18 个铁路局所在地及拉萨设置 MSC。

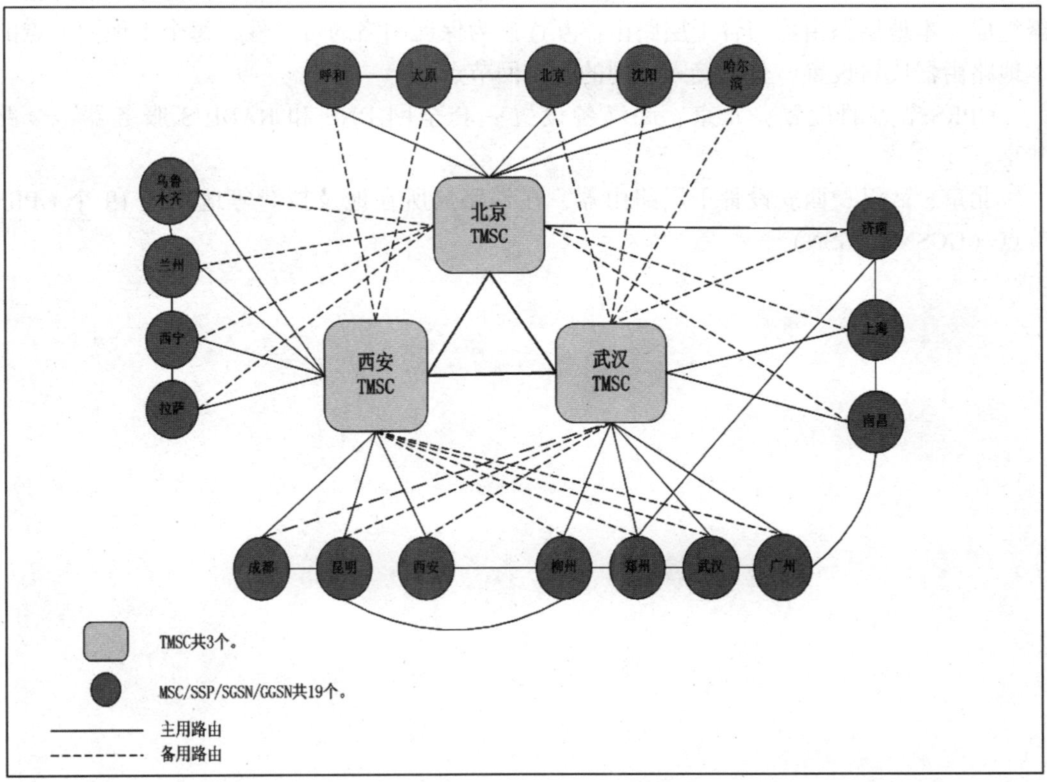

图 7－1　我国 GSM－R 核心网络结构图

（3）网关局（GMSC）：与 MSC 同址设置，作为与其他网间的互联互通点。网络建设初期由移动端局 MSC 兼任，当网络规模和业务量达到一定程度时，可考虑独立设置。

（4）HLR 的设置：全路在北京和武汉设置 2 个 HLR，采用地理冗余成对配置，北京主用，武汉备用，成对的两个 HLR 间实时数据复制。容量按照全网 MSC 用户容量的 120%～150% 进行配置，确定 HLR 容量为 800 000 用户，远期可进行扩容。

（5）短消息服务中心（SMSC）：在北京、武汉分别设置 1 套 SMSC，并互为备用。

根据全路19个MSC的用户容量，按每用户每天发送3条短信的话务模型，确定SMSC容量为40万BHSM，远期可根据全路GSM－R系统建设的情况进行扩容。

（6）紧急呼叫确认中心（AC）：在MSC所在地各设置1套AC记录存储设备，对紧急呼叫的相关信息进行记录、储存。

2. 智能网

在北京、武汉各设置1套智能网设备，主备工作方式。其他核心网节点与MSC合设1套SSP。

3. GPRS网络

GPRS网络建设包括GPRS数据网和GPRS节点两部分。

GPRS数据网络分为骨干网和本地网两个层次。骨干层由北京、武汉、西安3个大区节点的骨干路由器组成，为网状连接。本地层由19个GPRS业务节点所在地的路由器组成。本地层路由器与骨干层路由器互连。为保证网络的可靠性，每个本地网节点的本地路由器成对设置，分别接入不同的骨干网节点。

GPRS节点的设置：北京、武汉各设置一套全网DNS和RADIUS服务器，全路共享。

北京、武汉、西安设骨干层路由器，在铁路局所在地及拉萨等地新设19个GPRS节点（GGSN、SGSN）。

项目八

高速铁路客流组织

任务一 高速铁路客流调查与预测

【技能目标】

掌握高速铁路客流需求调查的操作流程；
掌握高速客流预测的方法。

【知识点】

高速铁路客流需求调查的意义和作用；
高速铁路客流预测的意义和作用。

【任务的提出】

通过本任务的学习，了解高速铁路客流调查的目标和操作过程，并根据相关知识分析客流情况，能够掌握客流预测的方法。

【相关知识】

一、高速铁路客流需求调查

（一）概述

对客运需求分析的前提是要对客运需求进行实际调查。在进行调查之前应明确的问题是客运需求与客运量是完全不同的两个概念。运输客运需求是指在社会经济生活中，人的空间位移方面所提出的有支付能力的需要。而运输客运量则是指在一定运输供给条件下所能实现空间位移的人数。运输客运量的大小与运输客运需求水平密切相关，却又不等同，在运输能力完全满足客运需求的情况下，客运量基本上可以反映运输需求，但在运输供给严重不足的情况下，客运量仅仅是客运需求的一部分。

客运需求调查是运输市场需求调查的一部分。客运需求调查的调查内容有消费者规模及构成调查、消费者购买动机和购买行为调查、产业市场调查等，针对这些内容的调查方法一般有询问法、观察法和实验法三种。

询问调查法又称为直接调查法，是调查人员通过某种方式向被调查者询问问题而收集所需要的资料的一种调查方法。它是市场调查中最常用的方法之一。通常应先设计好一套调查表（或称问卷），以便有步骤地提问。在实际应用中，按传递询问内容的方式及调查者与被调查者接触的方式不同，有面谈调查、邮寄调查、电话调查、留置调查等方法。观察调查法是指调查人员在调查现场对调查对象的情况直接观察和记录，从而获得第一手资料的一种调查方法。这种方法的特点是调查人员不直接向调查对象提出问题并要求回答，而是利用自身感官（视觉、听觉），或者某些器材（照相机、摄像机、录音机等）对调查对象的活动和现场事实间接地观察、记录以搜集资料。实验调查法起源于自然科学中的实验求证法，它是指先在一个较小的范围内，在一定的实验条件下对某种影响产品销售的因素进行实际实验，分析其结果，以判断这种方法是否有大规模推行的价值。所以这种实验常称为销售实验，或者称为试销。

（二）调查内容

客运需求是一种派生性需求，根据出行目的不同，分为生产性需求和消费性需求。客运需求派生于社会经济活动和工农业生产，一个国家或地区的旅客运输需求规模、需求结构的演变规律，受国家或地区宏观经济环境的影响。旅客运输需求的产生及需求量的大小，与社会经济宏观环境条件紧密相关。对于任何一种交通方式而言，影响其客运需求的因素有很多，而不同因素的影响程度也不尽相同。

（1）社会经济发展水平。

国民经济的持续发展对加快高速铁路建设进程是至关重要的。世界各国区域经济发展的一个共同规律是：当一个地区处于经济起飞阶段时，铁路对于社会经济发展具有先导性作用。在一些发达国家的经济发展史中，铁路都曾有过明显的大发展时期，许多国家在铁路的发展上大都采取了超前型的发展战略。近三十年来我国国民经济呈现了良好的发展势头，对铁路行业的发展起了极大的促进作用。

（2）居民收入及消费水平。

世界交通运输发展的轨迹显示出旅客运输与经济发展水平之间的密切关系，经济越发达，人民越富裕，旅客运输需求越大。人们的平均出行时间和次数都随着收入水平的提高而增加。马斯洛需求层次理论告诉我们，随着人们最基本的生理需求和安全需求逐渐被满足后，人们的需求会更上一个层次，如社交，亲情、爱情等精神层次的需求会增加。改革开放后，人民生活水平不断提高，随着综合国力的不断提升，社会保障制度必将日趋完善，人们将能够更加注重与“行”相关的需要，能够在社交方面投入更多的时间和精力。因此，中国的旅客运输问题将越来越突出。如何满足急剧增加的旅客运输需求，是整个交通运输业，尤其是铁路面临的重要问题，而高速铁路能够更好地满足客运需求。

（3）人口数量及结构。

旅客运输的对象是人，人口数量及其增长速度，尤其是人口中劳动力数量及其增长速度是影响人口迁移和流动的重要因素，而城市化进程则进一步加剧了人口的迁移和流动。在市场经济体制下，人们在就业方面有较大自由，人口流动相对频繁，因此客运需求量也大。根据近十年数据，计算出人口与客运量的相关系数为0.897，说明人口与客运量是正相关关系，人口数量大，则客运量也大。作为世界上人口最多的国家，我国客运需求量十分可观。随着市场经济的发展，我国人口流动性大大增加，客运量出现了强劲增长的势头。人口的数量变化必然会引起客运需求的变化。一般来说，人口密集的国家和地区客运需求就高，相反，客运需求就低。而人口结构对客运需求也产生影响，并且其影响的作用比人口数量变化的影响显得更加突出。比如城市人口因大多从事各种工业、商业、贸易和服务业等工作，出行的频率要比从事行业单一而集中的农村人口形成更多的客运需求。

（4）旅游业发展。

随着人民生活水平的提高，旅游需求在整个生活需求中的比重将会越来越高。旅游运输需求比普通客运需求更具有潜力。因此，旅游业的发展，对于分析一个地区客运需求的发展变化是至关重要的，其中不仅要考虑本地旅游资源的数量，而且要考虑旅游资源的等级，以判别其对旅客的吸引力大小和对客运需求所产生的影响。

近年来，国内游、出国游开始由观光型走向休闲度假型，并且出境旅游变得越来越平民化，个性化旅游升温，人们放松心情度假，开始真正享受旅游带来的乐趣，而旅游的平民化加重了铁路线路的负担。

（5）运输方式的替代性。

旅客运输需求也会存在各种运输方式之间，运输企业之间的替代性。若只是从高速铁路的角度来分析客运需求，就必须分析其他运输方式对高速铁路需求的替代性程度。

（6）国家政策因素。

国家为了保证国民经济快速、持续、稳定的增长，会对能源、交通等对国民经济发展有重大影响的方面实行宏观管理和调控，因此国家针对交通运输行业制定的有关政策必然会对各交通运输方式产生很大的影响。

（7）高速铁路客运需求的直接影响因素。

高速铁路旅客运输的服务产品是指用以满足旅客位移需要的全部服务。对于旅客而言，衡量高速铁路旅客运输服务的因素主要为安全性、可靠性、速度、经济性、方便舒适性五个方面。从旅客对高速铁路运输的直接需求的角度出发，影响客运需求的相关因素可以归纳为以下方面。

① 速度（旅行时间）。

速度可以说是各交通运输产品性能的基本体现。高速铁路相比于普通铁路在速度上的提高，在旅行时间上的缩短，无疑是激发旅客需求的首要因素。可以说高速铁路在速度上的领先，使其在运输市场中具有很大的竞争优势。

② 发车密度。

发车密度反映了运输部门所能提供给旅客运输服务产品的数量水平。列车开行间隔及到发时间对铁路客运产品的便捷性至关重要，对旅客的旅行需求有较大影响，也是旅客出行时选择交通工具的一个重要影响因素。一般来说，缩短发车间隔，相应增加列车发车密度，可以增加旅客出行时间的选择机会，方便旅客，缩短了旅客在车站的平均候车时间。

③ 票价。

从总体上看，我国的旅客运输市场是价格敏感型的。在我国的市场经济中，价格竞争起到很大的作用。人们倾向于物美价廉的商品或服务。运输服务价格的变动对消费者需求影响较大，高速铁路的定价高于普通列车而低于航空，进站手续又相对简单，这样在一定程度上可以吸引航空运输的顾客。

④ 舒适度。

随着人民生活水平的提高，旅客对出行工具的舒适度有愈来愈高的要求。旅客不仅满足于能实现位移的需要，而且要求在接受运输服务的过程中感到舒适。不仅是车站、列车整洁文明，餐饮供应符合卫生标准，还要求客车车辆的技术性能要好，车厢内设施齐全，列车运行平稳，同时要求客运站除了具备候车、乘降、休息、购物等功能外，还要求引导系统、查询系统、自动检票补票系统等各种设备都要有良好完善的服务功能，只有这样才可以吸引更多的旅客来选择高速铁路的运输方式。

二、高速铁路客运需求分析

客流需求是整体铁路网络规划和发展的必要参考，是进行客运专线项目宏微观投资决策的依据，客流的分布、客流量的大小是确定线路的等级、建设标准和运营组织方式的根据，并对客运专线在全国范围内的整体选择、走向、设计及物力、财力的投入等发挥着重要的影响。在建立一个运输市场之前，我们必须分析这个市场的运输需求，对于高速铁路来说，我们必须分析高速铁路的客运需求在未来的发展情况，以便制定营销策略，使该高速铁路可以长久地服务于旅客。旅客对运输的需求指的是其在一定时期内，在不同的价格水平下，愿意并能够购买的运输产品量。可以说需求是由需要和支付能力共同组成的，二者缺一不可。

高速铁路客运需求最大的特点是需求的波动性，例如春季和秋季旅游的旅客要比一年中的其他季节多；寒暑假期间，学生的运输需求集中；春节期间，探亲访友、农民工返乡需求旺盛等，这些因素都会影响客运需求。若从宏观层次看，国民经济发展水平、国民人均收入水平、人口数量及结构、经济体制和经济政策、综合交通发展水平等；从微观层次看，旅行速度、运价水平、运输方便及舒适度等许多因素都不同程度地影响到高速铁路的客运需求。

市场的主体和核心是消费者，消费者是决定企业生存与发展的关键。对消费者概念的界定从不同的研究角度出发，有广义和狭义之分。广义的消费者是指所有从事物质产品和精神产品消费活动的人，即等同于所有的社会群体。狭义的消费者是指购买、使用各种消费用品（包括服务）的个人或居民户。关于消费者行为，美国市场营销学会把其定义为："感知、认知、行为及环境因素的动态互动过程，是人们履行生活中交易职能的行为基础。"在这一定义中，至少包含了三层重要的含义：第一，消费者行为是动态的；第二，消费者行为涉及了感知、认知、行为及环境因素的互相作用；第三，消费者行为涉及了交易。在国内关于消费者行为论述的专著中，也有这样的定义：消费者行为是对涉及商品、服务、经验或创意的获得、消费及处置的购买单位和个人，以及交换过程的研究。

如果想准确地了解旅客对高速铁路的需求，做好旅客行为分析则显得尤为重要，了解旅客的行为是满足其运输需求的必然过程，消费者行为分析是从个体角度了解运输需求的发生和变化情况。消费者行为的分析可以从两方面进行，一方面是对消费者需求进行心理分析，另一方面是对消费者购买行为进行分析。其实消费者需求的心理很简单，在运输过程中旅客的最基本要求便是安全准时到达目的地。同时要求运输企业在车上、车下的服务能满足其不同层次的需求，如能供应餐饮、有座位、有卧铺、有软卧，以至于有电视、有娱乐、有浴室等。又如在车下能买到票，进而要求能随时随地买到票，以至能得到售票员态度和蔼、友好的服务等。进一步的购买行为分析，则是在消费者心理分析的基础上完成的。消费者的购买行为是在购买动机的支配下发生的，消费者由于受到各种刺激，产生购买动机，最终的结果是发生购买行为。

三、高速铁路客流预测

客运需求预测对于确定合理的交通设施投资、运营策略、运输发展战略起着十分重要的作用。但在做运量需求预测之前我们应该对"客运需求"与"客运量"两个概念进行区分，过去在很多预测工作中没有分清客运需求与客运量的区别。在预测过程中往往采用以过去的历史客运量数据预测未来客运需求的方法，以"运量预测"简单代替运量需求预测。但目前，基于供需均衡原理的运输需求定量预测方法主要是基于历史运量的运量预测代替法。而运量预测代替法是指在运量能力完全满足需求的条件下，基于历史运输量数据预测运输需求量。而在运输能力严重不足的情况下，运输业完成的运输量仅是社会经济运输需求的一部分，不考虑运输能力限制的运量预测结果很难反映经济发展对运输的真正需求量。

目前存在的预测方法，归纳起来可以分为两大类，即定性预测方法和定量预测方法。而根据预测时间不同，客运需求预测可分为长期预测、中期预测、近期预测及短期预测。不同预测目的采用的方法也不同，要保证预测的准确性，必须根据预测的目的选用最合适、最科学的方法。

不论是定性预测还是定量预测都有优缺点。定性预测的优点是能集思广益、简单易行，在缺乏足够统计数据或原始资料的情况下，可以做出估算和获得文献上尚未反映的信息，而且其一般不需要建立高深的数学模型，所以易于普及和推广。当然定性预测的缺点也显而易见，缺乏客观标准，易受预测人员经验和认识水平的制约，预测结果可能会带有一定的主观片面性。

任务二　高速铁路列车开行方案

【技能目标】

掌握开行方案的基本内容；

根据开行方案编制的基本原则编制时速 250 km、350 km 的客运专线开行方案。

【知识点】

开行方案；

开行方案编制的基本原则；

开行方案的影响因素。

【任务的提出】

根据本任务所学内容，编制 250 km、350 km 的客运专线开行方案各一套，须考虑相关因素，并预留快线列车的开行方案。

【相关知识】

一、开行方案

旅客列车开行方案是在客流计划的基础上，确定旅客列车的运行区段、径路、种类及开行对数。以市场需求为导向，以按流开车为确定旅客列车开行方案的基本原则，同时还必须尽可能减少旅客的换乘次数与在途时间，并经济合理地使用列车车底，使线路长短结合，客流分布均匀，充分发挥铁路运输能力和设备的利用率。

铁路部门在组织旅客运输的生产过程中，应充分发挥列车运行图的作用，有效地利用好多种铁路技术设备，促使各部门、各工种、各项作业之间互相协调配合，以保证行车安全，提高运输效率。

列车运行图是车务、机务、工务、电务、车辆等部门的综合计划。所有与列车运行图有关的部门，尤其是客运部门，必须严格按照列车运行图的要求，组织好本部门的工作。列车运行图明确规定了列车占用区间的顺序、各分界点、列车到、发、通过时刻、各区间的列车运行速度、停站时间标准，并保障了有计划性地、经济合理地使用机车车辆。

旅客列车开行方案的编制工作是整个编图制列车运行图工作的中心环节，它要解决的是各个方向旅客列车在运行图上的整体布局。它涉及机务、车务、客运、线路、桥隧等诸多方面。

确定客车的始发站、终到站的发到时段；确定旅客列车在铁路局分界口、大城市、旅游点所在站的到发时段；解决车底运用、机车周转、列车的接续、列车密度等问题是编制旅客列车开行方案的目标。

二、开行方案编制的基本原则

（1）充分考虑客运专线和既有线的能力协调。

目前，既有线承担了全部的客、货运输，高速铁路客运专线建成后，大部分的客运量将转移到客运专线上，但为了服务于沿线职工并兼顾小站客流的需求，一般短途旅客利用既有线，既有线上应适当保留部分旅客列车。长途客流和跨线客流将大部分转移到客运专线上，跨线客流的比重占整个通道的比例应在70%以上。

（2）尽量减少旅客换乘的原则。

换乘给旅客的出行带来很多不便，既增加了旅客的旅行时间，又会使部分客流转到其他交通方式。

换乘的不利影响主要表现在：增加了旅客的旅行时间、一些旅客转向其他交通运输方式。客运专线上必须考虑开行跨线列车，以减少旅客换乘，尽可能缩短换乘时间，提高旅客旅行效率。

（3）到发时间适当的原则。

客车开行时间的不同对旅客的吸引程度就会不同，合理的始发、终到点可以适应人们生活和出行的习惯，节省旅行时间，方便工作。对于既有线短途旅客列车发、到时间应尽量满足多数人能够当日往返的出行需要。对于中、长途旅客列车尤其是一些平行于高速公路、速度竞争不利的线路，应充分发挥铁路行车安全、全天候运行的特点，开行带卧铺的夕发朝至动车组，途中运行时间以夜间为主，不影响旅客白天的业务工作，提高旅客的旅行效率，达到吸引客流的目的。

为了可以适应人们生活和出行的习惯，节省旅行时间，方便工作，必须合理的确定始发、终到时间。相关调查结果显示，旅客客车开行时间的不同对旅客的吸引程度差异非常显著。因此适当的始发、终到时刻是铁路旅客列车开行方案编制的重要原则之一。对于短途旅客列车发、到站时间应尽量满足多数人当天往返出行需求。对于部分长途旅客列车，运行时间超过8 h，尤其是一些平行于高速公路、速度竞争不利的线路，根据我国的具体国情，应充分发挥铁路行车安全、全天候运行的特点，开行夕发朝至的旅列车，在途时间以夜间为主，提高旅客的时间利用率，达到吸引旅客的目的。

（4）提高列车旅行速度的原则。

旅客对列车速度的要求随着人们时间价值的提高而普遍提高。为了提高列车速度、减少旅客在途时间，从而增加铁路在旅客运输市场的竞争力是客运专线建设的目的。因此客运专线旅客列车开行方案优化的首要原则是列车旅行速度。但对长、短途旅客列车的速度，又应区别对待。长途客车应尽可能提高旅行速度，压缩旅行时间；提高旅行速度的同时，增加发车频率也会对吸引客流起到显著作用。

（5）合理编组原则。

国外高速铁路列车的编组一般在 8 ~ 12 辆，而我国客运专线旅客列车编组要充分利用该线路的运输能力以提高效率。由于干线高速铁路线路经过的城市客流比较集中，有些城市之间的客流小而且公路运输又比较便捷，所以不建议在小站增加停车列车的数量。对于这样的运输组织旅客列车应尽量采取小编组、高频率运行。而跨线长途旅客列车行车密度相对较小，因此应适当增加列车编组，提高合理利用设备能力。

（6）合理停站原则。

一方面，旅客列车停站越多吸引的客流越多，对于某些旅客的出行也比较有利。另一方面，停站多必然降低列车的旅行速度，增加部分旅客在途时间，因此也会失去部分客流。因此，中、长途旅客列车的合理停站是优化客运专线旅客列车开行方案的又一重要原则。在有二列以上的列车经过同一线路上时，应适当交错停站，以达到既满足旅客出行需求又提高客车旅行速度的目的。

三、开行方案的影响因素

（1）列车编组及定员。

为了完成预测的运量必须提高服务频率，这是确定列车定员的依据。一般采用短编组、高密度可大大提高服务频率。这样能更好地吸引客流；但当线路能力紧张时，只有大编组才能够达到充分利用能力的目的。因而列车编组方案应该尽可能采取灵活的形式编组，也就是说，列车编组并非固定，而是针对客流量的增加而逐步扩大编组，并始终保持较小的列车运行间隔来实现较高的服务水平，同时也通过调节编组和行车密度来保证较高的载客率。

（2）列车客座利用率。

客座利用率是用来反映列车利用程度的指标。我国快速列车、特快、直通快车的上座率较高。铁路旅客列车平均客座利用率多年来保持在 70% 左右。客座利用率与列车运行线路、运行距离、旅行速度、开行时间、列车定员、停站次数等因素有很大关系。等级相对较低、停站次较多的旅客列车，吸引的客流比较多，客流成分复杂，其平均席位周转次数一般比高等级列车高。

（3）服务频率和运量的关系。

在市场经济条件下服务频率是吸引旅客的至关重要的因素。服务频率可直接反映出沿线各站旅客乘坐旅客列车的次数，以及吸引客流的程度。在客流预测中，将不同的服务频率输入运量预测模型后，可得出不同服务频率条件下的运量变化情况。

（4）客流结构。

旅客客流结构也影响着开行方案的制定。客流结构主要包括旅客的出行目的、经济收入、知识层次、社会地位，等等。我们在编制开行方案时必须向其中客流数量比较大的旅客倾斜，更多地考虑这类旅客的需求。比如当商务出行、旅游出行所占比例较大时，开行方案应满足旅客快捷舒适的要求；而农民工低收入阶层比例很高时，则满足其经济性要求，开行廉价、等级较低的列车。如果通勤客流较多时，则满足其随到随走的便捷性要求，提高列车发车频率和速度。

任务三　高速铁路客运工作组织

【技能目标】

了解高速铁路车站客运组织工作；
了解高速铁路列车客运组织工作。

【知识点】

高速铁路车站客运组织工作；
高速铁路列车客运组织工作。

【任务的提出】

通过对本任务的学习，掌握高速铁路客运组织工作的流程。

【相关知识】

一、高速铁路车站的客运工作

（一）高速铁路车站

高速铁路运营组织将使旅客的行为模式发生较大变化，高速铁路客运设备也须适应旅客行为模式的变化。作为直接为旅客服务的客运站房（车站），其最能体现高速铁路的形象，充分体现了高效、安全、方便、快捷的特点，在功能和形式上都能体现高速铁路的全新风貌。应以“功能性、系统性、先进性、文化性、经济性”为原则进行高速铁路车站设计和设备布置。

高速铁路车站设计应在更大范围内与车站内旅客活动平台、站台、雨棚、跨线设施、相关功能用房综合考虑，形成以客运服务为主的车站建筑，并与周边的广场、城市交通设施、主要建筑相协调，使之成为铁路与城市的有机结合点，体现所在城市的地域特色和文化。

高速铁路车站很大程度上将改革传统的客运组织模式，形成售票、候车、检票、上下车、进出站，以及在途服务等全过程的客运组织新模式，最大限度提升旅客出行的便捷性和舒适性。在实际工作中，应充分借鉴地铁和国外铁路客运站的先进经验，在现有铁路计算机客票发售及预订系统广泛应用的基础上，通过应用自动售检票系统（AFC）、旅客自动查询系统、车站自动引导揭示系统等先进的信息管理系统，改变目前以候车厅为中心的组织格局，建立以综合大厅为中心的新格局；改“等候式”为“通过式”；改革现有“售票—候车室候车—人工检票进站—上车—在途服务—下车—人工检票出站”的客运组织模式，实行“自动售票—自动检票进站—站台或候车室候车—上车—在途服务—下车—自动检票出站”的新模式，引导旅客快捷进出车站，简化进站流程，缩短在站停留时间。

车站应根据车站客运量的大小，配备一定数量的自动售票机、车站信息发布和客流导向系统等，以方便旅客购票、乘车，缩短旅客排队购票、进出站的时间。

乘客进出车站均需通过检票机检票，从而杜绝了人工检票时的漏检、逃票、以售代检、以检代售等问题的发生，并可取消困扰旅客多年的车上验票制度。自动售检票系统通过对客流量、客票收入等综合业务信息的汇总分析，可以增强企业客流分析预测的能力，合理地调配车辆，为运营管理提供实时准确的统计分析报告和决策依据。

1. 候车室

传统车站候车室强调等候，一般按最高聚集人数确定。高速铁路车站强调通过功能，等候功能成为辅助功能，候车室要尽量不影响旅客进站流向；休息区域尽可能宽松，有较好的室内环境，其标准可参照普通铁路的软席候车室；休息区内，旅客不应只能枯燥地闲坐，还应该有丰富的活动和服务功能，高速铁路车站候车室如图 8 - 1 所示。

图 8 - 1　高速铁路车站候车室

以北京南站为例，作为京津城际轨道交通和京沪高速铁路的起点站，东端衔接京津城际轨道交通和北京站，西端衔接京沪高速铁路、北京动车段与京山、永丰铁路，是集普通铁路、高速铁路、市郊铁路、城市轨道交通与公交、出租等市政交通设施于一体的大型综合交通枢纽站。北京南站地上为高架层和地面层，高架层主要通行的是出租车和社会车辆，地面层主要通行公交车辆及旅客进站；地下二层和地下三层分别为地铁四号线、十四号线车站。公交车站紧邻站房南北侧，分别布置在南北广场的地面层和地下层；地铁四号线南北走向穿过站区，地铁十四号线东西走向穿过站区，测算的近期最大客流量为每天10多万人次。在各站台中部，设通往高架通廊的旅客进站通道，并设有通往地下出站厅的旅客通道，南、北广场均设公交车站。北京南站候车室如图8－2所示。

图8－2　北京南站候车室

2. 售票处

随着售票系统的完善，在车站售票厅购票已不再是获取车票的主要途径，原来作为站房的主要组成部分的售票大厅功能弱化，售票窗口主要服务于直接购票者和部分换乘的旅客，以当天票和自动售票为主。高速铁路车站售票厅如图8－3所示。

图8－3　高速铁路车站售票厅

3. 客运综合大厅

高速铁路一般不办理行包业务，一般不再设置行包房。客运用房主要由综合大厅和候车室组成，传统车站内综合大厅仅仅起着分配人流的作用，是过渡性空间，旅客在此基本不做停留。高速铁路强调服务，综合大厅集多功能为一体，在保证旅客通过的前提下，可设置售票、寄存、邮电、银行、商务中心、商业、报刊、休息等多种功能，大大提高了空间的使用效率，是车站建筑的核心。旅客在综合大厅可以选择快速通过，也可以办理手续和进行商务活动或休闲购物。车站不仅面对旅客，也可以向城市开放以增加其商业活力，成为城市空间与车站空间的结合体。在这种功能设置的要求下，车站综合大厅的规模首先要保证客流的顺利通过，其次要按最高聚集人数的估算，按一定比例控制。

4. 其他设备

新客运模式下，正确引导旅客主要依靠自动化的旅客导向系统（指示设备）。旅客导向系统主要从调度系统提取信息结合人工录入的方式，在车站加工处理形成信息源，以音频和视频的方式发布给旅客。导向系统主要分为四部分：站外信息服务、站内信息服务、车上信息服务和网上服务系统。通过这些服务旅客可以了解到各次列车的发到时间、始发站/经停站/终到站、列车编组、客票发售、列车运行（列车正在运行区间、列车正晚点、列车晚点原因）等列车运行信息，以及候车地点、服务地点、进出站走行路径、城市交通信息等站内服务信息。还可以考虑提供部分多媒体服务终端供旅客查询其他相关信息并可直接进行有关操作，如预订车票、预订旅馆等。

旅客导向系统广泛分布于各个进出站口、交换大厅、售票大厅、地上地下电梯处，各种固定引导标记和电子显示应十分醒目、清晰。每个进站、出站闸口，最好设有摄像机，密切监视现场情况，一旦发现异情，工作人员能立即察觉，快速处置。

（二）高速铁路车站的客运组织

高速铁路车站由于采用了进站检票，候车室和候车站台间没有障碍等原因，客运组织工作相对既有线而言更为简单，车站客运组织工作的主要内容包括正确引导旅客上下车和站台候车管理等。

1. 站台候车服务工作

站台候车主要依靠设备而一般不需要专门的客运员进行管理，如不同线路的列车分别采用不同的颜色标进行区分，以鲜艳的颜色标出候车安全线，站台地面上设有明显的各种车型车门位置标记，设置排队标志等，引导乘客排队上车。可以考虑在站台设置客运值班员对候车情况进行监视，以保证候车安全。我国既有铁路的 CRH 动车组目前还在各车门处设专门的检票人员以解决逃票问题。

2. 候车室服务工作

候车室应设有一定数量的座椅，服务设施大部分应设在综合大厅，候车室内可按需要设置少量的服务项目，如可以考虑提供电视、报纸、饮水、信息发布等服务。因候车室作用较普通铁路小，可不设专门的服务人员。

3. 安全检查工作

出于安全考虑，车站设计中都安排了安全检查装置。一般可将这些安全检查装置置于进站的检票口，要设置足够数量的安检设备。安检装置平时可不全部开启，视客流量的大小和不同列车种类对安全的要求决定开启数量。安全检查以自动化仪器为主，发现问题时要注意保持良好的服务态度。

4. 公共广播系统服务

公共广播系统可以与旅客进行最直接的交流，通常用于广播实时的公告，具体包括广播铁路时刻表信息、预录制的公共信息公告、紧急公告、背景音乐、寻人启示等。公共广播系统主要供控制中心工作人员和车站工作人员使用，由他们来发布必要的信息。

5. 生活服务

生活服务主要包括问询、寄存、行李托运、特殊服务等。

问询处应设在旅客集中的进出站口、综合大厅、站前广场等处。解答旅客有关购票、乘降、中转、集散等方面的问题。为加强服务的亲和力，一般考虑以人工服务为主的形式进行。

寄存处需要设置在旅客方便办理的地点，高速铁路车站最佳设置地点应在综合大厅。寄存可采用自动化设备（密码箱等）与人工服务的方式，方便旅客选择。对于旅客随身携带的大件行李应提供行李车，方便旅客搬运。行李车的位置可放在进站口某一侧，供旅客自由使用。回收则可考虑由保洁人员完成。

某些特殊旅客，如老人、孕妇、残疾人等除硬件设施的保障外，还需要专门的服务人员提供专门的服务。

6. 应急处理工作

应急处理工作是高速铁路客运服务中不能忽视的一项工作，在发生旅客拥堵、突发疾病、服务纠纷、特殊群体性事件、自然灾害、发生刑事犯罪案件等问题时，必须尽快化解。应急反应工作的重点一是应急预案的编制，对各种情况的处理办法做到心中有数或有章可循；二是明确各部门的岗位责任。由于该类事件不可能设专门的日常人员防范，更要重视一旦事件发生时的组织工作。

二、高速铁路列车客运工作组织

（一）列车乘务组

1. 乘务组的组成

旅客列车乘务组由客运、车辆、公安、餐售、乘务人员组成。列车的乘务工作由列车长统一领导，车辆、公安、乘务等人员按照各自的职责规定，配合列车长共同搞好乘务工作。

2. 乘务制度

客运段本着有利于提高服务质量、合理使用劳动力的原则，根据实际需要，可采用包乘制、轮乘制。

3. 客运乘务组的基本工作

客运乘务组的工作主要包括使车内经常保持整齐清洁、设备良好、温度适宜、照明充足；通告站名，组织旅客安全乘降，及时妥善安排旅客座席、铺位，对老、幼、病、残、孕等重点旅客做到重点照顾；维护车内秩序，确保安全、正点；做好饮食供应工作。

4. 出退乘制度

乘务员在本段出乘时，要按规定时间由列车长带队到派班室报到，听取派班员传达有关事项。列车长应摘抄有关电报、命令、指示。每次乘务终了，列车长应做好该趟车的总结并向派班室汇报往返乘务工作情况，提出书面乘务报告。

5. 趟计划

列车长每次出乘前应编制趟计划。趟计划需在乘务报告中显示，主要内容如下。

① 本次乘务工作中的重点工作安排。

② 贯彻上级规章、命令、指示、通知的具体措施。

③ 上次乘务工作中的优缺点及改进措施。

④ 针对接车所发现的问题，应采取的措施。

6. 乘务工时

列车乘务员工时按列车实际运行时间，另加出勤、退勤、双班作业、库内清扫、看车时间计算。

（二）乘务人员岗位基本要求

1. 动车组列车员岗位

在列车长的领导下，列车员应坚持全心全意为人民服务的宗旨，做到全面服务、重点照顾，做到“三要”“四心”“五主动”。

严格执行安全制度和作业过程，熟练使用安全设备和电器设备，遵守操作规程；掌握旅客情况，做好安全宣传，及时通报站名，组织好旅客乘降，维护车内秩序；查堵易燃、易爆等危险物品，确保安全正点。

认真执行车容卫生标准，搞好卫生宣传，经常保持内外整洁、空气新鲜、温度适宜，为旅客创造良好的旅行环境。

精通本职业务，练好基本功。爱护列车设备，加强卧车和备品管理，严格交接，准确收退票证。

严格遵守国家政策、法令和各项规章制度。着装整洁，佩戴标志，举止端正，作风正派。坚持原则，大公无私，搞好团结协作。对疑难问题和旅客遗失物品及时汇报列车长处理。

2. 动车组列车值班员岗位

在列车长的领导下，值班员具体负责堵漏保收工作，执行收入纪律，做好票据、现金的使用及保管工作，做好运输收入分析统计，确保良好完成运输收入任务。

熟知岗位标准和作业流程，按规定组织查验车票，处理旅客票务事宜。

负责整理及填写办公席规章、台账、资料、票据，做好文电、命令摘抄工作。解答旅客客运相关业务问询，协助列车长接待旅客来访，处理旅客意见。

协助列车长做好重点旅客交接、旅客遗失品处理及旅客运输中发生的各类突发事件，协助列车长抓好乘务员业务学习、列车卫生鉴定等工作。

3. 动车组列车配餐服务员岗位

在列车长领导下，配餐服务员完成列车配餐服务工作。负责送餐车、售货车的整理工作；负责餐车餐饮准备工作，按规定布置餐厅、餐台和补充各种商品；负责餐车设备的检查、安全操作；负责做好配餐交接、发放、回收包装物工作；负责餐车的清洁卫生和咖啡、茶、酒具的收集、洗涤、整理和保管工作；负责列车商品的销售工作；负责作业区域各类紧急情况的处理。

完成列车长布置的其他各项工作。

4. 动车组列车长岗位

列车长须服从调度指挥，完成上级布置的各项任务。列车长负责组织实施列车运行中的工作，督促乘务员按照标准作业，确保服务质量及车内安全；负责召开出、退乘会；负责组织实施列车配餐工作；负责保洁工作检查验收；负责办理乘务过程中的各项客运业务；负责与列车司机的协调；负责收集旅客对列车服务工作的意见，受理旅客投诉，帮助旅客解决困难；负责紧急情况下的处置与指挥并及时向派班室调度及上级部门汇报；监督乘务员在值乘中保持专业化形象；负责乘务组在折返站及住宿期间的管理；负责各类信息的反馈并提出改进建议。

（三）乘务服务工作

1. 主要任务及要求

乘务服务工作的任务是满足旅客在旅行中吃、住、行、购、娱等多方面的需求，应面向市场，采取灵活的经营方式，以满足不同层次旅客消费水平的需求，实现良好的社会效益和经济效益。站、车饮食供应应发展具有特色的快餐。快餐饭盒须使用可回收或易于降解的材料，以保护铁路沿线的环境。

站、车饮食供应要认真执行“全面服务、重点照顾”的原则，尊重少数民族和外籍旅客的饮食习惯、禁忌避讳。

铁路站、车饮食供应自制品加工率由各铁路局根据市场状况进行管理。要扩大车下加工能力，尽量为餐车提供成品或半成品餐料，减少餐车操作程序。

厨师、餐车长、服务员等工种的技术等级采用国家规定标准。

2. 卫生要求

（1）饮食卫生。

直接接触食品的工作人员要定期进行健康检查，取得“健康证”并持证上岗。

（2）饮食供应工作。

各相关人员要认真贯彻执行《食品安全法》，加强食品采购、保管、加工、销售等各环节的管理，认真落实采购进货索证索票制度，确保食品卫生安全，杜绝食物中毒。

（3）严格执行饮食卫生“五四”制。

“四过关”：一洗、二刷、三冲、四消毒（蒸汽或开水）。

“四定”：定人、定物、定时间、定质量，划片分工，包干负责。

“四勤”：勤洗手、剪指甲，勤洗澡、理发，勤洗衣服、被褥，勤换工作服。

“四不”：采购员不买腐烂变质的原料，保管员、验收员不收腐烂变质的原料，加工人员（厨师）不用腐烂变质的原料，营业员（服务员）不卖腐烂变质的食品。

“四隔离”：生与熟隔离，成品与半成品隔离，食品与杂物、药物隔离，食品与天然冰隔离。

3. 乘务餐

值乘的乘务人员在餐车就餐时，餐车应提供乘务工作餐。列车乘务饭只供应本次列车担当乘务任务的工作人员、司机便乘人员（须持有效便乘证、机车报单）和邮政乘务员及本次列车入库看车的乘务员，其他人员一律不供应，不准扩大供应范围。

（四）动车组列车服务质量规范

1. 基本规定

（1）旅客：持有铁路有效乘车凭证的人和同行的免费乘车儿童。根据铁路货物运输合同押运货物的人视为旅客。

重点旅客：指老、幼、病、残、孕旅客。特殊重点旅客是指依靠辅助器具才能行动等需特殊照顾的重点旅客。

（2）客运记录：指在旅客或行李、包裹运输过程中因特殊情况，承运人与旅客、托运人、收货人之间需记载某种事项或车站与列车之间办理业务交接的文字凭证。

2. 安全规范

（1）防火防爆、人身安全、食品安全、现金票据等安全管理制度健全有效。

（2）出、入动车所前，由车辆、客运人员对车上服务设施状态进行检查，办理一次性交接；运行途中，发现上部服务设施故障时，客运乘务人员应立即向列车长报告，并通知随车机械师共同确认、处理。

（3）各车厢灭火器、紧急制动阀（手柄或按钮）、烟雾报警器、应急照明灯、防火隔断门、紧急门锁、紧急破窗锤、气密窗、厕所紧急呼叫按钮及车门防护网（带）、应急梯、紧急用渡板、应急灯、手电筒、扩音器等安全设施设备配置齐全，作用良好，定位放置。乘务人员知位置、知性能、会使用。

（4）安全使用电源，正确使用电器设备。电器元件安装牢固，接线及插座无松动，按钮开关、指示灯作用良好。不乱接电源和增加电器设备，不超过允许负载。配电室（箱）电气控制柜锁闭，不堆放物品。不用水冲刷车内地板、连接处和车内电器设备。

（5）餐车配置的微波炉、电烤箱、咖啡机等厨房电器符合规定数量、规格和额定功率，规范使用，使用中不离开操作区域，用后及时断电、清洁。

（6）执行以下车门管理制度。

① 列车到站停稳后，司机或随车机械师开启车门，并监控车门开启状态。开车前，列车长（重联时为运行方向前组列车长）确认车站开车铃声结束、旅客乘降、高铁快件和餐车物品装卸完毕后，通知司机或随车机械师关闭车门。

② CRH_5 型动车组列车停靠低站台时，到站前乘务人员提前锁闭辅助板指示锁并打开翻板，开车后及时将翻板及辅助板指示锁复位。

③ 餐车上货门仅供餐车售货人员补充商品、餐料时使用，不办理旅客乘降。

④ 列车运行中，车门、气密窗锁闭状态良好。检查人员应定期巡视，保持通道畅通。发现车门未锁闭或锁闭状态不良时，指派专人看守，并及时通知随车机械师处理。

(7) 安全标志设置齐全、规范，符合标准。乘务人员应采用广播、视频、图形标志、服务指南等方式，宣传安全常识和车辆设备设施的使用方法，提示旅客遵守安全乘车规定。

(8) 运行中做好安全宣传和防范，车内秩序、环境良好，无闲杂人员随车叫卖、捡拾、讨要。发现可能损坏车辆设施和影响安全、文明的行为须及时制止。

(9) 全列各处所禁止吸烟，加强禁烟宣传，发现吸烟行为及时劝阻，并由公安机关依法查处。

(10) 行李架、大件行李存放处物品摆放平稳、牢固、整齐。大件行李放在大件行李存放处，不占用席（铺）位，不堵塞通道。锐器、易碎品、杆状物品及重物等放在座（铺）位下面或大件行李存放处。衣帽钩限挂衣帽、服饰等轻质物品。使用小桌板不超过承重范围。

(11) 发现旅客携带可疑品及无人认领的物品时，配备乘警的列车通知乘警到场处理，未配备乘警的列车由列车长处理。对危险品做好登记、保管及现场处置，并交前方停车站（公安部门）处理。

(12) 发现行为、神情异常旅客时，应重点关注，配备乘警的列车通知乘警到场处理，未配备乘警的列车由列车长处理，情形严重时需在列车运行前方停车处理。

(13) 发生旅客伤病时，提供协助，通过广播寻求医护人员帮助。情形严重的，报告客运调度。

(14) 乘务人员进出车站和动车所（客技站）走指定通道，通过线路时走天桥、人行地道，走平道时做到“一停二看三通过”，不横越线路，不钻底，不跨越车钩，不与运行中的机车车辆抢行，进车站时集体列队。

(15) 乘务人员在接班前充分休息，保持精力充沛，不在班前、班中、折返站饮酒。

3. 设备设施

(1) 车辆设备设施齐全，符合动车组出所质量标准。

① 乘务员室、监控室、多功能室、洗脸间、厕所、电气控制柜、备品柜、储藏柜、清洁柜、衣柜、大件行李存放处、软卧会客室等不挪作他用或改变用途。其中多功能室用于照顾重点旅客。

② 车辆外观整洁，内外部油漆无剥落、褪色、流坠；车内顶棚不漏水，内外墙板及车内地板无破损、无塌陷、不鼓泡；渡板及各部位压条、压电螺栓不松动、无翘起；脚蹬安装牢固，无腐蚀破损；手把杆无破损、松动；各部位金属部件无锈蚀。

③ 广播、空调、电茶炉、饮水机、照明灯具、电子显示屏、电视机、车载视频监控终端、控制面板、电源插座、车门、端门、儿童票标高线、地板、车窗、翻板、站台

补偿器、窗帘、座椅、脚蹬、小桌板、靠背网兜、茶桌、座席号牌、衣帽钩、行李架、垃圾箱、洗手盆、水龙头、梳妆台、面镜、便器、洗手液盒、一次性坐便垫盒、卫生纸盒、擦手纸盒、婴儿护理台、镜框、洗脸间门帘、干手器，商务座车小吧台、呼唤应答器、阅读灯、软卧车铺位号牌、包房号牌、卧铺栏杆、扶手、呼叫按钮、沙发、报刊栏、餐车侧门、餐桌、吧台、冰箱、展示柜、微波炉、电烤箱、售货车等服务设备、设施齐全，作用良好，正常使用，外观整洁，故障、破损时须及时修复。

④ 车厢通过台外端门框旁设儿童票标高线。儿童票标高线宽 10 mm、距地板面分别为 1.2 m 和 1.5 m，以上缘为限，距内端门框约 100 mm。

(2) 车内各种服务图形标志型号一致，位置统一，安装牢固，齐全醒目，符合规定。

(3) 车厢外部的电子显示屏显示列车运行区间、车次、车厢顺号等信息，车内电子显示屏显示列车运行区间、车次、车厢顺号、停站、运行速度、温度、中国铁路客户服务中心客户服务电话（区号 + 电话号码）安全提示等信息，显示须及时、准确。

4. 服务备品

(1) 服务备品、材料等符合国家环保规定，质量符合要求，色调与车内环境相协调。

(2) 服务备品齐全，干净整洁，定位摆放。布制、易耗备品准备充足，保证使用。布制备品按附规定的时间使用和换洗，有启用时间（年、月）标识。

① 软卧车（含高级软卧车）包房内有被套、被芯、枕套、枕芯、床单、垫毯、卧铺套、靠背套、茶几布、一次性拖鞋、衣架、不锈钢果皮盘、带盖垃圾桶、热水瓶、积水盘、面纸盒及服务指南、免费读物，备有托盘、热水瓶和一次性硬质塑料水杯。

② 软卧代座车包房内有卧铺套、靠背套、不锈钢果皮盘。包房门框上原铺位号牌处有座席号牌。此外还备有热水瓶和一次性硬质塑料水杯。

③ 商务座车提供小毛巾，就餐时提供餐巾纸、牙签。每个商务座位提供有耳塞、靠垫、鞋套、一次性拖鞋、清结袋和专项服务项目单、服务指南、免费读物，此外还备有防寒毯、耳机、眼罩、托盘、热水瓶和一次性硬质塑料水杯。

④ 特、一、二等座车有清洁袋、免费读物和服务指南，放置在座椅靠背袋内或其他指定位置；有座椅套、头枕片。特、一等座车座椅有头枕。电茶炉配有纸杯架的，有一次性纸杯。乘务组备有热水瓶、耳塞和一次性硬质塑料水杯。

⑤ 餐车有座椅套，有售货车、托盘、热水瓶、一次性硬质塑料水杯，还备有餐巾纸、牙签。

⑥ 洗脸间有洗手液、擦手纸（或干手器）。

⑦ 厕所内有芳香盒和水溶性好的卫生纸、擦手纸，坐便器有一次性坐便垫圈，小便池内放置芳香球。

(3) 贴身卧具（被套、床单、枕套）和头枕片须干燥、清洁、平整，无污渍、无破损，已使用与未使用的折叠整齐，分别装袋保管。卧具袋防水、耐磨、干净、无破损。贴身卧具与其他布质备品分类洗涤，洗涤、存储、装运及更换不落地、无污染。

(4) 卧车垫毯、被芯、枕芯等非贴身卧具备品干燥、清洁，无污渍、无破损，定期晾晒。被芯、枕口先加装包裹套，再使用被套、枕套。包裹套定期清洗，保持干燥整洁。

（5）布制备品定位存放在储物（藏）柜内。无储物（藏）柜或储物（藏）柜容量不足的，软卧车定位放置在3号、7号、11号卧铺下。

（6）厕所专用清扫工具与车内清扫工具分开定位存放在清洁柜内；无清洁柜的定位隐蔽存放。商务座、特等座、一等座车厢不存放清洁工具。清扫工具、清洁剂材质符合规定。

（7）清洁袋质地、规格符合规定，具有防水、承重性能。

（8）每标准编组车底配备2辆垃圾小推车，垃圾小推车、垃圾箱（桶）内用垃圾袋，垃圾袋符合国家标准，印有使用单位标志，与垃圾箱（桶）规格匹配，厚度不小于0.025 mm。

（9）列车配有票剪、补票机、站车客运信息无线交互系统手持终端和GSM－R通信设备，乘务人员配置手持电台。设备电量充足，作用良好。站车客运信息无线交互系统手持终端在始发前登录，途中及时更新信息。

5. 整备

（1）出库标准。

① 车厢内外各部位整洁，窗明几净，四壁无尘，物见本色。外车皮、站台补偿器内外、窗门框及玻璃、扶手干净且无污渍。天花板（顶棚）、板壁、边角、地板、连接处、灯罩、座椅（铺位）、空调口、通风口、电茶炉、靠背袋网兜等部位清洁卫生，无尘、无垢、无杂物。热水瓶、果皮盘、垃圾箱（桶）、洗脸间内外洁净。餐车橱、柜、箱干净无异味，分类标志清晰，商品、餐饮品和备品等分类定位放置。厕所无积便、积垢、异味，地面干净无杂物，污物箱内污物排尽。

② 深度保洁结合检修计划安排在白天作业，范围包括车厢天花板、板壁、遮阳板（窗帘）灯罩、连接处、车梯、商务座椅表面、座椅（铺位）缝隙、座椅扶手及旋转器卡槽、小桌板、脚踏板、暖气罩缝隙、洗手液盒、车厢边角及电茶炉、饮水机内部。

③ 布制品、消耗品和保洁工具等服务备品配备齐全，定位放置，定型统一。卧具叠放整齐，摆放统一，床单、头枕片、座席套、茶几布等铺设平整，干净整洁。清洁袋、洗手液、卫生纸、擦手纸、一次性坐便垫圈、服务指南、免费读物等备品补足配齐，定位放置。服务指南中含有旅客须知、乘车安全须知、本车型的设备设施介绍、主要停靠站信息、客运服务质量标准摘要及本趟列车销售的商品价目表、菜单。垃圾小推车等保洁工具及售货车等固定位置放置，不影响旅客使用空间。

④ 可旋转式座椅转向列车运行方向。

⑤ 定期进行“消、杀、灭”害虫工作，蚊、蝇、蟑螂等病媒昆虫指数及鼠密度符合国家规定。

（2）途中标准。

① 使用垃圾小推车和专用工具适时保洁，保持车厢整洁卫生。旅客下车后及时恢复车容。各处所地面墩扫及时，干燥、干净；台面、桌面、面镜擦抹及时，干净、无水渍。洗脸（手）池、电茶炉沥水盘清理、擦抹及时，无污渍、无残渣、无堵塞、无积

水；垃圾车、垃圾箱（桶）、清洁袋、靠背袋网兜、果皮盘清理及时，无残渣；厕所畅通无污物、无异味，按规定吸污。餐车餐桌、吧台、工作台、微波炉及各橱、箱、柜内保持洁净。

② 清洁袋、洗手液、卫生纸、擦手纸、一次性坐便垫圈等备品补充及时；卧具污染更换及时。

③ 垃圾装袋、封口、无渗漏，定位放置，在指定站定点投放；不向车外扫倒垃圾、抛扔杂物。

(3) 终到标准。

终到站时车内无垃圾、污水、粪便、异味。垃圾装袋、封口、无渗漏，到站定点投放。

(4) 到站立即折返标准。

① 站台侧车外皮、门框、车窗干净，无污物、无积尘。

② 车内地面清洁，行李架、大件行李存放处、扶手及座椅（铺位）、窗台上和靠背网兜内干净整洁；垃圾箱（桶）内无垃圾、无异味。

③ 热水瓶、果皮盘内外洁净，垃圾箱（桶）洗脸间四周洁净。

④ 餐车橱、柜、箱干净无异味，分类标志清晰，商品、餐饮品和备品等分类定位放置。

⑤ 洗脸间、厕所面镜洁净，洗脸（手）池、便器无污物、无异味，电茶炉沥水盘洁净。

⑥ 布制品、消耗品和保洁工具等服务备品配备齐全，定位放置，定型统一。

⑦ 卧具叠放整齐，摆放统一，床单、头枕片、座席套、茶几布等铺设平整，干净整洁。

⑧ 清洁袋、洗手液、卫生纸、擦手纸、一次性坐便垫圈、服务指南、免费读物、商务座专项服务等备品补足配齐，定位放置。

⑨ 保洁工具、售货车等备品定位放置，不影响旅客使用空间。

⑩ 可旋转式座椅转向列车运行方向。

6. 文明服务

(1) 仪容整洁，着装统一，整齐规范。

① 头发干净整齐、颜色自然，不理奇异发型、不剃光头。男性两侧鬓角不得超过耳垂底部，后部不长于衬衣领，不遮盖眉毛、耳朵，不烫发，不留胡须；女性发不过肩，刘海长不遮眉，短发不短于两寸。

② 面部、双手保持清洁，身体外露部位无文身。指甲修剪整齐，长度不超过指尖 2 mm，不染彩色指甲。

③ 女性淡妆上岗，唇线与口红的颜色一致；眉毛修剪整齐，眉笔和眼线为黑色或深棕色；眼影的颜色与制服一致；使用清香、淡雅型香水。工作中保持妆容美观，端庄大方。补妆及时，在洗手间或乘务间进行。不浓妆艳抹。

④ 换装统一，衣扣拉链整齐。着裙装时，丝袜统一，无破损。系领带时，衬衣束

在裙子或裤子内。外露的皮带为黑色。佩戴的外露饰物款式简洁，限手表一只、戒指一枚，女性还可佩戴发夹、发箍或头花及一副直径不超过 3 mm 的耳钉。不歪戴帽子，不挽袖子和卷裤脚，不敞胸露怀，不赤足穿鞋，不穿尖头鞋、拖鞋、露趾鞋，鞋跟高度不超过 3.5 cm，跟径不小于 3 ~ 5 cm。

⑤ 佩戴职务标志，胸章牌（长方形职务标志）戴于左胸口袋上方正中，下边沿距口袋 1 cm 处（无口袋的戴于相应位置），包含单位、姓名、职务、工号等内容。菱形臂章佩戴在上衣左袖肩下四指处。按规定应佩戴制帽的工作人员，在执行职务时戴上制帽，帽徽在制帽折沿上方正中。除列车长外，其他客运乘务人员在车厢内作业时可不戴制帽。

⑥ 餐车加热、供应餐食时，服务人员戴口罩、手套；女性穿围裙。

（2）表情自然，态度和蔼，用语文明，举止得体，庄重大方。

① 使用普通话，表达准确，口齿清晰。服务语言表达规范、准确，使用“请”“您好”“谢谢”“对不起”“再见”等服务用语。对旅客称呼恰当，统称为“旅客们”“各位旅客”“旅客朋友”，单独称为“先生”“女士”“小朋友”“同志”等。

② 旅客问讯时，面向旅客站立（工作人员办理业务时除外），目视旅客，有问必答，回答准确，解释耐心。遇有失误时，向旅客表示歉意。对旅客的配合与支持，表示感谢。

③ 坐立、行走姿态端正，步伐适中，轻重适宜。在旅客多的地方，先示意，后通行；与旅客走对面时，要主动侧身面向旅客让行，不与旅客抢行。列队出（退）勤（乘）时，按规定线路行走，步伐一致，箱（包）在同一侧。

④ 立岗姿势规范，精神饱满。站立时，挺胸收腹，两肩平衡，身体自然挺直，双臂自然下垂，手指并拢贴于裤线上，脚跟靠拢，脚尖略向外张呈“V”形。女性可双手四指并拢，交叉相握，右手叠放在左手之上，自然垂于腹前；左脚靠在右脚内侧。

⑤ 列车进出站时，在车门口立岗，面向站台致注目礼，以列车进入站台开始，开出站台为止。办理交接时行举手礼，右手五指并拢平展，向内上方举手至帽檐右侧边沿，小臂形成 45°角。

⑥ 清理卫生时，清扫工具不触碰旅客及携带物品。挪动旅客物品时，征得旅客同意。需要踩踏座席、铺位时，带鞋套或使用垫布。占用洗脸间洗漱时，礼让旅客。清洁厕所时，作业人员戴保洁专用手套。

⑦ 夜间作业、行走、交谈、开关门要轻。进包房先敲门，离开时应倒退出包房。

⑧ 不高声喧哗、嬉笑打闹、勾肩搭背，不在旅客面前吃食物、吸烟、剔牙齿和出现其他不文明、不礼貌的动作，不对旅客评头论足，接班前和工作中不食用异味食品。餐车对旅客供餐时，不在餐车逗留、闲谈、占用座席、陪客人就餐。

⑨ 客运乘务人员进出车厢时，面向旅客鞠躬致谢。

（3）温度适宜，环境舒适。

① 通风系统作用良好，车内空气清新，质量符合国家标准。始发前对车厢进行预

冷、预热，车内温度保持冬季18～20℃，夏季26～28℃。

② 车内照明符合规定。夜间运行（22：00—7：00）时，座车关闭半夜灯；始发、终到站和客流量大的停站，以及列车途经地区与北京时间存在时差时自行调整。

③ 广播常播内容录音化。播音使用普通话，经停少数民族自治地区车站的列车可根据需要增加当地通用的民族语言播音，可增加英语播报客运作业信息。广播语音清晰，音量适宜，用语准确，不干扰旅客正常休息。自动广播系统播报正确。视频系统性能良好，使用正常，播放内容符合规定并定期更新。广播、视频内容以方便旅行生活为主，介绍宣传安全常识和车辆设备设施的使用方法，提示旅客遵守安全乘车规定，播报前方停站、到站信息等内容，适当插播文艺娱乐、文明礼仪、沿线风光、民俗风情、餐食供应、广告等节目。

④ 饮用水保证供应，在途中上水站按规定上水。使用饮水机的备有足量桶装水。列车始发后为旅客送开水，途中有补水服务；售货车配热水瓶，利用售货时间为有需求的旅客提供补水服务。

（4）运行途中，厕所吸污时或未供电时锁闭厕所，其他时间不锁厕所。厕所锁闭时，为特殊情况急需使用厕所的旅客提供方便。

（5）公共区域的电源插座保证符合标示电压范围的旅行必需的小型电器正常使用。

（6）通过图形符号、电子显示、广播、视频、服务指南等方式宣传旅客运输服务信息及客运服务质量标准摘要，引导旅客自助服务。

（7）卧具终点站收取，贴身卧具一客一换。到站前提醒卧车旅客做好下车准备，不干扰其他旅客。夜间运行，卧车乘务员在边凳值岗，并定时巡视车厢。始发后和夜间客运乘务人员对卧车核对铺位。列车剩余铺位在列车办公席或指定位置公开发售，公布手续费的收费标准。

（8）发现旅客遗失的物品妥善保管，设法归还失主，无法归还时编制客运记录交前方停车站处理。无法判明旅客下车站时交列车终到站处理。

（9）根据旅客乘坐列车等级和席别提供相应服务。

商务座车配有专职人员，主动介绍专项服务项目，提供饮品、餐食、小食品、小毛巾、耳塞等服务。

饮品有茶水、饮料等，品种不少于6种，茶水全程供应。

逢供餐时间的，免费供应餐食。供餐时间为：早餐8：00以前，正餐11：30—13：00、17：30—19：00。

正餐以冷链为主，配用速溶汤，分量适中，可另行配备面点、菜品、佐餐料包等。品种不少于3种，配有清真餐食，定期调整。

选用非油炸类点心，蜜饯类、坚果类等无壳、无核、无皮、无骨的休闲小食品，品种不少于6种，采用独立小包装。

“G”字头跨局动车组特、一等座车提供饮品、小食品等服务，全程提供送水服务。

(10) 全面服务，重点照顾。

① 无需求，不干扰。通过广播、电子显示等方式宣传服务设备的使用方法，方便旅客自助服务。乘客有需求时，提供相应的服务，乘客无需求时，不干扰乘客。在各车厢电子显示公布中国铁路客户服务中心客户服务电话（区号 + 电话号码）实行首问首诉负责制。受理旅客咨询、求助、投诉，及时回应，热情处置，有问必答，回答准确；对旅客提出的问题不能解决时，指引到相应岗位并做好耐心解释。

② 重点关注，优先照顾，保障对重点旅客的服务。按规范设置无障碍厕所、座椅、专座席等设施设备，作用良好。对重点旅客做到“三知”“三有”（知座席、知到站、知困难，有登记、有服务、有交接），有需求的特殊重点旅客可联系所到站提供担架、轮椅等辅助器具，及时办理站车交接。尊重民族习俗和宗教信仰。经停少数民族自治地区车站的列车可按规定在图形标志增加当地通用的民族语言文字，可根据需要增加当地通用的民族语言播音。

7. 应急处置

(1) 火灾爆炸、重大疫情、食物中毒、空调失效、设备故障和列车大面积晚点、停运、变更径路、启用热备车底等非正常情况下的应急处置预案健全有效，预案内容分工明确，流程清晰。日常组织培训，定期组织演练，培训演练有记录、有结果、有考核。

(2) 配备照明灯、扩音器等应急物品，电量充足，性能良好。灾害多发季节增备餐料、易于保质的食品、饮用水和应急药品，并单独存放。

(3) 遇火灾爆炸、重大疫情、食物中毒、空调失效、设备故障和列车大面积晚点、停运、变更径路、启用热备车底等非正常情况时，及时启动应急预案，掌握车内旅客人数及到站情况，维持车内秩序，准确通报信息，做好咨询、解释、安抚、生活保障等善后工作。

① 列车晚点 15 min 以上时，列车长根据调度、本段派班室（值班室）或车站的通报，向旅客公告列车晚点信息，说明晚点原因、晚点时间。广播每次间隔不超过 30 min，可利用电子显示屏实时显示。

② 遇列车空调故障时，有条件的，将旅客疏散到空调良好的车厢。在停车站，开启站台一侧车门；在途中，开启运行方向左侧车门。运行途中劝阻旅客不在连接处停留，临时停车严禁旅客下车。在站停车须组织旅客下车时，站车共同组织。按规定做好旅客到站退还票价差额时的站车交接。

③ 热备车底的乘务人员、随车备品和服务用品同步配置到位。遇启用热备车底时，做好宣传解释，配合车站共同组织旅客换乘其他列车，或者按照车站通报的席位调整计划组织旅客调整席位，按规定做好站车交接。

④ 遇变更径路时，做好宣传解释，组织不同径路的旅客下车，按规定做好站车交接。

⑤ 车门故障无法自动开启时，手动开启车门，并通知随车机械师处理；无法关闭时，由专人看守并通知随车机械师处理。使用车门紧急解锁拉手后，及时复位。

⑥ 发生烟火报警时，随车机械师、列车长和乘警根据司机通知立即到报警车厢查

实确认，查看指定车厢的客室、卫生间，随车机械师重点查看电气设备。若发生客室或设备火情，列车长或随车机械师立即通知司机按规定实施制动停车，并启动应急预案进行处理；若确认因吸烟等非火情导致烟火报警时，由随车机械师做好恢复处理，乘警依法调查，并向旅客通告。

⑦ 发生人身伤害或突发疾病时，积极采取救助措施，按规定办理站车交接，客运乘务员不下车参与处理。必要时可请求在前方有医疗条件的车站临时停车处理。

（五）动车组列车乘务组及人员要求

1. 乘务组

列车乘务组由列车长、列车员、乘警和随车机械师组成。列车上保洁、餐饮由社会专业公司承担时，其员工视同列车乘务组成员。列车乘务组人员应当各司其职，在为旅客服务上，接受列车长统一领导。动车组列车上实行列车长领导下的各工种分工负责制。

2. 人员配置

客运乘务组根据交路实际需要采用轮乘或包乘制。客运乘务组由 1 名列车长、2 名列车员、2 名配餐员组成，根据需要有些动车组还在车上配备有售货员和保洁人员。动车组重联时，按两个乘务组配备。编组 16 辆的动车组按 1 名列车长和 4 名列车员配备。对以上运行时间较长的动车组可适当增加客运乘务人员。动车组司机实行单司机值乘制，客车检车员（随车机械师）按每组 1 人配备，不设运转车长。

3. 乘务组职责

客运乘务组承担服务旅客、处理票务、列车保洁、提供餐饮等工作。发生影响旅客安全问题时，客运乘务组应当立即采取有效措施，确保旅客安全。

4. 列车广播

运行时间在 3 h 以内的列车，一般只播迎送词、服务设备介绍、安全提示、站名和背景音乐。运行时间超过 3 h 的列车，可在不干扰旅客休息的前提下，适当增加播放内容。

动车组列车在始发前 5 min 播放安全提示，始发后 5 min 内播放欢迎词、安全提示及背景音乐，终到站前 5 min 播放终到告别词。广播内容由客运段提供，铁路局宣传部、客运处审定，车辆部门录入，始发前由随车机械师按规定操作录入广播装置。自动广播发生故障时，由客运人员人工广播。

（六）动车组列车长乘务作业

1. 岗位资格要求

（1）教育背景：大专毕业（或同等学力）及以上文化程度。

（2）知识技能：具有符合动车组列车长工作性质要求的相关业务知识技能。

（3）工作经验：从事列车乘务工作 2 年以上（其中动车组列车 1 年以上）。

（4）职业道德：敬业爱岗，遵章守纪，服从指挥，团结协作。

2. 上岗资格

取得列车长岗位培训合格证书和中级及以上职业资格证书，具备妥善处理突发情况的能力。

3. 职责和权限

（1）贯彻执行有关安全生产及旅客运输的规章制度、命令、指示，落实上级布置的各项工作。

（2）负责列车"六乘一体"（包括列车长、乘务员、乘警、餐服长、餐服员、保洁员、机械师）的协调、管理。

（3）组织召开客运乘务组出、退乘会。

（4）负责对列车安全服务设备设施的检查、记录及报修。

（5）负责检查验收列车保洁、整备质量，监督检查列车餐饮工作质量。

（6）负责办理列车上的各项客运业务。

（7）负责班组基础管理和建设，督促乘务组人员按照标准作业，落实考核制度。

（8）负责受理旅客投诉，帮助旅客解决困难，收集旅客对列车服务工作的意见及建议。

（9）负责列车非正常情况和突发事件的应急处理。

（10）及时准确填写本岗位各类记录与表格。

（11）对列车客运相关工作人员的违章违纪行为有权纠正和考核，对列车其他工作人员的违章违纪行为有权制止和劝阻。

4. 工作内容与要求

列车长作业标准见表 8－1。

表 8－1　列车长作业标准

程序	项目	作业内容	质量要求
1. 始发站准备作业	出乘准备	① 按时到指定地点报到，接受命令指示，确认担当乘务情况，填写"乘务日志"，领取有关设备及票据 ② 准时到指定地点列队点名，召开出乘会，检查乘务员仪容仪表，传达命令、指示，布置乘务任务 ③ 携带客运业务资料及 GSM－R 手持终端（或 PDA）、移动补票机、无线对讲机等设备，列车进站前 20 min 组织乘务组在站台接车	出乘准时，命令、指示记录准确，任务明确，设备齐全，性能良好 规定着装标志，仪容仪表规范，列队整齐，乘务箱包统一；布置工作重点突出，措施具体，达到人人清楚 资料携带齐全，设备状态良好，接车准时

续表

程序	项目	作业内容	质量要求
2. 始发站作业	（1）始发站车容整备	① 列车进站停稳后，调试 GSM－R 终端和无线对讲机，与动车组司机校对时间及车次 ② 组织列车员检查列车服务设施设备及上水情况，验收车厢卫生，办理交接，做好记录	校对准确，检查细致，记录翔实，交接清楚
	（2）始发站放客时作业	① 在指定站台位置处立岗，做好重点旅客引导 ② 与车站客运工作人员办理业务交接，掌握乘车人数 ③ 确认旅客乘降完毕后通知司机（或随车机械师）关闭车门。遇动车组重联运行时，两名列车长互相确认旅客乘降完毕后，由运行前方第一组的列车长负责通知司机（或随车机械师）关闭车门	到岗及时，引导有序，安排妥善 交接清楚，通知及时 确认旅客乘降完毕细致、及时
3. 途中作业	（1）开车后作业	① 开车后播放欢迎词及乘车须知 ② 巡视车厢，检查行李摆放情况 ③ 根据剩余席位信息，核对空余席位，组织查验车票 ④ 督促、检查途中保洁作业质量，如实填写验收记录 ⑤ 检查列车餐饮工作情况，制止违规经营行为 ⑥ 掌握重点旅客动态，落实“首问首诉”负责制 ⑦ 发现设备故障，通知随车机械师及时处理。若不能及时修复，随车机械师与列车长共同确认，并如实记录，双方签字 ⑧ 遇有列车晚点超过 15 min，及时向司机了解原因，通过广播向旅客致歉并说明情况	按时播报，音量适中；行李物品摆放平稳，通道保持畅通；减少对旅客的干扰 保洁和餐饮工作检查仔细，质量达标 重点旅客重点照顾，服务旅客耐心周到 及时督促机械师修复设备故障，确保设备作用良好 耐心解答问询，广播致歉及时
	（2）中途停站作业	① 到站前 5 min 广播通报站名、到开时刻，开车后 5 min 内广播预告前方停车站、到开时刻 ② 在指定站台位置处立岗，做好重点旅客引导 ③ 与车站客运值班员办理业务交接，确认旅客乘降完毕后通知司机（或随车机械师）关闭车门。遇动车组重联运行时，两名列车长互相确认旅客乘降完毕后，由运行前方第一组的列车长负责通知司机（或随车机械师）关闭车门	广播按时播报，内容准确，音量适中 到站立岗及时，引导有序，安排妥善 确认旅客乘降完毕准确，通知及时

续表

程序	项目	作业内容	质量要求
4. 终到、折返站作业	（1）组织旅客下车	① 列车终到前 5 min 播放欢送词 ② 列车到站后，在指定站台位置处立岗，与旅客道别，协助重点旅客下车 ③ 旅客下车完毕，巡视检查全列车厢	广播按时播报，音量适中 立岗标准，举止规范，主动热情 巡视动作迅速，检查仔细
	（2）交接作业	① 与车站客运值班员办理业务交接 ② 遇交接班时，交接班列车长在指定站台位置处交接 ③ 交接完毕后，交班乘务组列队在指定位置处站台面向列车立岗，目送列车出站	交接迅速，内容清楚，手续完备
5. 退乘作业	退乘作业	① 召开退乘会，总结工作完成情况，填写“乘务日志” ② 带领客运乘务人员列队退乘 ③ 需要解款时到规定地点缴款 ④ 到客运段值班室报到，汇报工作完成情况，递交“乘务日志”等报表，上交有关设备，接受命令指示	总结重点突出，“乘务日志”记录翔实；队列整齐；交款及时，有专人护送，账款相符；设备交接清楚，手续完备

（七）动车组列车员作业标准

1. 岗位资格要求

（1）教育背景：高中毕业（或同等学力）及以上文化程度。

（2）知识技能：具有符合动车组列车员工作性质要求的相关业务知识技能。

（3）工作经验：从事列车乘务工作 1 年以上。

（4）职业道德：敬业爱岗，遵章守纪，服从指挥，团结协作。

2. 上岗资格

取得列车员岗位培训合格证书和初级及以上职业资格证书。

3. 职责和权限

（1）贯彻执行有关安全生产及旅客运输的规章制度、命令、指示。

（2）负责列车车厢内旅客安全、服务工作。

（3）负责检查运行中车厢内安全设备的状态和列车服务备品配置情况。

（4）负责监督检查列车保洁、整备情况。

（5）配合列车长处置车内非正常情况。

（6）及时准确填写本岗位各类记录与表格。

（7）对列车其他工作人员违章、违纪行为有权制止和劝阻。

4. 工作内容与要求

列车员作业标准见表8－2。

表8－2 列车员作业标准

程序	项目	作业内容	质量要求
1. 始发准备作业	出乘准备	① 准时到指定地点列队点名，参加出乘会，整理仪容仪表，接受列车长命令，确认担当乘务情况，检查设备性能 ② 列车进站前20 min随列车长统一列队在站台接车	出乘准时，规定着装标志，做到仪容仪表规范，列队整齐，乘务箱包统一 资料携带齐全，设备状态良好，接车准时
2. 始发站作业	（1）始发站整备	对列车保洁整备质量进行检查验收，并向列车长汇报检查情况	检查认真，记录翔实，交接清楚
	（2）始发站放客时作业	① 锁闭卧车与座车间通过门 ② 在指定车厢边门处（站台）立岗，引导重点旅客就位，指引旅客放置行李 ③ 确认旅客乘降完毕后，向列车长汇报	立岗及时，引导有序，安排妥善 确认旅客乘降完毕细致，汇报及时
3. 途中作业	（1）开车后作业	① 巡视车厢，检查行李摆放情况 ② 根据剩余席位信息，协助列车长核对空余席位，查验车票并办理相关业务。卧车做好旅客乘车登记，掌握旅客去向 ③ 督促检查途中保洁作业质量，如实填写验收记录，及时跟踪整改情况 ④ 掌握重点旅客动态，落实“首问首诉”负责制 ⑤ 发现设备故障，及时向列车长汇报 ⑥ 遇有列车晚点，做好旅客安抚和解释工作	行李物品摆放平稳，通道保持畅通；核对席位仔细，态度和蔼；登记及时，记录准确；减少对旅客的干扰 保洁验收检查仔细，质量达标；重点旅客重点照顾，服务旅客耐心周到。设备故障汇报及时，确保设备作用良好 解答问询耐心，解释安抚及时
	（2）中途停站作业	① 到站前提前通报旅客做好下车准备 ② 在指定车厢边门处（站台）立岗，引导重点旅客到位，指引旅客放置行李 ③ 确认旅客乘降完毕后，向列车长汇报 ④ 卧车更换中途下车旅客的卧具 ⑤ 卧车做好中途上车旅客乘车登记，掌握旅客去向	到站立岗及时，引导有序，安排妥善 确认旅客乘降完毕做到准确，汇报及时 卧具一客一换，卧车登记及时，记录准确

续表

程序	项目	作业内容	质量要求
4. 终到及折返站作业	（1）组织旅客下车	① 到站前提前通报旅客做好下车准备 ② 到站后，在指定车厢边门处（站台）立岗，与旅客道别，协助重点旅客下车 ③ 旅客下车完毕，巡视检查车厢，发现旅客遗失物品，及时报告	立岗标准，主动热情，举止规范 动作迅速，检查仔细，旅客遗失物品及时上交列车长
	（2）交接作业	① 交接班时，清点备品（卧具），办理交接 ② 交接完毕后，交班乘务组列队在指定位置处站台面向列车立岗，目送列车出站	清点准确，交接清楚，手续完备
5. 退乘作业	退乘作业	① 参加退乘会，听取列车长当趟乘务工作总结 ② 在列车长的带领下列队退乘	认真听记，队列整齐

严格遵守列车安全和服务设备设施使用的有关规定，爱护列车设备设施，不得擅自动用列车电气化设备。

（八）动车组列车乘务工作具体内容

1. 列车长的准备

（1）到派班室报到，接受命令指示，确认当日担当乘务情况，填写乘务报告，按时出乘。出乘前命令、指示记录准确、无遗漏，乘务任务明确。

（2）检查通信设备、乘务资料等物品的携带情况。乘务资料包括电报、客运记录、票务处理资料。做到资料携带齐全，设备状态良好。

（3）列车开车前 40 min 在站台接车，召开出乘会，检查乘务员仪容仪表、着装、应配物品，布置乘务任务。做到准时接收列车，仪容达标，备品齐全，命令传达准确，任务布置清楚。

（4）全面巡视车厢，检查车内保洁、备品和饮用水配置情况，督促保洁人员做好车内卫生并做好交接记录。做到按照保洁质量标准验收检查，确保保洁质量达标，饮用水充足。

（5）与司机、随车机械师对表，联系有关事宜，做到设备状况清楚。

2. 列车员的准备

（1）整理仪容仪表，检查对讲机等设备、资料携带情况。做到仪容着装达标，资料携带全，设备状态良好。

（2）列车开车前 40 min 在站台接车，参加出乘会，接受列车长的命令指示。做到准时接收列车，乘务任务明确。

（3）全面巡视车厢，检查车内保洁和备品配置情况，督促保洁人员做好车内卫生。

做到按照保洁质量标准验收检查，检查结果报告列车长。

3. 开车前作业

（1）列车长在指定位置立岗，以在随车机械师值乘位置附近为宜（机械师监控室 CRH_5 型车在 6 号车，CRH_2 型车在 7 号车，CRH_1 型和 CRH_3 型车在 5 号车），与车站客运值班员办理交接，掌握售票情况。做到交接清楚，掌握重点。

（2）列车长检查餐饮供应准备情况，确保人员仪容仪表整齐，商品、餐料充足，明码标价，定置摆放，卫生达标。

（3）列车长引导重点旅客。做好开车前 5 min 广播通告。做到引导有序，妥善安排，通告及时。与乘务员联系，确认旅客乘降完毕，通知司机关闭车门（部分动车组由随车机械师关闭）。做到准确无误，通知及时。

（4）列车员在与列车长所在位置相对应的列车另一端引导旅客，做到引导有序，妥善安排重点旅客。旅客乘降完毕报告列车长，做到准确无误，通知及时。

4. 途中运行作业

（1）列车长在开车后 10 min 之内播完欢迎词及相关内容（通报站名、服务设施介绍、安全提示等），随后可播放背景音乐。做到按时播报，音量适宜。

（2）列车长巡视车厢，查验车票，检查行李摆放情况，提醒旅客将大件行李及铁器、锐器等不适宜放在行李架上的物品放在指定位置并自行看管。做到行李物品摆放平稳，通道保持畅通。

（3）列车长巡视车厢时要掌握车内动态，处理服务过程中的各类问题，做到耐心解答旅客问询，做好解释工作。对重点旅客心中有数，主动对其提供帮助。特殊情况妥善处理，汇报准确、及时。

（4）列车长检查途中保洁作业质量，做到定时定量检查，检查结果有记录。

（5）列车长做好开车后和到站前广播通告，遇有列车晚点超过 15 min 的情况，通过广播向旅客致歉。组织中途停站旅客乘降。做到通告准确，乘降有序。

（6）途中停站，列车长与车站客运值班员办理交接。做到交接清楚，手续完备。

（7）列车员巡视车厢，掌握车内动态，处理服务过程中的各类问题。做到耐心解答旅客问询，做好解释工作。对重点旅客心中有数，主动提供帮助。特殊情况妥善处理。做到处理违章态度和蔼，执行规章熟练、准确，减少对旅客的干扰。

（8）列车员与保洁人员做好车厢内卫生清洁，保证干净整洁，卫生达标。

（9）列车员协助列车长做好到站前 5 min 广播通报站名、到开时刻，提醒旅客做好在列车运行前方车门下车准备。开车后 5 min 内广播预告前方停车站及相关内容（通报站名、服务设施介绍、安全提示等）。

（10）终到站前后，列车长征求旅客意见建议，做到态度诚恳，记录详细。到站广播通报站名，致道别词，提醒旅客做好下车准备，请旅客配合尽快下车。列车到站后，向旅客道别，协助重点旅客下车，做到用语统一，微笑致意，主动热情，帮助重点旅客。

（11）列车长待旅客下车完毕，按从大号到小号顺序巡视车厢，检查有无旅客遗失物品等情况发生，做到动作迅速，检查仔细，发现问题，按章处理。在规定位置与车站客运值班员办理重点旅客、遗失物品等业务的交接，做到交接清楚，手续完备。

（12）列车员协助列车长提醒旅客做好下车准备，请旅客配合尽快下车。列车到站后，向旅客道别，协助重点旅客下车，做到用语统一，微笑致意。旅客下车完毕，按从小号到大号顺序巡视车厢，检查有无旅客遗失物品等情况发生，发现问题报告列车长，做到动作迅速，检查仔细，报告及时。

5. 退乘阶段

（1）列车长召开退乘会，讲评当日工作，填写乘务报告。做到讲评全面，记录翔实。

（2）列车长对随车保洁情况做出鉴定，做到保洁情况清楚，鉴定结果准确。

（3）列车长带领乘务组退乘，做到着装整齐，列队退乘。需要解款时到规定地点缴款，做到乘警护送（无乘警时，列车员协助），账款相符解缴。

（4）列车员参加退乘会，汇报当日乘务工作情况。做到汇报简明扼要，准确无误。必要时，协助列车长到指定地点缴款。

项目九

高速铁路的运输组织工作

任务一　高速铁路运输计划及通过能力

【技能目标】

了解高速铁路列车运行计划的编制原则；
掌握动车组运用计划的编制方法；
掌握乘务员运用计划的编制方法；
掌握高速铁路车站作业计划的编制方法。

【知识点】

高速铁路列车运行计划；
动车组运用计划；
乘务员运用计划；
高速铁路车站作业计划。

【任务的提出】

根据本任务所学内容，完成高速铁路运输计划的编制，在编制过程中要考虑时速250 km和350 km的高速铁路线路的区别。

【相关知识】

编制高速铁路运输计划是为高速铁路运输组织提供依据，更好地满足旅客的需求，提高铁路设备的使用效率，促进高速铁路运行质量提升的一项工作。与列车运行相关的运输计划主要包括列车运行计划（运行图）、动车组运用计划、乘务员运用计划、车站作业计划。四个计划既相互独立又相互关联，它们相互配合、相互协调共同完成列车运行组织任务，为此，将上述四个计划统称为高速铁路综合运输计划，高速铁路列车运行质量主要由其综合运输计划决定。

一、高速铁路列车运行计划

高速铁路旅客列车的开行方案是旅客运输组织工作的重要组成部分，它必须在客流计划的基础上，以运输市场为导向，确定旅客列车的运行区段、运行径路、列车种类及开行对数。高速铁路旅客列车开行方案的编制涉及的因素众多，满足旅客出行需求的同时还要创造便利条件，减少旅客换乘次数和旅行时间，同时经济合理地使用动车组，使线路能力均衡运用，客流分布均匀，充分发挥运载工具的运输能力和固定设备的利用率。

在现阶段的铁路运输组织中，旅客列车开行方案的编制是在铁路总公司运输局列车运行图编制机构的统一领导下进行的，经过多年实践形成了比较成熟的编制原则与方法。其中，直通旅客方案由铁路总公司研究有关铁路局的建议后确定，管内及市郊旅客列车的开行方案由各铁路局分别编制并报铁路总公司审批。铁路总公司相关职能部门（各业务局）在进行综合平衡后拟定全路开行方案并提交铁路总公司列车运行图编制机构审批。

客运专线的运输组织模式是指在客运专线上开行何种列车，以及如何组织列车运行。在铁路规划设计阶段就必须首先解决运输组织模式的选择问题，它决定了客运专线与既有路网的结构关系、车站设置、列车种类及数量、运行图的铺画形式、旅客换乘方式等其他重要问题。高速铁路一般有以下几种运输组织模式。

（1）全部开行高速旅客列车模式。

在高速铁路线上只开行本线高速旅客列车，无跨线列车运行，跨线旅客采用换乘办法输送。这种模式适用于自成系统的高速客运专线，其优点是列车开行种类单一，保证了列车的运行速度，列车追踪间隔时间短，通过能力大。由于只有一种速度的列车运行，运输组织工作简便。

（2）高速列车下高速线模式。

在高速铁路线上既运行本线的高速旅客列车，又运行跨线的高速旅客列车，跨线高速客车在高速线上按高速运行，下高速线后按低等级线路的允许速度运行。这种模式适用于我国与既有提速线路相衔接的客运专线。其优点是可按一种速度的列车平行运行图运行，通过能力大，跨线旅客不必换乘，方便旅客，扩大了高速列车的服务范围，提高高速线能力的利用率。缺点是占用的高速旅客列车车底数较多。法国的高速铁路也采取了这种运输组织模式。

（3）中速列车上高速线模式（高中速混跑模式）。

高速线上既运行本线高速列车，又运行跨线中速列车，这种模式适用于与普通线路相衔接的高速线。其优点是跨线旅客不必换乘，同时可以减少高速列车车辆的购置数量。但由于在高速线上有两种不同速度的旅客列车运行，会影响高速线的通过能力，增加列车行车组织工作的复杂性，同时需要为上高速线的中速旅客列车多配备一套与客运专线一致的通信信号系统。这种模式在我国一些客运专线运营的初期比较适用。

（4）客货混跑运输组织模式。

此模式多应用于改建既有线为高速线的线路上。高速线上既运行高速旅客列车，也运行低等级货物列车，该模式的优点是线路的工程投资省，缺点是由于客货列车的速度差较大，列车运行组织复杂。英国、德国等国的高速铁路采用此种运输组织模式。我国既有线铁路基本上都是采用客货混跑模式，在部分客货混跑线路上运行高速旅客列车对客货列车运行方案及相关运输组织有着相当大的影响。客货混跑铁路除了全天候客货混跑模式以外，还有成组开行客货混跑等模式。

二、动车组运用计划

动车组运用计划是动车组运用和维修的综合计划，是在给定动车组的种类、数量、运载能力、检修周期、检修地点的检修能力及其他运用规则等条件下，考虑使用的动车组数量、检修次数、检修的均衡性等优化目标，安排可以完成给定列车运行任务的动车组使用方案。动车组运用计划编制的核心有两部分：一是完成运行计划给定的任务，也就是编制合理的列车开行方案；二是动车组自身的维修。

（一）动车组运用计划的组织模式

一般将动车组运用计划分为固定运行区段和不固定运行区段两种模式。

（1）固定运行区段模式。

固定运行区段模式是指动车组在给定的线路上运行，并且其运行区段也是固定的。这一运行方式对于区段内有大量径路相同且到发时刻均衡的客运专线有利，该使用方式便于客运专线的运输组织，也便于动车组运用计划的编制，但不利于提高动车组的运用效率，也不利于减少动车组的使用数量。固定区段运用模式组织简单，有利于动车组管理。目前，我国广深准高速线、京津、沪宁高速线采用的就是这种方式。广深线全线运营里程短，客车种类少，采用这种方式较为合理。

（2）不固定运行区段模式。

不固定运行区段模式是指不限制动车组担当的运行区段，在假定各动车组之间没有差别的情况下，动车组完成一次列车任务后，下一次所担当列车的运行区段没有限制，一组动车组多车次套用，原则上长短编组独立套用。与固定运行区段相比，不固定运行区段模式有利于提高动车组的运用效率，减少动车组的使用数量。可充分发挥动车组快速灵活的特点，是编制计划时优先考虑的运用模式。但是，该模式需折返作业，并且不固定运行区段的动车组接续安排比较紧密，出现较大运行干扰时，动车组运用会受到较大影响，动车组的运用调整比较困难。另外，由于这种运用方式比较灵活，增加了动车组运用计划编制的难度。对检修基地的兼容性要求高，动车组的编组不能够根据区段的客流特点来改变。

（二）动车组运用计划的编制分类

（1）平日动车组运用计划与假日动车组运用计划。

平日和节假日旅客的需求不同，体现在出行的时间、密度、方向等各个方面，为适应平日和节假日旅客需求的不同，应分别采用不同的运行图，因此分为平日动车组运用计划与节假日动车组运用计划。为保证动车组在平日和节假日之间过渡和检修计划的实施，先编制平日计划；编制节假日计划时，保证节假日计划的内容（始发车站、终到车站及检修的种类）与平日计划的相应内容一致，并编制相应的动车组运用过渡实施方案。

（2）单基地与多基地动车组运用计划。

当列车运行图由一个动车基地配属的动车组担当，所编制的运用计划为单基地动车组运用计划。如果列车运行图由两个以上基地配属的动车组担当，相应的计划为多基地动车组运用计划。在编制多基地动车组运用计划时，运行图中的哪次列车由哪个基地的动车组来担当一般没有具体规定，由编制人员综合考虑各基地的情况和动车组的运用效率，决定各基地动车组列车担当运行图中的各列车车次。

（3）单车种与多车种动车组运用计划。

列车运行图上的列车采用同一种类型的动车组担当时，所对应的计划为单车种动车组运用计划。如果运行图上的列车由不同种类的动车组担当，所对应的计划为多车种动车组运用计划。在编制多车种动车组运用计划时，一般运行图中的哪个列车由哪种动车组担当没有完全规定。

（4）各种动车组运用计划的组合。

动车组运用计划还可以是以上各种运用计划的组合，如单车种单基地平日动车组运用计划、单车种多基地假日动车组运用计划等，其中单车种单基地的形式是最广泛采用的方式。

三、乘务员运用计划

乘务员运用计划是乘务员（组）的综合乘务计划，也就是根据给定的列车运行图、有关乘务员乘务规程、乘务基地条件等，对乘务员（组）在什么时间、什么地点出乘，在什么时刻、担当哪次列车，在什么时间、什么地点退乘等做出具体安排，以确保列车开行计划的实现。乘务计划主要分为乘务日计划及月度计划。

日计划由全体乘务交路构成，表示完成一日的运行图任务需要的乘务员数量及各乘务员担当的乘务交路。乘务交路就是一个乘务员（组）一日的工作计划，每一行是一个乘务交路，每条线段上的字符表示车次。月度计划描述各乘务员（组）在指定月度中各日担当的乘务交路及休息计划。

日计划主要考虑在完成运行图任务的基础上，使用的乘务员数量越少越好，即交路数越少越好；对日计划中的每个乘务交路，它的各种指标越接近理想值越好。月度乘务计划则主要考虑乘务组间劳动时间越均衡越好、各乘务组的平均劳动时间越接近给定值越好、编制的月度计划与前一个时期的月度计划差异性越小越好，等等。

四、车站作业计划

1. 车站作业计划编制原则

编制高速铁路车站作业计划时，必须首先搜集必要的原始资料，即关于各站场、股道、进路的资料，道岔和信息相互联锁情况的资料，列车运行和调车占用车站咽喉及股道的时间标准，列车到发时间表，车底整备作业的时间标准等。

车站作业计划的编制原则如下：

(1) 设备独占性原则；

(2) 合理性原则；

(3) 线路固定使用的原则；

(4) 接发列车优先的原则；

(5) 交叉进路最少的原则。

2. 编制车站作业计划必备的条件

编制车站作业计划的必备条件如下：

(1) 列车运行计划；

(2) 动车组运用计划；

(3) 接发列车及调车作业的进路集合；

(4) 调车线的配置；

(5) 各类调车作业的时间标准；

(6) 动车组出入基地方式及时间；

(7) 各种进路占用冲突的判断与冲突疏解；

(8) 作业人员的类型、数量。

任务二 高速铁路的行车调度指挥

【技能目标】

掌握高速铁路调度集中系统的体系及结构；

根据高速铁路行车指挥的流程编制高速铁路调度指挥岗位工作职责流程图。

【知识点】

高速铁路调度集中系统的体系及结构；
高速铁路调度岗位的设置及工作职责。

【任务的提出】

通过本任务的学习，完成高速铁路调度指挥岗位及工作职责流程图的编制，编制时须考虑长短不同的高速铁路线路的区别。

【相关知识】

我国的高速铁路网是世界上最大的高速铁路网，也是效率最高的铁路网。作为保障高速铁路运营安全、可靠、高效的核心，高铁调度集中系统，经历了起步阶段、线路小规模系统集成、路网性大规模系统集成3个阶段，正向信息化、集成化、标准化的方向发展。

调度集中（centralized traffic control，CTC），也称列车集中控制，是控制中心（调度员）对某一调度区段的信号设备进行集中控制，对列车运行进行直接指挥、管理的技术设备。

分散自律调度集中技术则将过去由调度中心集中控制所有车站的列车作业的方式改变为由各个车站独立控制各自的列车和调车作业。

基本原则：列车作业优先于调车作业，调车作业不得干扰列车作业，发生冲突由系统判决，给出建议后执行。

秦沈线是我国第一条高速铁路（时速200 km以上），采用了CTC系统，于2003年开通，并于2010年改造为分散自律CTC系统。系统初步具备了列车及调车进路控制、行车信息显示、列车运行自动跟踪、列车运行图管理、运营统计报表、重叠信息显示等行车指挥功能；通过应答器及软件实现车次号确认及自动追踪的功能；具备设备集中报警及与其他系统交换信息的功能。

2004年我国发布“分散自律CTC技术条件”，普速铁路开始大量采用具备分散自律功能的CTC系统。随着CTCS-2和CTCS-3级列控系统的成熟，高铁CTC系统在普速CTC系统基础上不断完善，通过与高铁列控中心、无线闭塞中心、临时限速服务器等相结合，并开发其他配套功能，满足了350 km/h高铁调度指挥需要。

为适应高铁运营网络的快速发展，原铁道部于2007年启动了北京、上海、武汉、广州及原铁道部调度中心“四所一中心”调度指挥中心工程，开启了路网性高铁CTC系统的研究和建设进程。

一、高铁 CTC 系统的体系及结构

1. 高铁调度集中系统的架构

高铁调度集中系统为三层架构：第一层为铁路总公司调度中心；第二层为铁路局高铁调度集中系统；第三层为车站调度集中子系统。各层架构之间采用数字通道连接。

2. 高速铁路分散自律调度集中系统

分散自律调度集中系统由调度中心系统、车站系统和传输网络系统三部分组成，其结构简图如图 9－1 所示。

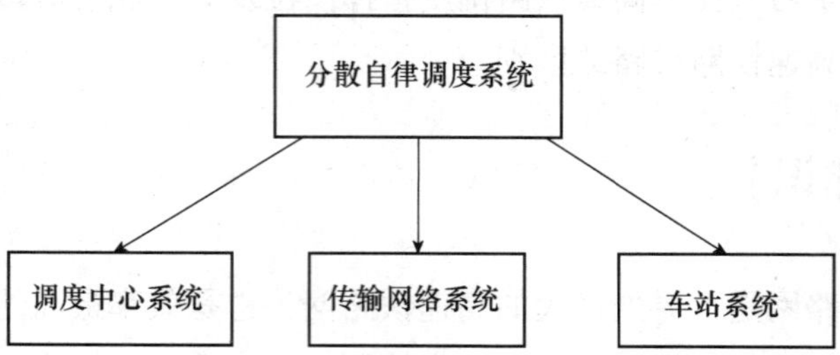

图 9－1 分散自律调度系统结构简图

（1）调度中心系统主要设备包括数据库服务器、应用服务器、通信前置服务器、网络设备、电源设备，防雷设备、系统维护工作站、调度员工作站、控制工作站、调度命令管理工作站等。

（2）传输网络系统主要设备包括网络通信设备、传输通道。

（3）车站系统主要设备包括车站自律机、车务终端、综合维修终端、电务维护终端、网络设备、电源设备、防雷设备、连锁系统接口设备和无线系统接口设备。

3. 调度中心系统

调度中心系统包括调度中心应用系统、总机房设备、调度集中维修子系统。

1）调度中心应用系统

调度中心应用系统主要提供调度相关各工种的操作界面。主要设备包括：调度员工作站、控制工作站、调度命令管理工作站、必要的打印机和绘图仪等。

（1）调度员工作站。

① 实时监控管辖范围内列车的运行状态；

② 制订、调整和下达列车阶段计划，查阅实迹运行图；

③ 与相邻区段列车调度员进行信息交换。

（2）控制工作站。

① 编制无人车站的零星调车作业计划；

② 指挥调车工作；

③ 根据列车调度员安排的运行调整计划和调度员的口头指令进行车站的列车进路自动排路的监督和必要的人工干预；

④ 提供车站的按钮操作界面，可直接遥控车站的进路和其他信号设备。

(3) 调度命令管理工作站。

① 一般施工调度命令的下达；

② 临时限速命令的下达；

③ 无线调度命令的下达；

④ 调度命令的查询。

2) 总机房设备

总机房设备包括数据库服务器、应用服务器、通信前置服务器、电源设备等。

(1) 数据库服务器。

数据库服务器用于存储关键性数据，如运行图计划、列车到发点等信息。

(2) 应用服务器。

应用服务器主要用于系统基本图、日班计划、阶段计划、实绩运行图、调车作业计划及其他各项数据的存储；处理 CTC 内部数据与业务流程；列车阶段计划的维护及冲突检测和调整、调车作业计划及调车作业进路的生成等。

(3) 通信前置服务器。

通信前置服务器主要用于完成调度中心系统与车站系统的数据交换和通信联系。

(4) 电源设备。

电源设备采用集中供电方式，由防雷屏、转换屏、稳压屏等组成。

3) 调度集中维修子系统

调度集中维修子系统即系统维护工作站（兼网管工作站），主要用于对 CTC 系统的调度中心及车站的计算机设备、网络通信设备的运行状态进行监视。对故障设备进行报警、记录和维修等。

二、高速铁路调度岗位设置

负责高速铁路运行指挥的调度部门应设置高铁值班副主任、计划调度、动车调度、动车司机调度、供电调度、客服调度、综合设施调度岗位（调度台），各调度岗位（调度台）业务实行专业化管理。动车调度由车辆处，动车司机调度由机务处，供电调度由供电处，客服调度由客运处，综合设施调度由工务处、电务处进行专业指导和专业培训，并对其专业管理负责。

高铁调度岗位（调度台）按照精干、高效、便于精细化指挥的原则，根据调度区段的车站数量、大型车站数量、列车密度、动车段、动车所、大型养路机械运用检修段数量、供电设施布点、系统信息化程度等因素综合考虑，进行设置，且充分考虑调度员在设备处于非正常状态时的工作内容及工作量。

(一) 列车调度台的设置原则

客运专线（城际铁路）列车对数在 60 对及以上的，每 200 ~ 300 km 设置 1 个列车调度台；列车对数在 60 对以下的，每 300 ~ 400 km 设置 1 个列车调度台。高铁枢纽（地区）的调度台应根据列车密度和枢纽复杂程度设置。

客货共线客运专线列车对数在 60 对及以上的，每 150 ~ 250 km 设置 1 个列车调度台；列车对数在60对以下的，每200～300 km设置1个列车调度台。

对铁路局管内既有线列车调度台，由铁路局按照调度指挥精细化要求和运输组织需要合理设置。

（二）计划调度台的设置原则

计划调度负责高铁日开行计划的编制、下达，组织动车组临时加开、停运、途中折返、变更客运业务停站和应急情况下的票额调整等工作。管内动车组列车运行60对及以上时，可设置1个调度台。动车组列车运行不足60对时，相关工作职责可由接受过高铁专业技能培训的客运调度员兼任。

（三）动车调度台的设置原则

动车调度台主要负责动车段（所）、动车组及随车机械师乘务的调度管理。动车调度台及人员的数量根据配属动车组的数量设置，同时综合考虑管内动车组开行线路的里程、动车组开行的列数、动车所的数量等因素。

管内配属动车组（标准列）在50列及以下的设1个动车调度台，每班1人；配属动车组（标准列）大于50列小于等于100列的设1个台，每班2人；配属动车组（标准列）大于100列小于等于150列的设2个台，每班3人；配属动车组（标准列）大于150列小于等于200列的设2个台，每班4人；配属动车组（标准列）在200列以上的可根据管内列车开行情况增台或增人。设2个及以上动车调度台的铁路局，可按管内不同线路分工，也可按管辖不同的动车所分工。

（四）动车司机调度台的设置原则

动车司机调度台负责动车组司机的组织、指挥及相关专业指导。担当时速300 km高速铁路动车组司机乘务任务，或担当时速200 km准高速铁路及既有线动车组司机乘务任务在60对及以上时，设置1个调度台。担当时速200 km准高速铁路及既有线动车组司机乘务任务不足60对时，相关工作职责可由接受过高铁专业技能培训的机车调度员兼任。

（五）供电调度台的设置原则

根据供电设施布点情况，按照路网性枢纽应单独设置调度台的原则，每个高速铁路供电调度台的管辖里程范围以300～500 km为宜。

（六）客服调度台的设置原则

客服调度台主要负责与列车、大型客站的信息联系和客服应急处置工作。高铁线路与既有线路应统筹设置。根据客车密度，每开行100对旅客列车或每4～6个大型客站可设置1个调度台。

（七）综合设施调度台的设置原则

根据客运专线固定设施维修作业需要，有高铁列车调度台的铁路局调度所设置一个综合设施调度台，综合设施调度台工作由具备工务、电务专业知识技能的调度人员共同担当，每班人数根据管辖设备数量确定。

三、高速铁路调度岗位的工作职责

1. 高铁值班副主任的主要工作职责

（1）在调度所值班主任的领导下，负责管辖范围内高铁运输生产的集中统一指挥，协调高铁各线间、高铁与既有线间的运输工作，加强与相邻铁路局调度所间的工作联系，并向铁路总公司高铁调度汇报有关工作。

（2）严格执行各项规章、文件、电报、命令和安全管理制度。

（3）掌握高铁列车、动车组列车安全正点情况，遇涉及动车组及高铁的非正常行车组织、应急处置等情况时，加强组织指挥。

（4）掌握相关区段综合维修计划、试验列车开行、动车组回送情况。

（5）负责审核管内高铁动车组列车加开、停运、回送等计划。遇非正常情况，指导相关调度调整列车开行计划（含客运业务停站股道运用计划）、动车组车底运用计划。

（6）组织协调相关工种调度制定并实施管辖范围内滞留旅客疏导方案，及时协调处置高铁站和高铁列车上发生的与客服相关的突发事件。

（7）负责管内救援用动车组列车的调用。需要跨局调动救援列车时，向铁路总公司调度申请。

（8）掌握高铁重点运输任务的情况，协助列车调度员做好列车运行组织和调整。遇有突发情况，立即向铁路总公司报告。

（9）组织实施应急指挥中心确定的救援和处置方案；协调相关单位实施救援、抢修、抢救。

（10）根据文件、电报、有关单位申请，审核管辖范围内动车组试验运行计划，审批施工天窗内的临时施工、维修作业计划。

（11）负责铁路总公司调度命令申请单的审核，并督促有关工种调度转发铁路总公司的调度命令。

（12）负责高铁安全信息的收集、通报和高铁列车正点统计分析的上报工作。

（13）完成领导临时交办的工作和任务。

2. 列车调度员（列车调度岗位）的主要工作职责

（1）严格执行各项规章、文件、电报、命令和安全管理制度。

（2）接收调度日计划，负责本调度区段行车指挥工作，编制和下达列车运行调整计划，组织并监控列车运行，调整列车运行计划和到发线使用。

（3）负责与相邻调度台交换列车运行计划。

（4）掌握管辖范围内车站及列车的技术设备和作业过程，注意列车的运行情况、掌握重点列车运行信息，正确及时地发布与行车指挥有关的调度命令、行车凭证和口头指示。

（5）需人工办理进路时，负责布置进路，并听取助理调度岗位进路准备妥当的汇报，确认进路正确。

（6）转为非常站控时，负责向车站应急值守人员下达列车运行调整计划（包括车次、股道、方向、到开时刻）、布置进路并听取进路准备妥当的汇报，调度集中控制（CTC）终端能够正常显示时须与助理调度岗位共同确认进路正确；收取列车到发时刻（能通过计算机报点的除外）。

（7）遇发生铁路交通事故、设备故障、自然灾害、防灾安全监控系统报警及列车报告异常信息等情况时，正确及时处理，通报信息。

（8）掌握救援列车的分布情况，根据值班（副）主任的指示，及时发布救援列车运行的调度命令。

（9）对列控限速调度命令（数据格式）与助理调度执行“二人确认制度”。

（10）完成领导临时交办的工作和任务。

3. 列车调度员（助理调度岗位）的主要工作职责

（1）严格执行各项规章、文件、电报、命令和安全管理制度。

（2）接受列车调度员（列车调度岗位）的领导。

（3）掌握管辖范围内站、段及列车的技术设备和作业过程，注意列车的运行情况和有关安全监控设备的工作情况，注意管辖各站列车进路和调车进路的排列情况。如需人工办理进路和开放信号时，根据列车调度岗位的指示人工办理。

（4）负责进行控制模式转换、列控限速设置、接触网有（无）电状态、线路（道岔）封锁等操作。

（5）分散自律模式下，担任调车领导人，及时编制调车作业计划，向调车指挥人和司机下达调车作业计划，并负责办理调车进路。

（6）遇使用无线传送系统发送调度命令不成功时，按照列车调度岗位的指示使用列车调度电话向司机发布调度命令。

（7）负责列控限速调度命令（数据格式）的设置、取消及人工排列的进路。

（8）转为非常站控时，在CTC终端能够正常显示的情况下与列车调度岗位共同确认进路正确。

（9）按列车调度岗位的指示，负责办理综合维修、设备故障登/销记和接触网停送电签认手续，及时拟定并发布综合维修、抢修作业的调度命令。

（10）完成领导临时交办的工作和任务。

4. 计划调度员的主要工作职责

（1）严格执行各项规章、文件、电报、命令和安全管理制度。

（2）了解客流变化，掌握管辖范围内动车组配属、备用、运用情况，落实动车组列车开行方案。

（3）掌握相关区段综合维修计划、试验列车开行、动车组回送情况。

（4）汇总、编制调度日计划，及时上报、接收铁路总公司审批下达的日计划。

（5）与相邻铁路局调度所交换日计划及有关资料。

（6）在客运处的指导下，根据客流需要，发布动车组列车临时加开、停运、途中折返、编组调整、定员变化、变更客运业务停站和应急情况下的票额调整等调度命令。跨铁路局时，向铁路总公司高铁调度提出调度命令申请。

（7）遇非正常情况，会同相关调度岗位调整列车开行计划（含客运业务停站股道运用计划）、动车组车底运用计划。

（8）管辖范围内的有关军事运输的工作，安排新老兵乘车计划，重点掌握高铁动车组军事运输的安全正点情况。

（9）完成领导临时交办的工作和任务。

5. 动车调度员的主要工作职责

（1）严格执行各项规章、文件、电报、命令和安全管理制度。

（2）掌握本局管内动车组的配属、转属、借用及车底到位等情况；掌握本局管内当日动车组运用、检修、备用、热备、试运、回送、试验计划。

（3）负责编制动车组车底运用日计划，并组织落实，遇列车运行计划变更时，组织调整车底运用计划。掌握铁路局管内动车组车底运用周转情况，组织实施日计划。

（4）掌握日常运行动车组随车机械师乘务信息。掌握热备动车组停放位置和车底变更、临时开行等情况。

（5）监控本属及在管内运行动车组列车的运行情况，及时收取相关故障信息报告。接到运行故障信息后立即向铁路总公司动车调度员和有关领导汇报，通报相关专业调度员和相关铁路局动车调度员，并及时做出判断，采取妥当的应急处置措施。

（6）监控动车组出、入库及列车始发情况，出现晚点时，负责组织车底运用、检修的调整工作。因动车组故障或其他原因影响管辖范围内车底正常交路时，组织车底交路调整、热备启用工作。

（7）掌握动车组的故障情况，协调回送工作。掌握故障动车组的入库检修情况。督促车辆段进行原因分析并上报铁路总公司动车调度。

（8）动车组需要异地检修时，协调有关单位组织实施，需跨铁路局检修时，上报铁路总公司动车调度员。

（9）掌握铁路局管内动车组的定期检修计划。负责检查、督促铁路局管内车辆段合理制订动车组在段检修计划。督促车辆段按计划及时出入厂、出入段，协调组织回送工作。定期掌握配属动车组在厂、在段检修进度、检修计划兑现及调整情况。掌握管内动车组造修企业动车组出厂计划，协调做好动车组回送工作。

（10）负责动车组相关调度命令的发布。跨铁路局时，向铁路总公司动车调度员提出调度命令申请。

（11）掌握管内动车运用所运用检修能力及每日运用检修基本情况，检查督促车辆段制订运用检修计划，保证动车组科学合理检备。

（12）负责动车组管理信息的监控，定期对动车组检修、运用的数据进行汇总、统计、分析和上报。

（13）完成领导临时交办的工作和任务。

6. 动车司机调度员的主要工作职责

（1）严格执行各项规章、文件、电报、命令和安全管理制度。

（2）负责接收相关文件、电报、调度命令，并向相关铁路局（段）机务部门传达，组织贯彻落实。

（3）掌握动车组配属、转属、借用及车底到位等情况；掌握当日动车组状态（运行交路、值乘人员、热备车体、车体检修）、检修计划、运用计划、临时开行、试验运行、车体更换等情况。

（4）掌握高铁担当局、段动车组司机人员动态。收集当日动车组、相关动车段（所）司机执乘或地勤司机、热备司机人员数量及名单、联系方式等信息。发生非正常情况时，与各工种调度员一起做好应急处置，合理调配动车组司机。根据动车组投用、热备计划，向相关管辖局、段下达动车组列车交路人员担当计划，组织临时变更和恢复动车组乘务担当局、段动车组司机值乘交路。

（5）负责动车组司机乘务、地勤作业信息的收集与反馈。

（6）对动车组回送及临时更换车底需安排司机乘务的申请进行把关，及时通报相关调度台，会签相关调度命令，向相关铁路局、机务段传达。

（7）根据动车组三、四、五级修检修计划，掌握检修进度，布置相关局、段动车组司机（含地勤司机）配合工作。

（8）遇设备故障或非正常情况导致列车晚点时，指导辖区内动车组司机快速处置。

（9）与相关调度台及相关局调度所调度员联系，了解影响动车组正常运行的设备故障发生、处理、恢复情况，及时汇报并根据情况做好动车组司机乘务、备用安排。

（10）发生动车组故障影响行车时，按规定启动有关应急预案，组织司机及其他有关人员对动车组运行故障进行应急处理，对动车组运行安全信息实行全过程管理。及时按规定上报相关安全信息。

（11）每日将动车组运行、晚点和故障信息进行统计，形成运行日报表，上报到相关部门。

（12）负责根据动车组担当交路，向铁路总公司调度指挥中心提出乘务交路优化建议，合理分配担当乘务交路计划，更合理地调配动车组司机。

（13）完成领导交办的其他工作。

7. 供电调度员的主要工作职责

（1）严格执行各项规章、文件、电报、命令和安全管理制度。

（2）掌握管辖范围内牵引供电、电力设备分布情况；掌握主要设备技术状态和变（配）电所电源及负荷情况；掌握管辖范围内涉及牵引供电、电力设备的综合维修作业情况；了解管辖范围内列车运行情况。

（3）监测牵引供电、电力系统的运行情况，根据需要及时调整供电方案，合理组织供电系统运行。

（4）负责供电系统远动开关的操作，正确下达倒闸和作业命令，批准在供电设备上的停、送电作业。

（5）按规定与列车调度员办理停、送电签认手续。

（6）掌握管辖范围内各有关单位、班组的值班情况、交通机具状态。

（7）掌握供电设备大修、维修、更新改造进度及完成情况，参与牵引供电、电力远动系统联调联试和验收，审核相关的施工方案，提高综合维修计划的兑现率。

（8）核对与牵引供电、电力设备检修和停、送电等有关日计划，并按批准的计划组织实施。

（9）接受地方电力公司的停、送电命令。当外部电源非正常时，迅速与电力部门联系处理。

（10）发生牵引供电、电力设备故障时，应立即启动抢修预案、通报信息，组织抢修。

（11）正确处置安全监控系统的报警信息。

（12）完成供电检修天窗的各种统计及运行报表的分析工作。协助列车调度员完成供电设备非正常状态下的指挥工作。

（13）完成领导临时交办的工作和任务。

8. 客服调度员的主要工作职责

（1）严格执行各项规章、文件、电报命令和安全管理制度。

（2）加强与各工种调度员的联劳协作，解决调度辖区内站车上报的与旅客服务相关的各类事宜，及时处置高铁站车发生的与客运服务相关的突发事件。

（3）掌握管辖范围内动车组配属、备用、运用情况，了解管内高铁客票发售情况、主要客运站客流波动、动车组列车席位利用及动车组列车的运行情况。

（4）掌握管内运行的动车组列车客运乘务信息及动车组库内保洁计划，遇列车运行计划调整时，及时组织调整本局担当动车组列车客运乘务（含餐服、保洁人员）计划；会同动车调度，及时调整动车组库内保洁计划。

（5）遇有动车组列车晚点时，加强与相关工种调度员的联系，组织各部门加强协作，采取有效措施，减少晚点影响。

（6）遇有灾害、事故中断行车或发生设备故障等原因造成动车组不能继续运行时，会同相关工种调度员，根据相关动车组列车调整计划、客票发售、动车组备用及邻近客车车内人数等情况，及时制定旅客疏导方案，指导相关单位做好列车上水吸污、折返保洁、备品交接、餐饮供应、退票改签、旅程接续、重点旅客安排等客运服务工作。

（7）接受上级或相关调度所的命令或信息，收取辖区内车站、列车上报的与客运服务相关的信息［当班列车车长姓名、电话；滞留列车简要情况，包括车次、担当局（段）、滞留时间、地点、列车滞留地点地质灾害或水害等情况；车内旅客情况，包括总人数、分席别人数、重点旅客人数及状况；餐料、餐车燃料可供餐次数；其他认为需要报告的事项等]。向上级及相关调度所通报或直接向站车和铁路客户服务中心发布自然灾害、行车事故、设备故障等原因造成的列车晚点信息（晚点原因、目前晚点时间、预计晚点时间等）等客服信息。

（8）协助做好有关军事运输、新老兵运输、专包及中央大型会议等重点任务的客运服务。

（9）负责旅客（动车组）列车客运服务及正点分析和上报工作；及时记录收集、整理分析客服方面存在的各类问题，提出改进意见。收取站车客运服务的有关资料、站车典型事例等情况。

（10）完成领导临时交办的工作和任务。

9. 综合设施调度员的主要工作职责

（1）严格执行各项规章、文件、电报、命令和安全管理制度。

（2）实时掌握防灾系统各子系统的报警及故障报警信息。掌握每日风、雨、雪等主要气象信息。

（3）熟悉防灾系统各种灾害情况的处理流程，防灾系统发生故障报警时，通知相关单位按处置流程处理。

（4）某监测点异物侵限监控系统发出异物侵限报警时，协助列车调度员按照相关应急处置流程处置。

（5）地震安全监控系统发出地震报警时，自动触发列控系统和供电系统使动车组停车和接触网断电，协助列车调度员通知运输系统各部门上线检查并采取应急处置措施。

（6）监视电务设备运用情况，发现问题及时通知相关单位按处置流程处置。

（7）掌握综合维修天窗和施工作业进度，收集施工现场信息，及时向列车调度员报告情况；协助处理高铁工务、电务等固定设施、设备施工的申请、登销记、要点及联系工作，并负责相关试验工作。

（8）掌握综合维修系统的基础信息，接收综合维修计划，掌握路用列车开行情况，参加工务、电务、供电专业施工作业和维修作业计划协调会，协调设备管理单位合理利用综合天窗。

（9）加强与各工种调度员及作业单位的联系，了解各单位作业前准备情况，及时掌握施工及维修作业进度，协调处理综合维修作业结合部存在的问题，做好综合维修作业及列车检查信息的收集工作。

（10）做好非正常情况下的专业应急处置等工作。

（11）收集专业施工计划，掌握施工进度。

（12）完成领导临时交办的工作和任务。

任务三　高速铁路综合维修与管理

【技能目标】

掌握综合维修的技术要求；
了解综合维修管理。

【知识点】

综合维修；
综合维修管理。

【任务的提出】

通过本任务的学习，明确综合维修管理在高速铁路运输中的作用和意义。

【相关知识】

一、综合维修

（一）综合维修的概念

所谓综合维修，是指把路基、轨道、桥梁、隧道、电力、牵引供电、通信信号、房屋建筑和给排水设施的施工维修作业内容统一整合起来，实行一元化领导。

铁路是一个高效运转的系统，铁路总公司最主要的任务是安全完成运输任务并取得良好的经济效益和社会效应。铁路的一切设备、组织机构都是为这一目的服务的。维护和维修是保证高速铁路安全的最基本要素之一，必须给予高度重视。

如果将铁路作为一个整体，其固定设施主要由路基、轨道、桥梁、隧道、电力、牵引供电、通信信号、房屋建筑和给排水设施等组成。在高速铁路中，路基、轨道、桥梁、隧道、电力、牵引供电、通信信号和机车车辆关系密切，其相互影响程度远远大于普通铁路。这一特点直接影响到高速铁路的维护和维修工作。正因如此，高速铁路在发展中逐渐形成了五个综合系统：调度、安全监控、动车、检测和维修。本任务我们探讨的是在维修方面的综合系统。

铁路维修按工作内容可以分为四个部分：管理、检测、维修、保养。按管、检、修、养和机械检修分别设置，再按模块化排列可以产生多种变化组合。

（二）综合维修的有利条件及其优越性

1. 系统的需要

高速铁路是技术创新的成果，它涵盖了机械、光电、土木工程、计算机控制等各门科学领域。高速铁路是一个系统工程，在轮轨关系、弓网关系、监测与控制、旅客舒适度上都有高质量要求，高速行车的安全性和环境保护的重要性使得路基、轨道、接触网、供电与车辆、信号控制、通信远动等密不可分。高速铁路在发展中形成的五个综合系统中，综合监控系统的重要性日益显现；随着高速铁路系统的发展，正在形成将电力检测纳入综合监控的趋势。综合检测经过日本十几年的努力后，已经成为现实。目前综合维修正处于积极的探索实施过程中。

2. 综合维修是发展趋向

（1）高速铁路使各种维修的关系更紧密。例如：信号转辙机的维修，必然涉及线路和供电系统；线路的捣固，要顾及轨道电路等设施；拨道和补碴，直接影响到弓网关系和接触网高度；接触网的抢修，需要线路、信号的畅通。再如信号专业检查轨道电路，可以发现轨道缺陷；而轨道的结构设计特点也直接影响到轨道电路的性能。线路人员巡检时，可以发现有些明显的接触网误差；接触网人员在执行自己的任务时，也能发现线路、桥梁的问题。按惯例分专业段管理维修，则必须由各自的上级进行协调，然后由各自调度下令执行。这样由下而上反映，再由上而下指示，必然延误时间，耽搁维修作业。综合维修是尽可能授予基层权力，在组织施工方面发挥基层的主动性，自觉承担运营的责任。

（2）信息的综合，使得维修综合有了可能。信息化的发展，在铁路上的体现之一是综合调度。日本新干线管理体制的发展很好地证明了这一点，新干线开通后发生过因维修作业产生的撞车事故。为改进工作，日本新干线在 1970 年 10 月，将电气所调度配置在保线所调度室内。事实证明了这一措施的有效性。

（3）综合维修使压缩维修时间成为可能。我国经济飞速发展，运输的增长是必然的，在有限的时间内，完成各专业的协同维修作业，一元化领导应该是必不可少的，这对于争取时间有很现实的意义。

（4）综合维修体系可以节约用地，合理利用资源，减少管理机构。综合维修能够打破“小而全”的格局，用一种新思路对待维修，集中人力资源，提倡一机多能，在充分利用机械效率的同时，发挥人的主观能动性。

常规铁路采用分段制，有工务段、供电段、电务段、水电段、建筑段等，各段均有一套领导机构、业务班子、职能部门，要配设三条以上的专用线，修配厂房和材料库、食堂和生活设施也不能少。如果五段归一，其占地、线路和生活设施均由于集中而减少。同时压缩了管理机构。

铁路维修工作正在步入“从复杂到简单”的过程，同时，技术的进步使各专业知识相互渗透，要求维修工人具备更多的专业知识，全面的知识结构给了他们更大的发展和协作空间，这些恰恰与高速铁路系统性、综合性的要求相一致。

二、综合维修管理

为使高速铁路保持良好的技术状态，必须进行适时的、定期的系统检查，及时准确地发现问题，以便合理地制订保养计划和开展养护作业，为此应建立一整套能有机处理这些业务的科学管理体系。图 9－2 所示为我国高速铁路维修体系。

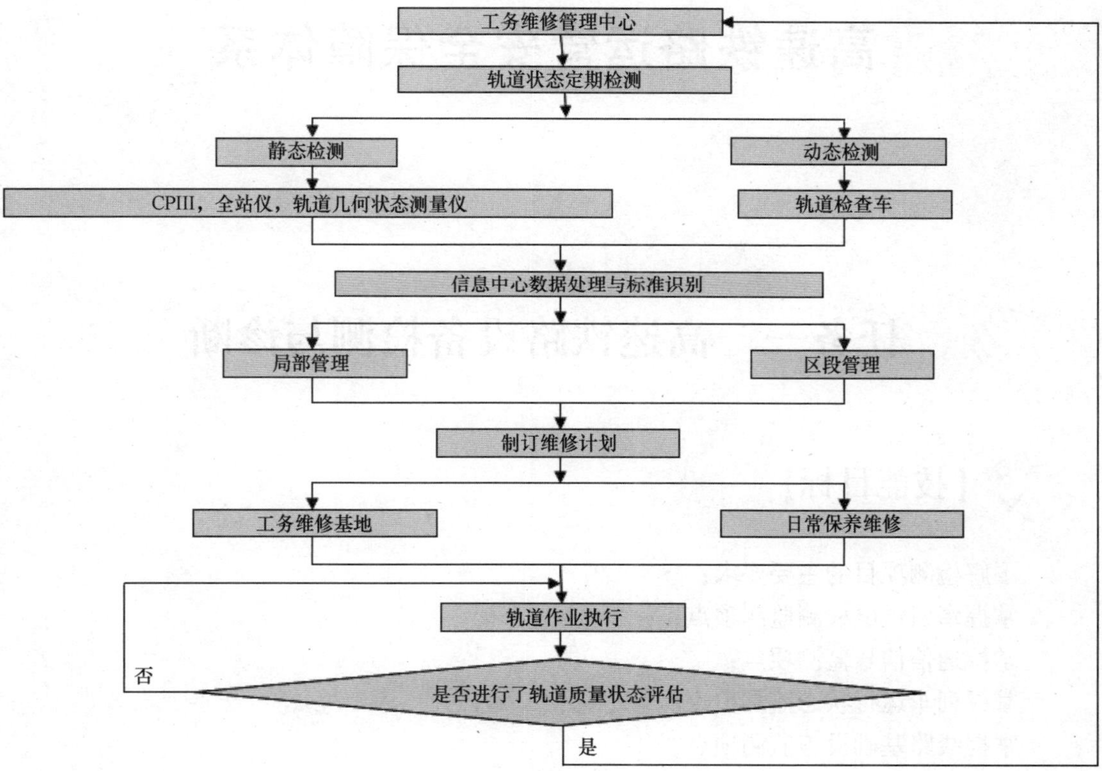

图 9－2　我国高速铁路维修体系

项目十

高速铁路运营安全保障体系

任务一　高速铁路设备检测与诊断

【技能目标】

了解检测项目的主要要求；
掌握牵引供电检测监测项点；
掌握通信信号监测项点；
掌握列车运行状态监测项点；
掌握线路基础设施监测项点。

【知识点】

检测项目；
牵引供电检测监测；
通信信号监测；
列车运行状态监测；
线路基础设施监测。

【任务的提出】

通过本任务的学习，了解高速铁路设备检测与诊断的内容。

【相关知识】

高铁普遍采用综合检测列车进行固定设施的安全检测。我国先后研发了 CRH380A－001、CRH380B－002 专用高速综合检测列车，加装改造了 CRH_2－010A、061C、068C、150C 等高速综合检测列车。综合检测列车应用当今先进检测技术，实现多项目、高速度、高精度的综合检测，每 10～15 天对高铁线路固定设施检测一遍，成为保证运行安全不可缺少的重要装备。新一代 CRH380A－001、CRH380B－002 综合检测列车集成了轨道、弓网、动力学、通信、信号和综合 6 大系统，能够满足 350 km/h 等级高速综合检测。

一、检测项目

（1）轨道检测。综合检测列车具有轨距、轨向、高低、水平、三角坑等轨道几何参数检测功能。采用捷联式检测系统结构；采用多维惯性基准技术实现了大半径曲线精确测量。

（2）弓网检测。综合检测列车具有接触网几何参数、弓网动态作用、接触线磨耗和受流参数检测功能。通过高速图像处理算法，提出非线性摄像机标定模型；实现接触网几何参数与弓网动态作用参数测量的合成。

（3）轮轨动力学检测。综合检测列车具有车体加速度、轮轨作用力等的检测能力，通过列车动态响应特性评价轨道平顺性。

（4）通信检测。综合检测列车具有 GSM－R 场强覆盖、应用业务服务质量检测及评定功能，沿线电磁环境干扰检测和分析功能。

（5）信号检测。综合检测列车具有轨道电路、应答器、车载 ATP 等技术参数检测功能；轨道电路、应答器传输模型，实现轨道电路、应答器信号采集和实时分析；解决了动态无接触方式无砟轨道补偿电容状态检测难题。

（6）综合系统。综合检测列车具有检测列车精确定位和监测信息实时传输等功能。系统利用多种定位技术实现精确定位，实现了各检测系统的空间同步、时空校准、数据交换和集中监控。

二、牵引供电系统检测监测

通过高速接触网悬挂参数、弓网运行参数、接触网悬挂、腕臂结构、附属线索和零部件的检测，动车组受电弓滑板状态及接触网特殊断面和地点的实时监测，接触网运行参数和供电设备参数的在线检测等，实现对牵引供电系统的综合检测监测，为供电设备的故障分析、养护维修提供技术依据。

通过便携式视频采集设备，完成指定区段接触网状态检测，分析接触悬挂部件技术状态。具备接触网动态几何参数测量（动态拉出值、接触线高度、线岔和锚段关节处接触线的相互位置）、接触网主要弓网受流参数测量（弓网离线火花、硬点）、接触网绝缘子的绝缘状态测量等功能。实现接触网状态的动态检测。

具备接触线几何参数、接触网接触悬挂、绝缘部件、线路开关、拉线、横跨、上跨桥及线夹、吊弦、定位管等技术状态检测功能。

在车站、动车组出入库区域、车站咽喉区安装受电弓滑板监测装置，监测动车组受电弓滑板的技术状态，及时发现动车组受电弓滑板的异常状态。

在接触网特殊断面（如定位点、隧道出入口）及牵引变电所设置监测设备，监测接触网张力、振动、抬升量、线索温度、补偿位移，监测供电设备的绝缘状态、电缆头温度等参数。

三、通信信号系统监测

1. GSM－R 系统安全监测技术

铁路 GSM－R 系统除承载调度语音通信、无线调度命令和车次号信息的传送外，300 km/h 及以上的高铁还承载了 CTCS－3 级列控业务。

（1）GSM－R 网管监测。GSM－R 网管监测可实现安全管理、配置管理、告警管理、故障管理等功能，实时监测系统设备的工作状态，并实现设备故障定位。

（2）GSM－R 系统接口监测。GSM－R 系统接口监测可对 GSM－R 网络重要接口进行实时监测，跟踪网络接口的信令和业务数据，提供 GSM－R 在线用户监测、网络状况监测、网络异常事件分析、历史数据查询和综合报表生成等功能，实现 CTCS－3 级列控数据传输业务的信令和数据的跟踪。

2. 信号系统安全监测技术

（1）信号系统集中监测。高速铁路设置了全程联网的信号集中监测系统，具有自诊断、检测、报警、信息储存、状态再现等功能。

CBI（计算机联锁）、TCC（列控中心）、RBC（无线闭塞中心）及 ZPW2000 轨道电路分别配置各自的电务维修机，实时显示设备工作状态、自诊断信息及设备运行、操作信息及记录。

信号集中监测系统对道岔转撤机、信号机、轨道电路、信号电缆、电源屏等信号设备进行实时监测，与 ZPW2000 轨道电路及 CBI、TCC、RBC 等设备的维修机以通信接口方式连接，获取其监测信息，是防控行车安全风险、加强设备管理的重要行车设备。

信号集中监测系统把传感器、现场总线、计算机网络通信、数据库及软件工程融为一体，对信号设备实现不间断的自动实时监测，记录信号设备的运行状态，为掌握设备的当前状态和事故分析提供依据。当信号设备出现异常时，可及时进行报警，防止因设备故障或违章操作影响安全。

（2）列控系统运行状态安全监测。列控车载设备是保障高速列车安全运行的关键设备，通过列控设备动态监测系统（DMS）可实现对列控车载设备的实时监测。DMS 由列控车载信息采集装置、地面数据中心和查询终端组成，实时采集列控车载设备（ATP）、地面应答器、轨道电路和 RBC 信息，对列控车载设备进行在线监测，及时指导设备故障处理与维护。

四、列车运行状态监测

1. 运行状态监控系统

运行状态监控系统以信息网络技术为平台，以现场总线、故障诊断、无线传输、专家系统、数据库等技术为手段，以动车组运营安全为目标，实现主要设备的状态监测、数据采集、网络传输、故障处理、远程监控、安全防护等功能，确保列车运行安全。

（1）车载监控系统。主要监测动车组性能、功能及主要部件的运用状态，进行故障诊断，显示故障发生的部位和功能，实现动车组运行跟踪监控及故障报警。车载监控系统具有信息采集、信息处理、综合判断、故障安全恢复及故障数据存储等功能，提高了动车组运营安全性，便于运用和维修作业。通过布设于动车组重要部件和关键设备的各类传感器，实时监测速度、压力、应力、电流、电压、温度等参数和列车走行部、牵引传动和制动等系统的运行状态，网络控制系统将列车主要监测设备连为一个整体。根据各类传感器的检测、监测信息进行综合诊断，确定故障等级，提示司机采取排除故障的方式，必要时提示紧急制动，实现故障隔离和故障导向安全的目的。

（2）远程监控系统。车载信息采集设备采集车载网络控制系统中的运行状态数据及故障报警信息，将动车组运行位置、速度、牵引、制动、轴温等安全信息及客服设施信息，利用 GSM－R/GPRS 无线传输网络实现车载信息落地和远程传输，实时掌握动车组状态及故障情况，实现动车组安全状态的远程监控。通过远程监控实现地面中心实时掌握动车组故障情况及工作状态，为故障的应急处置提供技术支持，也为动车组安全运营及高效检修提供技术保障。

（3）地面监控系统。在车载监控和远程监控的基础上，目前正在积极推进动车组运行安全地面监控系统的研究，在高速铁路进出站、动车所进/出库等咽喉地段安装地面监控系统，综合识别途经动车组的图像、声音和温度等，判断动车组运行是否正常，确保动车组运行安全。

2. 动车组运用维护

（1）动车组运用维护体系。动车组实行预防性维修体系，分定期维修和状态维修两种，对重点设备如轮对进行定期探伤，确保动车组性能和运行安全。

（2）动车组运用维护信息管理系统。该系统以运用、维修、技术、物流 4 类业务为主线，包括调度、作业、技术、设备、安全、质量管理和动态监控等应用子系统，分为配属、履历、大部件、计划和故障 5 大模块，形成覆盖铁路总公司、铁路局、动车段、运用所及主机厂的四级框架体系。

动车组运用维护信息管理系统已在铁路总公司、12 个铁路局、7 个动车（客车）段、31 个运用所及 4 个主机厂实施运用，基本覆盖全路的动车组运用检修信息共享及技术管理平台，实现了动车组全路调配运用和网络化维修管理，为动车组安全运用和维护提供了技术支撑。

（3）动车组轮轴探伤。轮轴探伤是动车组检修最为重要的内容之一，车轮主要缺陷分布为径向、周向和斜向。研究表明，径向缺陷扩展速度快，几千到几万公里就可能崩裂；周向缺陷几万公里可形成较大辋裂。目前，我国已建成较为完善的轮对探伤体系，只要严格按周期、按量值要求探伤，就可有效预防缺陷轮对上线运行。

五、线路基础设施监测

1. 轨道结构状态监测

（1）无缝线路钢轨受力状态在线监测。存在断轨、胀轨风险的严寒、高温地区，可通过对无缝线路钢轨温度、位移、应力等参数的监测，对无缝线路钢轨受力状态进行分析预警。

(2) 道岔和伸缩调节器运用状态监测。通过对钢轨纵向力、纵向位移、尖轨及心轨转换状态、密贴状态、几何形位的在线监测，确保道岔和伸缩调节器运用安全。

2. 路基沉降变形监测

对路基工后沉降仍未稳定的软弱地基地段和不同结构物过渡段设置沉降观测点，实时监测路基变形，为线路行车安全及路基病害治理提供依据。

3. 复杂结构桥梁健康监测

复杂结构、特殊结构桥梁须建立监测系统，对结构变形、振动特性、温度、支座、基础沉降等参数进行监测，为线路行车安全提供保障。

4. 特长隧道安全监测

特长隧道设置防灾救援监控系统，对隧道内通风、照明、消防设备进行监控，复杂地质隧道设置衬砌结构变形安全监测系统，对隧道衬砌变形及运用状态进行监测。

5. 大型客站结构健康监测

通过对复杂结构的物理力学性能进行无损监测，实时监控结构的整体行为，对其服役状态、可靠性和承载能力进行评估，在突发事件或结构使用状况异常时触发预警信号，为结构维修养护及异常情况的应急抢险提供依据。

结构健康监测主要包括外部荷载作用和结构反应两部分。外部荷载作用主要为地面加速度、风环境及结构表面风压等，结构反应主要为结构应力、变形、振动加速度、表面温度、表面裂缝等。目前，针对北京站无站台柱雨棚、上海虹桥站超长梁等开展了结构健康监测试验应用。

任务二 高速铁路环境与防灾预警系统

【技能目标】

了解灾害防护系统的功能；
了解大风监测系统的组成及作用原理；
了解异物侵限系统的组成及作用原理；
了解雨量监测的组成及作用原理；
了解其他监测系统的组成及作用原理。

【知识点】

灾害防护系统；
大风报警系统；

异物侵限系统；

雨量监测系统；

其他监测系统。

【任务的提出】

通过本任务的学习，了解高速铁路防灾安全监控系统报警后的应急处理流程，并结合高速铁路列控系统，提高高速铁路行车指挥的组织能力。

【相关知识】

防灾安全监控系统为列车运行计划调整、控制提供依据，保证列车正常运行。日本、德国、法国等国均开发了高速铁路防灾安全监控系统，并采用了较完善的安全设施保障列车行车安全。例如，日本新干线对风、雨、洪水、雪、地震、异物侵限进行监测，当达到报警控车条件时立即对列车限速，当地震报警时立即切断接触网电源；法国高速铁路对风、地震、异物侵限进行监测，当风、地震、异物侵限监测达到报警控车条件时立即对列车限速。我国高速铁路也设置了防灾安全监控系统。

一、灾害防护系统应具备的功能

防灾安全监控系统是由自然灾害（风、雨、雪、洪水、地震、火灾等）监测、线路（轨道、路基状态等）监测、列车车辆（列车火灾、轴温、转向架状态等）及固定处所（变电所、车站、大型桥梁等）监测等子系统组成的集成系统，其具备以下功能。

（1）能监测高速铁路运行环境中各类主要灾害和关键行车设备的安全隐患。

（2）能对实时采集的安全检测数据进行分析处理，集中监视灾害状况、关键行车设备的安全状态及安全监测设备自身的运行状态，对灾害或设备故障的性质和级别进行判定，向各相关调度台自动报警并给出处理建议。

（3）高速铁路的运营对风、地震、异物侵限等突发性灾害信息的实时性要求很高，实时性对降低列车损失至关重要，因此这类灾害的监测信息可以通过联锁系统直接控制列车速度。

（4）应在重点处所、关键设备、人群密集等地点设置摄像头，以便对现场情况实时盯控。

安全监控的主要范围包括：自然灾害（风、雨、雪、洪水、地震、火灾），线路（轨道、路基状态）监测，变电所、通信室、大型车站、重点长大桥梁监测，突发事故及非法侵限监测，固定设备和移动设备状态监测等。监控系统预留与地方气象台站和地震台站等相关部门的信息接口；对风、雨、雪、洪水等的监测要结合地方相关部门的近、远期预报；对地震的监测则要求系统获取地方地震台的中、长期预报信息，以此增强对各种自然灾害的预见性和提高自然灾害等级分级判断的准确性。

基层灾害防护系统应实施全天候、无缝隙监控，能够自动、实时上传管辖范围内的各种防灾安全信息，采集系统的监测数据和设备状态信息。接收其他相关子系统对报警事件的处理情况信息，并可在报警消除后获得通知，以便跟踪安全报警事件处理的全过程，实施全面、实时的安全监控。

灾害防护系统应具有初步分析功能，可按照数据接口规定的格式和内容自动上传设备状态自检信息。根据数据量大小和实际应用需求，存储半年至一年的原始检测数据，并可根据需要转存至光盘或磁带中进行永久保存。灾害防护系统应提供远程维护端口，支持防灾安全信息采集系统设备的远程故障诊断和维护。根据线路参数、车辆参数等设置各种灾害预警的门限值，通过灾害分析判决模型，对各种灾害可能对列车运行造成的影响做出判断，提出应急处理建议，系统至少提供警戒、巡检、限速运行和停车四级报警。

灾害防护系统应能将报警信息及处理预案、行车安全建议实时发送到相关调度台。系统能对管辖范围内各个联网防灾安全信息采集系统的设备运行状态进行动态监测，按设定的报警标准和业务处理规程，对灾害监测信息进行综合分析处理，判断设备故障和灾害的类型和级别，生成报警预警信息，根据行车规定和巡检要求等具体规定给出处理预案，并将报警预警信息及处理预案自动发送给相关各业务子系统、调度台；对各类影响行车安全的报警信息可根据各种设备故障和灾害的级别，按照相应处理规程的规定，至少给出警戒（巡检）、缓行和停车三级报警。

灾害防护系统能自动生成应急抢险救援紧急预案。系统具备应急抢险紧急预案管理功能，能够对预先制定的应急抢险预案进行分类存储，在突发紧急情况时，为应急抢险提供决策支持。在沿线突发重大灾害，危及行车安全或中断行车时，启动应急抢险流程，根据列车运行计划、灾害发生范围和程度，系统能够提供应急抢险方案，经调度员确认后将应急抢险预案、对股道或区间的封锁或限速请求、对列车安全运行造成影响的评估、对现场救援车辆的需求、对现场的停送电要求、对列车晚点的预测等信息，发送至列车调度台、供电调度台、动车组调度台等调度所内各工种调度员，以及铁路总公司调度中心等的相关部门。应急抢险完成后，在进行事后情况分析汇总时，系统提供一系列数据，详细记录整个事件的始末，具体记录应急抢险方案的调整及实施过程，不断完善专家知识库，为进一步提高应急抢险方案的有效性提出修改意见。

二、大风监测系统

高速铁路与普通铁路相比，一方面列车运行速度要快，另一方面列车轴重要轻。因此，风对高速铁路安全的影响是不容忽视的。强横风作用下，接触网可能引起强烈摆动、翻转；作用于车辆的侧向大风则将影响列车运行的横向稳定性，可能造成列车倾覆。长大桥、车站一般要设风向风速计，风期长、风力强劲的风口也应设置风向风速计，而气象部门只能提供大面积范围内的气候概况，不能满足高速铁路特定点、线和具体数据的实时性要求，所以，高速铁路针对大风灾害所采取的安全对策是建立大风监测子系统（系统还需与气象部门联网以保证数据的合法性和对未来天气的预测需要）。该系统由风向风速计、发送装置、接收分析记录显示装置组成。大风监测系统在风速达到一定值时，自动通知中央控制中心，控制列车减速或停止运行。警报标准根据线路条件、列车抗风性能、周围环境等因素综合考虑。

我国的京津城际高速铁路全线设置了12处大风监测点，监测实时风速。当风速持续超过报警值3 s，自动弹出报警点和建议限速值。此时调度员根据报警点前后两个监测点的公里坐标确定限速区段，并立即向相关列车司机发布调度命令，对来不及发布调度命令的列车，立即通知司机。当大风监控系统发出禁止运行的报警信息后，列车调度员及时关闭相关信号并通知司机停车地点或指示司机立即停车。当大风监测系统报警解除后，列车调度员向相关列车发布恢复正常运行的调度命令。

根据规定当风速大于15 m/s、小于20 m/s时，列车限速300 km/h；风速大于20 m/s、小于25 m/s时，列车限速200 km/h；风速大于25 m/s、小于30 m/s时，列车限速120 km/h；风速大于30 m/s时，列车禁止进入该区段。

三、异物侵限系统

为确保高速铁路行车安全，应在公跨铁立交桥上安装异物侵限监控装置，检测机动车、大型货车因故越过护栏（防撞墙，以下同）、护网（防抛网，以下同）而侵入高速铁路限界。

如图10－1所示，公跨铁立交桥异物侵限监测装置由竖直监测电网、水平承重网、“L”形支架三部分组成。

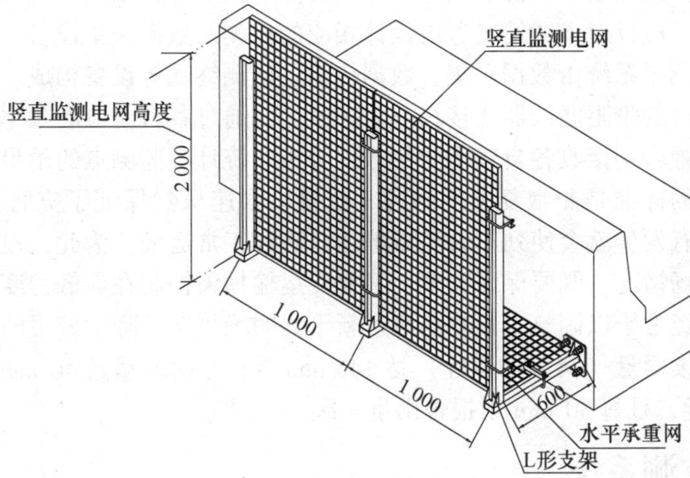

图10－1　异物侵限防护网

我国的京津城际高速铁路全线设置了5处公跨铁立交桥异物侵限监测点，在公跨铁立交桥的两侧均设置防护网，当异物落下砸断防护网侵入铁路限界时，防灾系统向CTC系统发送异物侵限报警信息，同时通过列控联锁触发列车自动停车。列车调度员接到落物报警的信息后，应立即呼叫有关列车停车，并通过视频监视系统进行查看，同时汇报给调度值班主任。值班主任应立即通知工务、电务、供电、公安等部门赶赴现场检查处理。

当视频监视系统不能显示、显示不清或显示无异状时，列车调度员在列车进入相关地段前通知司机改按目视模式行车，以遇到障碍时能随时停车的速度（最高不超20 km/h）运行。

列车调度员接到现场开通线路的报告后，由助理调度员根据现场请求设置临时限速，点击临时通车按钮恢复行车。不能设置时，列车调度员应向通过该地段的列车司机发布限速运行的调度命令。

四、雨量监测

铁路雨水灾害不像地震、风灾那样具有突发性，而有积少成多、循序渐进的规律。例如，京沪高速铁路多处于河流下游的平原地区，沿线地区日最大降雨量均大于100 mm，降雨大多集中于汛期（6—9月份），铁路桥涵及线路易受汛期江河下游大范围洪涝灾害、江河决堤、水库溃决等影响，路基常处在淹没状态，造成线路溜坡、沉降、坍塌和冲毁路基及桥涵设施等灾害。

为了减少洪水对高速铁路带来的灾害，需要建立雨量及洪水监测子系统。该系统根据高速铁路沿线气象、水文、灾害历史及线路的路基、桥梁等设计状况，有针对性地设置监测终端，有效地制订运营及防洪措施。

高速铁路受降雨及洪水的破坏，主要表现在路堤、桥梁破坏，以及路堑自然边坡破坏三大方面。路堤破坏主要有边坡侵蚀、堤内水位上升、排水不良等；桥梁破坏主要有桥墩台过度冲刷、桥梁撞击、水位过高等；路堑自然边坡破坏，很大一部分也是由雨水冲刷造成的。因此，应针对上述情况考虑设计相应的探测及数据采集设备。

雨量及洪水监测子系统由数据采集、数据传输、监测终端等设备构成。设置在各地点的雨量计通过各自的带阻滤波器连接在一对芯线上，通过各自对应的频率发生器发送信号，接收记录装置分别接收各自频率的信号，分析、统计各监测点的雨量信息。

发布降雨警报的标准是非常复杂的问题，报警、限速虽然保证了灾害发生时的安全，但如果灾害没有发生就会使列车误点或停运，破坏正常运输。为此，设定限速标准时，要确实把握现场情况，既要保证安全，又要使运输损失控制在最低程度，同时还要根据环境的变化，经常予以调整。日本东海道新干线明确规定了降雨警报的发布标准及限速措施，例如连续雨量（24 h的累计）达140 mm或每小时雨量达40 mm，就要实行限速170 km/h运行，且每30 min须报告雨量一次。

五、其他监测系统

1. 地震监测系统

在影响高速铁路运行安全的自然灾害中，地震是一种发生概率相对较少但危害性最大的一种特殊灾害，例如京沪高速铁路沿线将穿越四条较大的地震构造带，历史上发生可能危及高速铁路行车的地震约有20余次。借鉴国外地震预警的经验，开发适于我国高速铁路线路、构造物特点，并反映历史震灾情况及未来发展趋势的高速铁路地震预警系统，是十分必要的。

2. 雪害监测系统

在年降雪量和积雪深度大的地区，下雪时积雪对高速铁路的主要危害如下：

（1）暴风雪形成的雪堆，过高时影响行车安全；

（2）高速列车气动力卷起积雪并凝结在列车车体底部，导致车辆绝缘失效；

（3）列车从降雪地区行至温暖地区，车下积雪或结冰脱落，砸向道床，使道砟飞起，危害车辆设备及附近建筑物和人员；

（4）积雪使道岔扳动失灵。

为应对雪害，应在风口地段设置防雪栅或防护林，防止在线路和设施上形成雪堆，同时在适当地点设置防雪崩桩或檐棚，阻止斜坡发生雪崩；降雪路段配备自动喷水器进行洒水融雪；人工或机械清除积雪；车体下部易凝雪的地方加设防护装置和加热融雪装置；道岔处采用电气温风融雪机；设置雪害监测设备等。

雪害监测设备包括降雪计、积雪深度计、自动控制部分及除雪（热风融雪、温水喷射融雪）设备等。

3. 轨温监测系统

高速铁路是无缝线路，在夏季，随着轨温的升高无缝线路长钢轨的纵向应力将增大，如果在该季节进行夜间大型养路机械作业，作业后将改变有砟轨道道床作业前的状态，实测表明道床的纵向、横向阻力均有所下降，此时无缝线路保持稳定的安全储备量将减少。如果轨温继续升高达到（或超出）某一临界值时，只要有任意的激扰，如过车时的振动、列车在该地段制动、线路维修等，无缝线路将失去保持稳定的能力从而发生胀轨跑道事故，对高速铁路的行车安全构成威胁。

工务部门在夏季能否保证进行养护维修作业后，特别是进行大型养路机械作业后的线路在次日轨温条件下具有安全储备，需借助于精度较高的轨温预报及监测系统。轨温预报及监测系统能实时监测无缝线路的轨温、安全储备量、气象等信息，为工务维修部门、调度中心提供决策依据。为此，高速铁路应建立无缝线路轨温预报及监测系统，并将数据传送到安全防灾报警系统是至关重要的。

4. 长大隧道安全监测系统

高速铁路条件下的隧道灾害，主要表现为火灾、水灾、空气动力学问题和隧道内的通常危害、侵限及结构失稳问题。隧道危害在非特大灾害条件下（如爆炸、地震、山体滑坡等），一般来说危害发展较为缓慢，有一定的时间发现和整治，可通过提高工程设计和施工质量提高其抗灾能力。但对于长大隧道在交付高速铁路运营后的安全监测是必不可少的，比如隧道壁衬砌混凝土的应变监测，可在施工中预先考虑。有关隧道病害的监测、检测、状态评估和整治能够独立进行操作，可不列入高速铁路安全监测系统范畴内，而隧道内列车火灾是长大隧道内危害最大的灾害，具有突发性，常常造成灾难性后果，应纳入防灾安全监控系统。

根据隧道内列车火灾的特点，应最大限度地防止列车在隧道内发生火灾和已发生火灾的列车进入隧道；在隧道中已发生火灾的列车尽可能地拖出隧道。高速铁路长大隧道防灾安全监测子系统应由火灾检测、通风排烟、紧急避难、定点灭火、引导疏散、温度湿度检测、通讯、供电、救援等几部分组成，经过火灾确认、火灾等级判定，由调度中心统一指挥处理。

项目十一

高速铁路的发展展望

任务一 认识磁悬浮铁路

【技能目标】

了解磁悬浮技术的原理；
了解磁悬浮列车的组成；
了解磁悬浮技术的特点；
了解我国磁悬浮技术的发展历程。

【知识点】

磁悬浮技术的原理；
磁悬浮列车的组成；
磁悬浮技术的特点；
我国磁悬浮技术的发展历程。

【任务的提出】

通过本任务的学习，了解磁悬浮运输的发展历史及未来发展趋势，并对高速铁路技术发展的趋势作进一步的了解。

【相关知识】

随着社会的发展，高速磁悬浮交通将成为高速铁路的重要组成部分之一。

一、磁悬浮技术的原理

随着科技的不断发展发展，模拟微重力环境下的空间悬浮技术已成为进行相关高科技研究的重要手段。目前的悬浮技术主要包括电磁悬浮、光悬浮、声悬浮、气流悬浮、静电悬浮、粒子束悬浮等，其中电磁悬浮技术比较成熟。

电磁悬浮技术简称磁悬浮技术，它的主要原理是利用高频电磁场在金属表面产生的涡流来实现对金属球的悬浮。将一个金属样品放置在通有高频电流的线圈上时，高频电磁场会在金属材料表面产生一高频涡流，这一高频涡流与外磁场相互作用，使金属样品受到一个洛沦磁力的作用。

在合适的空间配制下，可使洛沦磁力的方向与重力方向相反，通过改变高频源的功率使电磁力与重力相等，即可实现电磁悬浮。

目前世界上有三种类型的磁悬浮：一是以德国为代表的常导电式磁悬浮；二是以日本为代表的超导电动磁悬浮，这两种辑悬浮都需要用电力来产生磁悬浮动力；三是我国的永磁悬浮，它利用特殊的永磁材料，不需要任何其他动力支持。中国永磁悬浮与国外磁悬浮相比有五大方面的优势：①悬浮力强；②经济性好；③节能性强；④安全性好；⑤平衡性稳定。

二、磁悬浮列车的组成

磁悬浮列车利用“同性相斥，异性相吸”的原理，让磁铁具有抗拒地心引力的能力，使车体完全脱离轨道，悬浮在轨道上方的一定高度，腾空行驶。

磁悬浮列车主要由悬浮系统、推进系统和导向系统三大部分组成，上海磁悬浮列车是“常导磁吸型”（简称“常导型”）磁悬浮列车，是利用“异性相吸”原理设计的，是一种吸力悬浮系统，利用安装在列车两侧转向架上的悬浮电磁铁和铺设在轨道上的磁铁，在磁场作用下产生的吸力使车辆浮起来。

列车底部及两侧转向架的顶部安装电磁铁，在“工”字轨的上方和上臂部分的下方分别设反作用板和感应钢板，控制电磁铁的电流使电磁铁和轨道间保持间隙，让转向架和列车间的吸引力与列车重力相互平衡。利用磁铁吸引力将列车浮起，使列车悬浮在轨道上运行，这必须精确控制电磁铁的电流。悬浮列车的驱动和同步直线电动机原理一模一样。通俗地说，在位于轨道两侧的线圈里流动的交流电，能将线圈变成电磁体，由于电磁体的相互作用使列车运行。

“常导型磁吸式”导向系统，是在列车侧面安装一组专门用于导向的电磁铁。列车发生左右偏移时，列车上的导向电磁铁与导向轨的侧面相互作用，产生排斥力，使车辆恢复正常位置。列车如运行在曲线或坡道上时，控制系统通过对导向磁铁中的电流进行控制，达到控制运行的目的。

“常导型”磁悬浮列车及轨道和电动机的工作原理完全相同，只是把电动机的“转子”布置在列车上，将电动机的“定子”铺设在轨道上。通过“转子”“定子”间的相互作用，将电能转化为前进的动能。电动机的“定子”通电时，通过电磁感应就可以推动“转子”转动。当向轨道这个“定子”输电时，通过电磁感应作用，列车就像电动机的“转子”一样被推动着做直线运动。

三、磁悬浮技术的特点

作为目前最快速的地面交通工具之一，磁悬浮列车技术具有以下特点。

(1) 磁悬浮列车克服了传统轮轨铁路提高速度的主要障碍，发展前景广阔。第一条轮轨铁路出现在1825年，经过近140年努力，其运营速度才突破200 km/h，由200 km/h到300 km/h又花了近30年，虽然技术还在完善与发展，继续提高速度的余地已不大。与之相比，世界上第一个磁悬浮列车的小型模型是1969年由德国研制的。可仅仅十年后的1979年，磁悬浮列车技术就创造了517 km/h的速度纪录。目前技术已经成熟，可投入运营。

(2) 磁悬浮列车速度高，常导磁悬浮列车速度可达400~500 km/h，超导磁悬浮列车速度可达500~600 km/h。

(3) 磁悬浮列车能耗低。根据日本研究成果表明，在同为速度500 km/h，磁悬浮列车每座位公里的能耗仅为飞机的1/3，德国的试验表明，当磁悬浮列车时速达到400 km时，其每座位公里能耗与时速300 km的高速轮轨列车持平；而当磁悬浮列车时速也降到300 km时，它的每座位公里能耗可比轮轨铁路低33.7%。

与常规轨道交通系统相比，中低速磁悬浮交通系统主要有以下优点：①不存在脱轨问题，安全可靠；②车身与轨道之间无接触，运行平稳，乘坐舒适；③噪声很低，没有轮轨之间的撞击和摩擦，磁悬浮列车运行时噪声很小；④从施工角度看，中低速磁悬浮占地面积少，转弯半径小，爬坡能力强，对城市复杂地形有较强的适应能力；⑤从环境角度看，磁悬浮列车使用电力牵引，无空气污染，有利于环境保护，特别适合那些对环境要求较高的城区和旅游景点，可作为市民出行和游客观光的交通工具；⑥从后期维护成本来看，磁悬浮列车运行时无轮轨磨损，寿命长，机械维修工作量少，运营维护费用相对于常规轮轨方式较低。

综合来看，中低速磁悬浮交通技术具有良好的市场发展前景，是一种新型的轨道交通工具。

磁悬浮铁路在一些国家取得了较大的发展，有的甚至已基本解决了技术方面的问题而开始进入实用研究乃至商业运营阶段，但是随着时间的推移，磁悬浮铁路并没有出现人们所期望的那种成为主要交通工具的趋势，反而越来越面临着来自其他交通运输方式，特别是高速型常规（轮轨黏着式）铁路强有力的挑战。与高速轮轨系统相比，磁悬浮有如下不足。

(1) 磁悬浮铁路的造价十分昂贵。与高速铁路相比，修建磁悬浮铁路费用昂贵。根据日本的相关测算，磁悬浮铁路的造价每公里约需60亿日元，比新干线高20.7%。根据德国在20世纪80年代初的估算认为，修建一条复线磁悬浮铁路的造价每公里约为

659 万美元，而法国的巴黎至里昂和意大利的罗马至佛罗伦萨的高速铁路每公里的造价分别为 226 万和 236 万美元。磁悬浮铁路所需的投入较大，利润回收期较长，投资的风险系数也较高，从而也在一定程度上影响了投资者的信心，制约了磁悬浮铁路的发展。

（2）磁悬浮铁路无法利用既有的线路，必须全部重新建设。由于磁悬浮铁路与常规铁路在原理、技术等方面完全不同，因而难以在原有设备的基础上进行利用和改造。高速铁路则不同，通过加强路基、改善线路结构、减少弯度和坡度等方面的改造，可使某些既有线路或某些区段达到高速铁路的行车标准。在对既有线路进行高速铁路改造的过程中，还可以实现高、中速混跑，列车根据不同区段的最高限速以不同的速度行驶。与磁悬浮铁路的全部重新建设相比，高速铁路的线路和运行成本就大大降低了。

（3）磁悬浮铁路在速度上的优势并没有凸显出来。半世纪前，许多人认为轮轨黏着式铁路的极限速度为 250 km/h，后来又认为是 300 ~ 380 km/h。法国的"高速列车"、德国的"城际快车"和穿越英吉利海峡的"欧洲之星"列车，以及日本的新干线，其运行速度都达到或接近每小时 300 km。法国阿尔斯通公司在 2007 年 4 月 3 日 13 点 13 分，在东部欧洲高速铁路线上创下 574. 8 km/h 的最新高速列车纪录。我国的 CRH 系列动车组也以 350 km/h 的速度运行过一段时间。

（4）磁悬浮列车技术仍然存在一些不足之处。①由于磁悬浮系统是以电磁力完成悬浮、导向和驱动功能的，断电后磁悬浮的安全保障措施，尤其是列车停电后的制动仍然是要解决的问题，其高速稳定性和可靠性还需很长时间的运行考验；②常导磁悬浮技术的悬浮高度较低，因此对线路的平整度、路基下沉量及道岔结构方面的要求较超导技术更高；③超导磁悬浮技术由于涡流效应，悬浮能耗较常导技术更大，冷却系统重，强磁场对人体和环境都有影响。

四、国外磁悬浮铁路概况

磁悬浮列车是斯蒂芬森的"火箭"号蒸汽机车问世以来铁路技术最根本的突破。磁悬浮技术的研究源于德国，磁悬浮列车的设想起源于 20 世纪 20 年代。1922 年德国人赫尔曼·肯佩尔提出电磁悬浮原理，并于 1934 年获得磁悬浮专利。从 20 世纪 60 年代起，经过几十年持续努力，德国工业界成功研究开发出高速磁悬浮列车技术。进入 70 年代以后，随着世界工业化国家经济实力的不断加强，为提高交通运输能力以适应其经济发展的需要，德国、日本、美国、加拿大、法国、英国等发达国家相继开始筹划进行磁悬浮运输系统的开发。而美国在 20 世纪七八十年代放弃了这项研究计划，目前只有日本和德国仍在继续进行磁悬浮系统的研究，并均取得了令世人瞩目的进展。

日本于 1962 年开始研究常导磁悬浮铁路，此后由于超导技术的迅速发展，从 20 世纪 70 年代初开始转而研究超导磁悬浮铁路。1972 年首次成功地进行了 2. 2 t 重的超导磁悬浮列车实验，其速度达到 501 km/h。1977 年 12 月在宫崎磁悬浮铁路试验线上，最高速度达到了 504 km/h，到 1979 年 12 月又进一步提高到 517 km/h。1982 年 11 月，磁悬浮列车的载人试验获得成功。1995 年，载人磁悬浮列车试验时的最高速度达到 411 km/h。为了进行东京至大阪间修建磁悬浮铁路的可行性研究，日本于 1990 年又着手建设山梨磁悬浮铁路试验线，首期 18. 4 km 的试验线已于 1996 年全部建设完成，并于 1997 年 4 月开始进行运行试验，在当年12月创造了550 km/h的高速列车速度世界纪录，这标志着日本高速磁悬浮列车的技术问题已全部解决。日本第一条正式运营的磁悬浮铁路是名古屋市区通向爱知世博会会场的磁悬浮线路，这条铁路于2005年3月6日正式开通，全长约9 km，中途设有9个站。该磁悬浮列车由3节车厢构成，全程无人驾驶，最高速度为100 km/h，行驶全程需要17 min。整条磁悬浮铁路投资约500亿日元，在2005年爱知世博会期间累计运送1 000万乘客。日本于20世纪90年代初拟规划建设东京至大阪的磁悬浮铁路，并进行了可行性研究，但最终由于造价过高而搁置。

德国是最早获得磁悬浮专利的国家，基础方面的研究开始于1962年，对磁悬浮铁路的研究始于1968年。研究初期，常导和超导并重，到1977年，先后分别研制出常导电磁铁吸引式和超导电磁铁相斥式试验车辆，试验时的最高速度达到400 km/h。后来经过分析比较认为，超导磁悬浮铁路所需的技术水平太高，短期内难以取得较大进展，因此决定只集中力量发展常导磁悬浮铁路。1978年，决定在埃姆斯兰德修建全长31.5 km的试验线，并于1980年开工兴建，1982年开始进行不载人试验。列车的最高试验速度在1983年年底达到300 km/h，1984年又进一步增至400 km/h。目前，德国在常导磁悬浮铁路研究方面的技术已趋成熟。1997年，德国铁路公司决定采用常导磁悬浮技术，但德国交通部于2000年2月宣布，由于多种原因，柏林—汉堡磁悬浮项目未能实施。2000年6月，政府签署协议，支持对慕尼黑37 km长及多特蒙德—杜塞尔多夫80 km长两条线路开展可行性研究工作，但之后德国北莱茵地区威斯特伐利亚州政府拒绝在杜塞尔多夫市至多特蒙德市的交通项目中采用磁悬浮技术。至此，磁悬浮铁路在德国仅剩慕尼黑一个项目。

五、我国磁悬浮技术的发展

磁悬浮技术代表着一种先进的趋势和先进的发展方向。经过中国铁道科学研究院、西南交通大学、国防科技大学、中国科学院电工所等单位对常导低速磁悬浮列车的悬浮、导向、推进等关键技术的基础性研究，已对低速常导磁悬浮技术有了一定认识，掌握了常导低速磁悬浮稳定悬浮的控制技术。继1994年西南交大成功地进行了4个座位的磁悬浮列车试验之后，由铁科院主持，长客、中科院电工所、国防科技大学参加，共同研制的内设15个座位的单转向架磁悬浮试验车在铁科院环行试验线成功地进行了试验。

“八五”期间，国家科委将低速磁悬浮列车的关键技术攻关列入了计划，研制了试验室样车和关键部件。在“八五”“九五”科技攻关期间，国防科技大学、西南交通大学、铁道科学研究院、中国科学院电工所等科研机构已经开展了中低速磁悬浮技术的研究。当时的研发只是停留在实验室阶段，并不具备产业化实施的条件。

1999年，北控磁悬浮公司和国防科技大学及国内其他在相关领域内具有优势的研究及生产建设单位合作，进行中低速磁悬浮交通的系统工程化研发。北控磁悬浮公司和国防科技大学签订了长期、排他性合作协议，北控磁悬浮公司投入1亿元人民币，作为中低速磁悬浮列车交通系统工程化研发的投资、组织、运作和技术主体。由北京控股磁悬浮技术发展有限公司和国防科技大学等单位合作研制的中低速磁悬浮列车在悬浮能力、悬浮控制、系统集成技术等方面均达到世界先进水平。

“中低速磁悬浮交通技术及工程化应用研究”被列入“十一五”国家科技支撑计划重点项目“新型轨道交通技术”中，作为未来轨道交通领域需要突破的三大核心技术之一。

1994年6月，第十八次香山科学会议首次提出了要积极开展高速磁悬浮列车技术研究，促进我国磁悬浮列车的发展。1996年科技部组织了国家“九五”重大软课题“磁悬浮列车重大技术经济问题研究”，对沪杭线建设日本超导磁悬浮列车进行了方案研讨。

1998年9月，中国国际工程咨询公司组织了“京沪高速铁路立项评审”，对京沪磁悬浮方案和高速轮轨方案进行评议、比选。1998年年底，中国工程院机械与运载学部组织了“磁悬浮列车和轮轨火车技术比较和分析”的主动咨询，就磁悬浮列车和轮轨高速列车进行大讨论。尽管“高速轮轨”与“高速磁悬浮”两种观点在会议和新闻媒体上都展开了异常激烈的争论，但是中国需要开展高速磁悬浮技术的研发，并且首先修建磁悬浮试验线是一致的共识。

2000年1月，由电工所、国防科大、西南交大等单位组成的科技部“高速磁悬浮试验运营线预可行性研究”项目组正式成立。

2000年6月项目组向有关部门提交了“中国高速磁悬浮铁路试验运营线初步可行性研究报告”，提出“德国的常导高速磁悬浮铁路技术不断完善，已经成熟；上海浦东机场将其作为候选方案，是比较理想的选择，应尽快组织可行性研究，早日立项、实施。”

2000年6月30日，中德“共同开展上海市磁悬浮列车示范运营线可行性研究协议书”在柏林签订。上海磁悬浮示范线引进德国了11项技术，车辆、牵引供电和运行控制系统等全部设备由德国成套供应，土建工程则根据技术标准由中国建设。

中德经过长达数月的艰苦谈判，在2001年1月23日签订了“上海磁悬浮快速列车的设备供货及服务合同”，3月1日示范线正式开工建设。

2002年12月31日，上海磁悬浮线通车。中国建成了世界上第一条商业运营的高速磁悬浮线路。磁悬浮示范运营线西起上海轨道交通2号线龙阳路站，东到上海浦东国际机场，主要解决连接浦东机场和市区的大运量高速交通需求。线路设计最高运行速度为430 km/h。

2003年12月，对国家863计划磁悬浮重大专项（第一阶段）进行咨询评估。评估意见认为：磁悬浮重大专项是我国重大工程项目引进、消化、吸收、再创新的一个范例。2004年11月磁悬浮专项（第一阶段）通过了科技部组织的验收。2004年2月，科技部启动国家863磁悬浮重大专项第二阶段（2004—2006年）工作。第二阶段的研究目标是全面开展磁悬浮交通系统技术与设备的国产化研究，以研制一列车、一条试验线路和一套配套的牵引供电和运行控制系统，形成磁悬浮交通试验系统（简称“三个一”工程）为载体，建设高速磁悬浮交通技术综合试验研究环境，全面开展整个磁悬浮系统技术的国产化研究工作，掌握系统分解和集成技术，初步建立高速磁悬浮交通技术标准体系和工程应用技术体系。

任务二 中国高速铁路与“一带一路”战略

【技能目标】

了解“一带一路”战略的核心内容；
了解中国高速铁路建设对“一带一路”战略的重要作用。

【知识点】

“一带一路”战略；
中国高速铁路建设和“一带一路”战略的关系。

【任务的提出】

中国高速铁路的走出去，即技术、资本的输出，是实现我国“一带一路”战略的重要组成部分，了解中国高速铁路与“一带一路”战略的关系是铁路行业从业人员必须掌握的内容。

【相关知识】

一、“一带一路”战略的核心内容

2013 年 9 月和 10 月，中国国家主席习近平在出访中亚和东南亚国家期间，先后提出共建“丝绸之路经济带”和“21 世纪海上丝绸之路”的重大倡议；2014 年，“一带一路”被写进《政府工作报告》；2015 年的《政府工作报告》又把“一带一路”作为热点，提出将“一带一路”建设与区域开发、开放结合起来，加强新亚欧大陆桥、陆海口岸支点建设。

“一带一路”尤其是“一带”起始于我国西部，也主要经过我国西部通向西亚和欧洲，这必将使我国对外开放的地理格局发生重大调整，由中西部地区作为新的牵引者承担着开发与振兴占国土面积 2/3 区域的重任。

“一带一路”战略构想顺应了我国要素流动转型和国际产业转移的需要。在改革开放初期，外资企业和外国资本对于推动中国的经济发展、技术进步和管理的现代化起到了很大作用，可以说，这是一次由发达国家主导的国际性产业大转移。而今，尽管国内仍然需要大规模的有效投资和技术改造升级，但我们已经具备了要素输出的能力。据统计，2014 年年末，中国对外投资突破了千亿美元，已经成为资本净输出国。“一带一路”建设恰好顺应了中国要素流动的新趋势。“一带一路”战略通过政策沟通、道路联通、贸易畅通、货币流通、民心相通这“五通”，将中国的生产要素，尤其是优质的过剩产能输送出去，让沿“带”沿“路”的发展中国家和地区共享中国发展的成果。

二、高速铁路建设在“一带一路”战略上的重要作用

洲际高速铁路是中国高铁“走出去”战略的一步大棋，意在通过铁路这一陆上交通工具连接世界多个大陆，已计划分别从新疆和东北出发，建设两条洲际高铁连通欧洲；从昆明出发，建设一条高铁贯通东南亚诸国直达新加坡。这是中国高铁“走出去”的战略方向。而在更远的未来，中方有意与俄、加、美三国合作，建设一条横跨白令海峡，长达上万公里的高铁，连接亚美两个大洲。

洲际高铁的具体线路如下。

(1) 欧亚高铁。欧亚高铁从伦敦出发，经巴黎、柏林、华沙、基辅，经过莫斯科后分成两支，一支进入哈萨克斯坦，另一支进入远东的哈巴罗夫斯克，之后进入中国境内的满洲里。欧亚高铁国内段已经开工，境外线路处于谈判之中。

(2) 中亚高铁。中亚高铁起点是乌鲁木齐，经由哈萨克斯坦、乌兹别克斯坦、土库曼斯坦、伊朗、土耳其等国家，最终到达德国，与古老的丝绸之路在线路上基本重合。中亚高铁国内段正在推进，境外线路处于谈判之中。

(3) 泛亚高铁。纵贯东南亚的泛亚高铁从昆明出发，经由越南、柬埔寨、泰国、马来西亚，抵达新加坡。泛亚高铁 2014 年 6 月开工，从云南西部建设一条长约30 km的隧道通往缅甸，再从缅甸向东，伸出一条支线去往泰国，主线则经由老挝、越南、马来西亚通往新加坡。这条高铁线将成为中国通往东南亚诸国的一条便捷通道。

(4) 中俄加美高铁。中俄加美高铁从中国东北出发一路往北，经西伯利亚抵达白令海峡，以修建海底隧道的方式穿过太平洋，抵达阿拉斯加，再从阿拉斯加去往加拿大，最终抵达美国。

洲际高铁作为连接中外的桥梁，将为“一带一路”的实现提供新的保障。

中国高铁“走出去”有利于促进“一带一路”的互联互通。实现互联互通，道路联通是保障，而铁路将是重中之重。铁路在打通渠道，实现资源、人才、市场互动交流上有先天的优势，其强势带动各行业、各地区协调发展的前景也被世人公认，所以铁路势必为实现“互联互通”的美好蓝图搭建最稳固的桥梁。

目前，中国高铁在工程建造、高速列车、列车控制、客站建设、系统集成、运营管理等领域掌握了核心技术，形成了具有自主知识产权的核心技术体系，成为世界上高铁系统技术最全、集成能力最强、建设成本最低、运营里程最长、运行速度最高、在建规模最大的国家。中国高铁所具有的独特优势使得它能够成为实现国家“一带一路”互联互通国际战略的最佳载体之一，中国高铁必将在促进“一带一路”发展战略上发挥重要的作用，促进“一带一路”战略构想的早日实现。

中国高铁“走出去”促进“一带一路”互联互通初显成效。中国高铁的第一个“国际作品”——土耳其首都安卡拉和最大城市伊斯坦布尔高速铁路的二期工程于 2014 年 7 月 25 日顺利通车，工程全长 158 km，合同金额 12. 7 亿美元，设计时速 250 km。

正式通车后的安伊高铁，每日往返客流量由之前的 4 000 人次增加至 25 000 人次以上，单程耗时由目前的 10 h 缩短至 3. 5 h。安伊高铁二期是中国企业在海外建成的第一条高铁，其完全采用欧洲标准和规范建设，起点高、难度大，对中国高铁进一步“走出去”具有重要示范作用，同时该项目也是中土两国深化经贸合作的标志性成果，更是“一带一路”建设的早期收获成果。建成通车后的安伊高铁，其工程的技术含量、施工质量、建设速度及成本，受到土耳其领导人和老百姓的普遍赞扬。

中国铁路总公司、国家铁路局都把“服务国家‘一带一路’战略，推进铁路对外交流合作”作为今后工作的一个重要内容。积极深化落实中蒙、中印已签署的铁路合作项目，积极参与推进中俄高铁合作和中老、中泰、中巴、中哈等铁路合作项目，促进中国与周边国家铁路互联互通建设。

随着中国高铁“走出去”步伐的加快，其对“一带一路”建设的促进作用将得到更明显的体现。“一带一路”区域是中国铁路装备走向世界的起点，在新格局下，不仅“21 世纪海上丝绸之路”囊括的国家和地区对铁路交通有巨量需求，“丝绸之路经济带”所涵盖的国家和地区的铁路也处于待新建或待更新阶段。在“互联互通”“一带一路”“亚洲基础设施投资银行”“400 亿美元丝路基金”等战略措施的推进下，中国高铁“走出去”前景广阔，将发挥其对实现“一带一路”战略构想的巨大促进作用。

参 考 文 献

[1] 韩宝明，李学伟．高速铁路概论．2 版．北京：北京交通大学出版社，2010.

参考文献

[1] 韩[illegible]. [illegible]（第2版）. 北京：北京大学出版社，2010.